分享思考的
快
乐

帝国崛起病

权力制约与大国兴衰

黄 钟 作品

中国文史出版社

序言
大国衰亡定律

吴思

在这本书里，黄钟考察了大国兴衰与政体的关系。他试图寻找大国兴衰的规律。那么，他发现了什么？

黄钟的基本结论是：各种政体的国家都可以兴起，也都可能衰落。但是，至今兴盛不衰的，只有共和政体。至于专制政体，自拿破仑战争（1803–1815 年）以来，200 多年过去，其寿命还没有超过80 年的。

为什么？因为犯错。无论内政外交，各种政体都会犯错。但是，在共和政体中，权力受到制约，很难一条道走到黑。专制政体缺少权力制约，错而难改，一错再错，难免衰亡。

这就是说，权力因不受制约而短命。进一步说，权力越不受制约，就越短命。再进一步说，随着演化速度加快，出错概率提高，权力越不受制约，寿命就越短。这是一条定律吗？权力衰亡定律？政体衰亡定律？

衰亡定律，换一个角度，或许可以改成长寿定律。即：权力受到制约的共和政体，是政权和国家长寿的必要条件。这里说的是必要条件，不是充分条件。共和政体并不能保证长寿，但是，没有共和政体，必定不能长寿。

黄钟一项一项地讨论了大国兴衰的原因。

首先是美国。我们可以看到，当时人们如何总结历史经验，精心构筑起一道又一道防线：选举的防线，财政的防线，限制常备军的防线，行政首脑任期的防线，军官任命的防线，军费开支的防线，言论自由的防线。当然，价值观也是一道防线。

然后就是反例。在有宪法的条件下，日本军人如何冲破一道又一道防线，挑起导致自我毁灭的战争。德国的行政首脑如何突破国内的道道防线，成为大独裁者，领导全国走向灭亡。日本和德国的国内防线有什么漏洞，国际防线又出了什么问题。

这些讨论，让我想起了中国历代王朝的命运。我粗略统计过，从秦朝至清朝，大一统帝国，不算三国两晋南北朝和五代十国，平均寿命171年。算上那些分裂的朝代，平均寿命67年。灭亡的原因有三类。40%死于民变，如陈胜吴广朱元璋李自成揭竿而起。40%死于官变，如王莽篡汉和黄桥兵变。还有20%死于外族入侵。

所有王朝的灭亡，都可以看作均衡格局的破坏。主导者控制不住局面，崩盘了。那么，大格局为什么失衡？说来复杂，从天气到权术，错综交织，很难一概而论。不过，我从来没有想过，假如提高权力制约水平，假如实行共和制，中国历代王朝的寿命将会如何。受黄钟启发，想到古罗马，从王国（公元前753-前509年），到共和（前509-前27年），到帝国（前27-公元476年），传承有序，虽有政体的调整改良，虽有明成祖推翻侄子建文帝那种级别的内乱，但基本格局大体稳定，罗马的寿命居然超过1200年。反过来说，长久积累，也成就了罗马的复杂和伟大。

罗马帝国维护君权的制度和技巧，比起中国历代王朝来，几乎是幼儿园水平。帝国时代的罗马，仍有元老院，名义上仍是最高权力机构。如此一弱一强，帝国时代罗马对权力制约的程度，远远超过中国。由此看来，权力制约程度与王朝寿命正相关，这条定律，在古代也能成立？

当然，中国大一统王朝的平均寿命远远超过80年。但黄钟说的是拿破仑战争之后，这个世界上的一切都在加速。交通更便捷，联系更紧密，竞争更激烈，创新更频繁，好比生物界物种增加，气温升高，进化加速。按照速度换算，时间尺度已经大变。然而，崩盘的原因，仍然是内外关系失衡。共和制度，正是通过制约权力防止严重失衡的机制。

黄钟的讨论，都有史实依据，结论来自对事实的归纳，可谓论从史出，实事求是。但是他落笔谨慎，没有用定律之类的概念称呼他的结论。我比较敢冒险，替他论证几段。

考察王朝兴衰，看那些考察王朝兴衰的著作，似乎可以提炼出一个公式。这个公式的左边是社会的各种危机：民间的危机，统治集团内部的危机，官民关系的危机，国际关系的危机，以及各种危机交织的总和；公式的右边，是解决这些危机的实力，即各种物质和精神资源，乘以使用效率——制度与人才。如果这是一个等式，那么社会可以维持稳定。如果这是一个不等式，危机大于解决危机的实力，那么，这个王朝就会走向衰亡。反之，解决危机的实力大于危机，那么，这个王朝就有兴起的潜力。

德国和日本挑起第二次世界大战，造成了无法解决的国际危机，因此走向灭亡。这两个国家为何犯下如此大错？一个是希特勒的权力扩张，一个是日本军部的权力扩张。权力制约机制失效，一意孤行，直至灭亡。权力不受制约的扩张，可以制造危机，还可以降低解决危机的效率。顺着这条思路，我们也可以从秦汉一直解释到明清。民变，官变，国际关系之变，都在这个解释套路之内。例如，秦朝死于官家权力过度扩张，汉朝死于外戚权力过度扩张。

老子说："不失其所者久。""知止不殆，可以长久"老子表述的近似长寿定律。奈何，不受制约的权力扩张起来很容易，长期的自我约束很不容易，于是，我们就看不到长寿的独裁政权。

不过，权力不受制约，一定会扩张吗？一定犯错吗？

孟德斯鸠说："一切有权力的人都容易滥用权力，这是万古不易的一条经验。有权力的人们使用权力，一直遇到有界限的地方才休止。"他的论证方式是总结经验，属于归纳法。仔细归纳起来，有权力的人容易滥用权力，这句话大体符合事实，但也不一定滥用权力，这句话仍然符合事实。华盛顿即是例证。同是汉朝皇帝，汉武帝滥用权力，汉文帝却自律极严。归纳法得出的结论，大体可以成立，却不一定成立。

从形式逻辑的角度，还可以如此论证：

大前提：任何人都趋利避害；

小前提：掌权者是人，权力通常是利；

结论：掌权者通常会扩张权力，直到利益消失，得不偿失为止。

这番演绎推理，最可讨论之处，就是小前提中的"权力通常是利"。权力对所有人都意味着利吗？华盛顿热衷于土地交易和农场经营，对专制深恶痛绝。在他看来，让他当国王不仅对社会不利，对他本人也不利。引入个人偏好，再引入作为判断基准的价值观，引入精神因素，利害评估顿时复杂了。捞钱是利益，扩张权力是利益，名垂青史是利益，辞职退位仍是利益。有了这些变量，我们才会见到华盛顿这样的人，他仍在追求利益，却不追求权力。不过，绝大多数人认为权力是利，进入政界的人尤其热衷于权力，在权力主导的社会，权力确实也是各种利益的渊薮，这种说法也不错。所以，权力通常是利，掌权者通常会扩张权力，从统计学角度看，这个判断高度趋近事实真相。

掌权者的上述利益，掌权者对权力的扩张，可能与社会利益一致，也可能不一致。一旦不一致，权力越大，错误越大。如果不受制约，就可能导致崩盘。掌权者追求利益，扩张权力，从长期看，在几代人的跨度中，在各种思潮和价值观的变动中，利益相悖的概率极高，犯错的概率极高，几乎是不可避免的。因此，在比较长的时段上，衰亡定律不仅可以得到经验证明，也可以得到逻辑证明。大体如此，基本如此，时间越长越是如此。

在这个问题上，中国的近现代史，最近两三百年的世界史，还有许多重要现象值得讨论，但本书并未讨论。我听说，这本书原稿的篇幅比现在长一倍，也许那里有更多的讨论和论证吧。

黄钟是一个嫉恶如仇的人，也是一个温和理性审慎的人。这是一种奇特的组合。我有幸与他共事数年，很敬重他的人品和学识。书如其人。

2016 年 4 月 21 日

自序
我相信道不远人

从大学开始，直至毕业后的二十余年里，一种挥之不去，却又尽力想要摆脱的渺小感，督促我围绕这本小书的主题进行着某种思考或探讨。

此处所谓渺小，是个体相对于国家而言。如梦魇缠身的渺小感，主要是一种心理意识。这种意识与出身、财富、能力、力气等等关系甚少，却与一个人在特定社会里的自由程度、权利保障程度干系极大。我若能做一个面对权力没有渺小感的"小人物"，此生足矣。

在这个世界上，不可能都像乔治·华盛顿、比尔·盖茨那样位高勋重或富可敌国，多数人在其他人眼里，不过是普通得不能再普通的路人甲或路人乙，每天过着稀松平常的生活，做着一辈子也不可能惊天动地的营生，或种地放牧，或引车卖浆，或当差受雇……司马迁、班固，或者希罗多德、普鲁塔克那样的史家，不会用其如椽之笔让他们永驻史册。

但在一个正常的国度，这些路人甲或路人乙，无论贫富，无论官民，都能自由地过着安全而有尊严的生活。我在这本书里，引用了撒切尔夫人的父亲弗雷德·罗伯茨——一个英国杂货店老板的例子。上个世纪三十年代，罗伯茨在一次宴会上曾这样告诉来宾："我宁愿在英国擦皮鞋，也不愿意成为其他重要国家的大人物，因为我知道，在英国我才能得到宽容和公正的待遇。"这种生活，是为了他们自己，也属于他们自己。他们不会身不由己地沦为权力的工具，也不会因为自己不够富有不够显赫而自感渺小。

我喜欢这种感觉。但罗伯茨的这种常人之感，并非人人都有，丞相李斯没有，元帅图哈切夫斯基也没有。

回想起来，我的那种渺小感，并不是与生俱来的。

童年时光里，我没有见过足球、电视，更不知道这个世界上有红旗轿车存在，但七八岁就知道了美国和台湾的人民正生活在水深火热之中。遇到荒年，我跟父亲或伯父一起捣蕨根，跟奶奶去挖难以下咽的野菜。为了节省火柴，把煮饭烧柴留下的火炭用柴灰埋好，等到下一顿饭再扒开柴灰找出火星，用火筒吹燃柴火……在水牛的长哞声里，在鞭炮炸牛粪的嬉戏中，我和小伙伴们自得其乐，唱起我们是共产主义接班人，气吞山河。我们属于"脚踩牛粪，胸怀天下"的一代。为什么要读书？标准答案是"为中华之崛起"。

可是人会长大，记忆慢慢变得模糊，思想却愈发清晰。

生于晚清的爷爷没有上过学，连自己的名字都不会写，但这并不妨碍他尝试用自己可能的方式来改善命运。我小时候跟爷爷奶奶睡，半夜起来上茅房，爷爷还在房间里打草鞋。搓稻草搓得手起血泡，更是常有的事。为了打好草鞋，他尽可能地找人讨要最好的糯米稻草。用今天的话来说，爷爷有"工匠精神"。可是草鞋不值钱，更麻烦的是，爷爷不能在本地的集市上卖草鞋，必须想方设法到十八里外的贵州漾头去交易。

　　长大后才明白，那叫"黑市交易"。在两个交易日之间，爷爷把打好的草鞋积攒起来，在凌晨时分走出家门……我长大后，多次挑着猪崽沿着最便捷的公路，去往锦江边的同一个贵州集市。爷爷当年却必须琢磨怎么走才可能最安全。记得有几次他回来时挺沮丧，因为在半路上遭人拦截，草鞋都被没收了。真是"莫道君行早，更有早行人"！但是爷爷并没有因此停止打草鞋、卖草鞋。我不知道每每"政策紧"的时候，为了躲避围追堵截，挣那几毛血汗钱，爷爷变换过多少次路线。他们出卖自己的血汗，却如做贼一样。

　　有些少年懵懂时的理想，其实是别人的理想；待到成年离开故土，一些属于自己的理想开始成长。其中一个理想，或者说梦想，就是探究人之为人，在一个什么样的政体下才会面对权力而不显渺小。在我看来，渺小的人没有祖国，"祖国"对他们而言不过是樊笼的另一种说法。这本书，就是我追梦过程中的一个思想小结，虽写的都是他国故事，但我相信道不远人。

　　感谢吴思老师拨冗为此书作序。

　　本书之所以能够最终成稿，感谢老友向继东先生的催促，让我在2014年辞职后一年多的失业时光里不敢怠惰，将文稿整理出来。而编辑徐晓老师、张缘先生的专业和敬业，亦令我感铭在心。此外还应感谢杨支柱、潘海霞、程亚文、郭永忠、蔡金刚等友人，在过去十来年中，他们不厌其烦地帮我借书，使我得以完成这本小册子的写作。

　　感谢我的夫人，不仅对我向来宽容有加，而且总是我做出人生重要选择的坚定支持者，即便那些选择可能面临着失业，甚至比失业更为严峻的境遇。面对困境，她常常引用《圣经》里的一句话宽慰我："吃素菜，彼此相爱，强如吃肥牛，彼此相恨。"感谢我亲爱的儿子，他像春天里的阳光，让我感到生命的和煦与美好，在活着的每一天，勉力前行。

2016 年 4 月 10 日于北京清河

目录

一个人和一个共和国

共和国的存续之不能只倚靠美德，犹如人之维生不能仅凭赖氧气。然而，政治美德之于共和国，一如氧气之于人。孟子所说的"上下交征利而国危矣"，同样适用于共和国的建立，适用于共和国的维系。

当然，政治美德需要权力制衡机制相辅相成。对越卓越的人物，越需要设防。毕竟，人类历史的经验反复显示，即便一个穷凶极恶的蟊贼，他所能毁灭的对象，极其有限，而政治世界里的大人物，其胆识过人的罪错，却能毁掉一个民族、一个国家，甚至陷整个世界于不幸。

"不需要任何报酬"

美国的独立是枪炮打出来的。

1775 年 6 月 14 日，大陆会议创建了大陆军。马萨诸塞代表约翰·亚当斯提名华盛顿为总司令。6 月 15 日，大陆会议全票通过对华盛顿的提名。6 月 16 日，华盛顿接受大陆会议的任命。总司令一职，名头虽响，其实是一件拼命的差事。6 月 18 日，华盛顿给夫人玛莎写信安排了后事："生命无常，为了谨慎起见每个人都必须在他还有能力的时候安排现世的事务……已经请潘多顿上校按我的指示替我起草了一份遗嘱，我把它随信一同寄去——万一我死去，留给你的供养，我希望还算丰厚。"

虽说是去率军与世界上最强大的国家对阵，可肩负重任的华盛顿却只要求报销"严格记账"的开支，除此之外"不需要任何报酬"。在对大陆会议的演讲中，他说得一清二楚："我不会出于金钱的考虑来接受这项艰巨的任命，因为它将牺牲我的家庭的闲适和幸福。"

华盛顿说到做到。当时给大陆军总司令定的月薪为 500 美元。华盛顿直到离职，也没有领取过一个子儿的薪金。相反，在核对明细账时，倒发现他自己贴补过不少钱。中国有句俗话，千里当官只为财。华盛顿冒死犯险受命军职图的是什么？

捍卫自由。

1775 年 7 月 3 日，在坎布里奇的一棵山榆树下，华盛顿宣誓就职。当时，大陆军只有大约一万四千人。部队不算大，难题却不少。总司令才当几个月，华盛顿就在信里向弟弟大倒苦水："我敢说，自有军队以来，任何指挥军队的人，其所处条件的艰苦，都不足以和我所遭遇的相比。如要详加叙述，简直可写一本书。"不过他并没有知难而退。

1777 年 12 月，华盛顿率部退居宾夕法尼亚的福吉谷冬季营地。当时天寒地冻，沃尔多医生在营地看到，"一名士兵走了过来，他的鞋烂得露出脚趾头，破烂的长袜盖不住他赤裸的双腿。裤子破得几乎连羞都遮不住，衬衣撕成了碎条，头发蓬乱，面庞削瘦……"

沃尔多没有夸大其词。

约翰·班尼斯特是弗吉尼亚派往大陆会议的代表。1778 年 4 月 21 日，华盛顿写信给他，诉说了福吉谷的严峻形势："士兵衣不蔽体，夜无毡毯，脚上无鞋，赤脚行军，根据他们留下的血迹就可以找到他们的行迹。他们几乎经常没有粮食，在严霜积雪中行军。圣诞节时，他们在离敌人约一天路程的地方进行宿营，没有房舍，甚至连栖身的茅屋也没有。"

福吉谷的冬季，对大陆军将士来说，是一场生死考验。因为衣食匮乏，肥皂毯子奇缺，军中疾病流行，在1777年12月19日抵达福吉谷之后的6个月里，一万名士兵里，死了将近2500人。

总司令不好当。华盛顿告诉班尼斯特，"军官辞职之风与日俱增"，"每时每刻都有军官请求休假"，这种情形已使弗吉尼亚防线"遭受严重的震动"。仅弗吉尼亚派来的军官，提出辞职的，已经不下90人。"除非国家一方表现慷慨，为军官将来的福利作出妥当的安排，否则，实难劝说他们牺牲目前的利益在战场出生入死，保卫国家"。

当时在英军供职和在大陆军当兵，待遇判若云泥。在英军那里，一个小小的连长职位，一转手，就值1500到2200英镑。一个龙骑兵队长的价值，可达4000几尼。一几尼等于21先令，4000几尼就是4200英镑。而华盛顿手下的大多数军官，是靠私产"接济目前的费用，将来也无望得到补偿"。这种情形下要让军官们心平气和，还不要串通一气脱离军队，难度可想而知。

虽然可以充满想象力地做军人们的思想工作，"可以大谈特谈爱国主义，可以引证古代故事中的一些先例，可以举述在这些先例影响下所完成的伟大业绩"，但是通情达理的华盛顿直言不讳地告诉班尼斯特，"不论是谁，如果把进行一场长期浴血的战争单纯建立在这些原则的基础上，结果只能是自欺欺人"。

困厄之中，令他深为不满的是，"部队中的军官，正沦于贫困与乞讨的境地，大部分已感到惟一的选择是脱离军职，只有少数有德之士才无此打算"时，大陆会议却"沉浸于音乐会、宴会与晚宴之中"，"每次动辄花费三四百英镑"，议员们对诸如债台高筑、财政崩溃、货币贬值、信用扫地等"整个国家的头等大事","无所作为,甚至连想也不想"。1778年12月30日,华盛顿写信给弗吉尼亚议会议长本杰明·哈里森,如此这般地抨击了一番大陆会议的弱点。

不过,华盛顿抱怨归抱怨,做事归做事。只是并非所有军人都像华盛顿那样任劳任怨。独立战争期间,兵变多次发生。仅1780年,从一月到六月,就有三次。

尽管大陆军中发生过多次兵变,但这并不是说军人们就不愿为独立和自由而战。只是他们觉得大陆会议实在让人有点寒心,就用这种方式抗议一下。不过,军队的不满和兵变,有如危险的火种,一旦有人借此兴风作浪,就会威胁到美利坚合众国的未来。

"耍弄军队危险!"

1782年4月19日,荷兰承认美利坚合众国独立。9月27日,英美在巴黎开始正式和谈。

独立战争眼看就要画上句号。可是大陆军中,暗潮涌动,军人们对薪饷问题强烈不满。

1782年10月2日,华盛顿致函陆军部长本杰明·林肯,告诉他"军官不满情绪,现已弥漫全军"。

军官们的不满并非无理取闹,而是他们确未受到公正合理的对待。华盛顿说:"他们出生入死,效命疆场,经历了难以忍受的艰苦,为国家赢得了独立和自由,自己的青春年华已成过去,有的还耗尽了祖业。就在此时,必须离开军队,而自己却负债累累,连回家路费也无着落,怎能没有怨言。"

华盛顿向本杰明·林肯强调问题的严重性:"在这种易于激怒的情

况下，如无办法安抚他们的心情，使他们对将来充满希望，不能不担心一系列的弊病将接踵而来，且性质严重，难以收拾。"

为军人鸣不平、争权益的华盛顿忧心忡忡。面临两手空空被遣散回家的军人，完全可能在部队没有解散之前，利用自己的力量索取被拖欠的薪饷，用刺刀保障自己的权益。在这种形势下，华盛顿的个人抉择，将极大地影响美国的命运和走向。

俗话说，有枪就是草头王。中国后晋的一位节度使就说："天子宁有种耶？兵强马壮者为之尔。"那么，华盛顿会利用不满的军队，为自己攫取一顶皇冠，或者像克伦威尔那样凭借武力成为无冕之王吗？

1782 年 5 月，大陆军上校刘易斯·尼古拉（1717—1807）写信给华盛顿，劝他担负起合众国国王的重任，建立以华盛顿为国王的军人统治。环顾当时的世界潮流，尼古拉的建议并不是什么离经叛道的异端邪说，在那个时代，大清帝国还处在三月无君惶惶如也的状态下，而欧洲也普遍认为，人民治理国家最终只会导致无政府主义和天下大乱。

可是华盛顿看着部下来信，却是"怀着诧异和震惊的心情"，仔细读完后，当即回复："请相信，先生，在这场战争中，再没有什么事情比从您那里得知在大陆军中存在着如您所表达的这类想法更令我感到痛心的了，而且我必须以厌恶的眼光看待此事，并严厉地进行斥责。"

他告诉尼古拉："我感到茫然，无法想出究竟是我的什么举动鼓励您呈上这样的一份请愿书，而这份请愿书在我看来充满了所能降临于我国的最大的不幸。如果我对自己的认识无误的话，您将不会找到比我更对您的计划感到厌恶的人了；……我想告诫您，如果您还关心自己的国家，关心您或您的子孙后裔，或是尊重我的话，就请将这些念头从脑海中赶走，而且决不要通过您或任何别的人传播类似的观点。"

　　华盛顿之所以这样做，既非韬光养晦，亦非的故作姿态。也许有人会说，就是华盛顿当年想当国王，在当时的美利坚合众国也未必就能如愿以偿，他之所以没有把手伸向王冠，是因为他知道没有成功的希望。我不知道华盛顿是否也有过如此私念一闪，但我敢说，即使华盛顿内心真的是基于这种考虑才严词回绝了尼古拉的建议，也丝毫不会减损华盛顿身上人性的光辉。

　　古往今来，并不成功的手，伸的还少吗？现实里何曾少过劫掠失败的强盗、夺权身亡的政客、不惜代价的赌徒？如果华盛顿头脑发热，为一顶皇冠赌一把，成不成是另一回事，至少美国的历史会因此而改写。

　　1782 年 11 月 30 日，英美签订预备性的和平条约。1783 年 2 月 4 日，大不列颠宣布停战。独立战争结束了。美国的自由之树，是鲜血所浇灌。在这场旷日持久的战争中，至少有二万五千多名美国人死于战场，差不多相当于那时美国总人口的 1%。死亡比例之高，在美国历史上，仅次于南北战争。华盛顿不想再看到骚乱和流血。权杖或皇冠，并不比同胞的生命、自由和幸福更值得尊重和眷念。

　　1783 年 3 月 10 日到 12 日，在华盛顿的司令部所在地，纽约东南部的小镇纽堡，军官中流传着一批匿名传单，抗议欠发薪俸，扬言不公正待遇要是得不到纠正，陆军将自作主张，公开反抗邦联国会。在军人的不满中，华盛顿看到的是对自由的潜在威胁，而不是攫取权力的有利机会。

　　华盛顿迅速果断地采取了行动。3 月 11 日，他不仅禁止军官举行未经批准的集会，而且明确表示不赞成纽堡请愿书。3 月 15 日，华盛顿在纽堡召开了军官大会。他呼吁军官们不要"打开内乱的闸门"，而应"让你们的子孙后代在谈到你们为人类作出的光辉榜样时，有理由这样说，'倘若没有这一天，世界决不可能看到人性能达到如此至善至美的境界'。"

部属们似乎不为华盛顿的言辞所动。演说快结束时，华盛顿从口袋里掏出国会议员约瑟夫·琼斯保证公正对待军队的信，拿出一副很少军官见他戴过的眼镜，动情地对军官们说："先生们，请允许我戴上眼镜。为了这个国家，我不光熬白了头发，还差点弄瞎了眼睛。"一些先前有兵变之心的军官被华盛顿感动得掉下眼泪。华盛顿要军官们相信国会。最后军官们表决通过，事情交由华盛顿处理。在他向邦联国会汇报了事件的经过之后，国会表决通过向军官发放 5 年全薪，对士兵发放 4 个月全薪。大陆军接受了国会的决定，军官兵变的阴云消散了。其后，虽有小小波澜，都是有惊无险。

从 1775 年 6 月任大陆军总司令，到 1783 年 4 月向军队宣告"美利坚合众国与大不列颠王国之间战事结束"，华盛顿艰苦卓绝地战斗了将近八年时间。他不是为坐江山而打江山，而是为自由和独立而战，谋国远虑，从未将军队作为自己猎取权势的私人资本。他告诫过汉密尔顿："耍弄军队危险！"而在给替他管理弗农山庄的远房表兄伦德·华盛顿的信里，也谈起对军人待遇不公将引起危险："在苦难长期煎熬下的人们，当他们确信自己已被完全忽视，受到忘恩负义及不公正的对待而心怀不满时，如被阴谋家利用，他们会走多远，值得认真加以考虑。"

1783 年 11 月 3 日，对战争期间报名从军尚未遣散的士兵，邦联国会全部遣散。此前一天，华盛顿在致军队的告别词里，他诚恳地向所有士兵建议，"应热爱邦联，将高度的和解精神带到平民社会中去"，不要因不公正的对待而"诅咒或采取过激行动"。当士兵们脱下军装之时，华盛顿也在准备重返平民生活。1783 年 12 月 23 日正午 12 点，华盛顿递交辞呈。这天，他致信施托伊本："这是我在效力国家期间给你写的最后一封信了，本人将在今日 12 点辞职卸任，从此我将成为波托马克河畔的一名公民了。"

功成身退的华盛顿不是凯撒，不是克伦威尔，而是一个随时听从召唤的伟大的平民战士。当美国人民终于摆脱英国的统治站起来了之际，并没有在另一个强权势力面前跪下去。美国人民摆脱了历史上通常的造反悲剧：以争自由始，以获专制终。

"我想再买一百或两百只母羊羔"

1783 年 12 月 24 日早晨，华盛顿离开安纳波利斯，在圣诞节回到了他魂牵梦绕的弗农山庄。28 日，他写信告诉纽约州州长乔治·克林顿："演出终于结束了……我希望将余生用于结交正直的人们和从事家庭内务的管理。"

昨日叱咤风云的统帅，如今又干起了老本行——弗农山庄的种植园主。他惦记着拉法耶特保证给他的"那两头公驴和母驴"；他向威廉·菲茨休询问其邻居中有没有人出卖羊羔，因为"我想再买一百或两百只母羊羔"；他告诉英国农艺学家阿瑟·扬，"干农活一向是我生活中最大的乐趣之一"。华盛顿甚至在弗农山庄还做起了培育良种骡子的实验。

1784 年 2 月 1 日，华盛顿在给拉法耶特侯爵的信中，描述了自己的乡居生活："……我成了波托马克河畔的一介平民，在家安居，远离军营的喧嚣和公职生涯的繁忙场景。"他告诉拉法耶特，自己现在正在"享受一些安谧的乐趣"，而"这些乐趣是那些总在追逐名誉的士兵、把无数警觉的白昼和无眠的夜晚花费在为保卫自己国家的利益——也或许是为了毁灭其他国度，仿佛这个地球不能容纳我们所有人似的——制定计划的政客，以及总在观察君主的脸色，希望抓住一丝和善的微笑的朝臣们所难以理解的"。

两个月后，他在回复拉法耶特侯爵夫人的信中又说："而今，我已听不到武器的撞击声，看不见营房的繁忙景象。无官一身轻。我现在过着安逸的家庭生活，在自家葡萄架下和无花果树下乘凉。我住在一幢小别墅中，四周放置着农具和羊皮。我只求从容地沿着生命之河顺流而下，直至被葬入我祖先的沉寂的宅第。"

华盛顿用自己的身体力行向世人证明了，在这个世界上，并非所有的政治家都一个德行，而是有高下之分。制宪会议代表威廉·皮尔斯（1740—1789）曾这样描写华盛顿："和辛辛纳图斯一样，在赢得邦联的最高荣誉之后，他回到自己的农庄，做一个普通的公民，怡然自得。"

共和国所推崇的，是辛辛纳图斯那样的平民战士。公元前 456 年，执政官米努西乌斯的军队处于埃魁人的围困之中，罗马任命辛辛那图斯为独裁官。当元老院的使者通知他被推举为独裁官，并向他解释了罗马共和国危在旦夕的处境时，他正在自己的地里收拾农活。可辛辛那图斯听从祖国的召唤，临危受命，放下犁头，穿上大袍直奔罗马，召集军队去解救米努西乌斯。他打败了敌人，解救出了米努西乌斯。一俟任务完成，辛辛纳图斯就解甲归田。古罗马历史学家李维对辛辛纳图斯的所作所为大加赞美："那些只认钱财，视天下事如草芥的人，那些除了财货滚滚之地，看不到哪儿还有荣耀和德行的人，都该听听这个故事。"

制度固然重要，政治家的品德也绝非无足轻重。共和国离不开美德。没有对政治美德的向往和践行就没有共和国。一个心灵败坏，不信奉美德的民族，支撑不起一个共和国。这种民族会以为成王败寇，"打下江山"就是值得钦佩的本事，哪怕这"打江山"其实不过是场声势最为浩大的抢劫，而"打下江山"的人，也觉得自己来"坐江山"，顺理成章。刘邦当年的故事，就是绝佳例证。

刘邦年轻时对生产经营没多大兴趣，终日一副好色贪杯，吊儿郎当的样子，他父亲经常数落他没出息，不如二哥干得好。可刘邦虽是个小混混，却志向远大。有一回到京城咸阳出差，见了皇帝那种排场，他就想入非非："大丈夫当如此。"经过一番浴血拼杀，刘邦成了皇帝。公元前199年，他在新建成的未央宫大摆酒席，宴请群臣。在给父亲敬酒时，洋洋自得地问："现在我跟二哥比谁家业大呀？"

跟刘邦不同，年幼丧父的华盛顿是个好小伙，勤勤恳恳，白手起家。1750年，18岁就买下了谢南多亚河谷1459英亩的土地。这是他买下的第一批地产。等到他当总统时，已经拥有几万英亩的边疆土地，光在宾夕法尼亚西部，就有差不多5000英亩。这些地产并不是华盛顿利用权力巧取豪夺得来的。可华盛顿不仅不能把美利坚合众国视为自己的"产业"，就连保护自家土地的所有权，也力不从心。

在独立战争结束后，华盛顿有一次去访问以他名字命名的华盛顿县，那里有些人对他的一片土地所有权有争议。当那些人硬是不同意华盛顿提议的解决方案时，华盛顿火了，他从座位上站起来，手里提拎着一块红绸手绢，说："我拥有这块地，就像我现在拥有这块手绢一样千真万确。"

可是那些擅自占地者一点也不给华盛顿面子。华盛顿臭骂了他们一通。不料占地者里有个家伙恰巧是治安法官，他立马就以华盛顿将军恶语伤人为由对他处以罚款。要是华盛顿也能像刘邦那样，有枪就是草头王，杀人如同宰小鸡，谁还敢跟他争地产呀？

别说刘邦、朱元璋这等狠角色了，就是和华盛顿同一民族的克伦威尔，做派都是截然不同。克伦威尔在 1653 年就任终身护国公，实行军事独裁。可哈林顿（1611—1677）却没有跟着起哄嚷嚷英国出了个克伦威尔，而是认为英国应该实行共和制。他在《大洋国》讽喻克伦威尔应该功成身退。

克伦威尔对哈林顿的含沙射影表示轻蔑，还说："人家以刀剑打下的江山，岂能因一粒纸弹的攻击而轻易放弃？"打江山就得坐江山，要不然，拼死拼活干什么呀？直到撒手人寰的那一刻，他克伦威尔还是英国至高无上的统治者，哪里会卸职回乡去种地放羊？这还不算，他死了，他的儿子继承了护国公的宝座。

华盛顿使世界第一次看到了，原来人类可以超越打江山坐江山的逻辑。他是为独立和自由而战，而不是为权力和交椅而战。这位美国惟一有可能成为君主的人，却在战后为君主政体的议论忧心忡忡。1786 年 8 月 1 日，华盛顿在弗农山庄致信约翰·杰伊："据闻，即使德高望重的人物也在无所顾忌地谈论君主政体。言论出自思想，再进一步即往往成为行动。这一步却是无法挽回和重大的一步！对于敌人而言，这将为他们的一大胜利。他们竟然发现，我们无能管理自己；建立于平等自由基础上的各项制度不过是一种空想和无稽之谈。但愿能及时采取明智措施，以免发生我们深以为忧的后果。"

正是由于华盛顿品格高尚，使得后人在编写他的政治传记时，无须带着遗憾的心情写上这样几句：如果他在圣诞之夜回到弗农山庄时，就天年已尽，那么他是美国历史上最伟大的人物之一。华盛顿不像许多独裁者那样需要庸人事后做这样的假设。也正因为这样，德国音乐家舒伯特说，在美国，十三扇"金色的大门向不容异说和专制政治的受害者敞开着"。而爱尔兰民族主义领袖亨利·格拉顿则鞭策自己的同胞："在你们确定当奴隶的可行性之前，请始终朝美国看。"

和华盛顿一样，美国的国父们都没有那种打江山坐江山带来的荣华富贵。打了八年仗，没有封神榜。比如罗伯特·莫里斯，他在《独立宣言》《邦联条例》《联邦宪法》这三份重要文件上都签过名，曾被大陆会议任命为财政总监，有时甚至私人解囊，以保证华盛顿军队的给养，1789 年他辞谢了华盛顿的财政部长提名，宁愿自己做生意。这人本是出席制宪会议的代表里最有钱的人之一，可他是在穷困潦倒中度过的晚年。晚景不妙的国父，不止罗伯特·莫里斯一人。

不过，这些共和国创建者的晚景凄凉，并不是遭人政治迫害所致，而是因为共和国没有给任何一个人终身旱涝保收的物质待遇。每一个人，无论他们在独立建国的过程中贡献有多大，他们和平民一样，都要靠自己的双手养活自己。他们没有荣华富贵，但也没有朱元璋手下开国将帅们那种被朝廷整得家破人亡的惨剧。美国革命没有吞噬自己的儿女。

"好人华盛顿"

1787 年 5 月 25 日，修改《邦联条例》的会议在费城召开。不过，出席的代表们却把它开成了一次制宪会议。

头一天，华盛顿被代表们一致同意推举为大会主席。此前，自 1783 年 11 月辞去大陆军总司令一职之后，他已在弗农山庄当了三年多农场主。

从 5 月 25 日到 9 月 17 日，制宪会议在一种自由、平等的气氛中开了 126 天。可作为制宪会议主席的华盛顿，整个会议期间，仅仅发过三次言。这还是把他当选为会议主席后致答谢辞和制宪会议结束前说的几句话也算上了。

与会的不少制宪会议代表意识到，华盛顿将成为美国第一任行政官。毕竟，美国没有第二个人有华盛顿那样的政治声望。可也是在这一点上，体现了制宪会议代表们的自由之精神。

制宪会议刚开没几天，富兰克林就说他总是担心，联邦政府将来某个时候会以君主制告终。这种忧虑并不是这位八旬老人所独有。来自南卡罗来纳的查尔斯·平克尼主张设立一位生机勃勃的行政官，但他又怕行政官变成"一个选出来的君主"。巴特勒也忧惧"这个国家难道不会像其他国家那样，出现喀提林和克伦威尔式的人物"？而伦道夫则担心"我们不是在为英国政府制定宪法，而是在构建一个更加危险的君主制，一个选举出来的君主制"。他希望在这个国家里"永远不再看到恢复君主制的任何企图"。

这种对行政权不断扩张和滥用行政权的忧虑，贯穿着整个制宪会议。在1787年6月4日全体委员会上，富兰克林发言说："第一个被放在掌舵位置上的人，会是个好人。今后的后继者会是怎样的人，就无人知道了。这里也和别的国家一样，行政官的地位总是会不断提高，直到以君主制告终。"富兰克林所说的"好人"，是指华盛顿。

也正因为这种思虑，在整个会议过程中，深谙分权制衡之道的代表们，以史为鉴，秉持自由之精神为共和国制宪，从而不仅为美国，也为人类历史上拟成了第一部成文的限权宪法。他们将限权视若美国宪法的灵魂，而不像中国的韩非那样，一方面清醒地知道君王们身上有碰不得的逆鳞，可另一方面又竭尽心力地去加强君权，使得逆鳞更加令人望而生畏。毕竟，当政治精英自以为自己是有别于平民的统治阶层，从而丧失或放弃对权力的戒心，吃亏的将不仅是平民。朱元璋坐了龙庭，首先要杀掉的，就是曾鞍前马后为他卖过命的那些功臣。

但是制宪者们并不觉得自己能为万世开天平。对于自己拟定的联邦宪法，他们当时也还是信心不足。华盛顿估计这部宪法如果能维持20年就不错了，而富兰克林则认为，这一次可能会好若干年，但最后还是会以专制而收场。尽管制宪者们有这样或那样的悲观估计，华盛顿在1788年2月写给拉法叶特侯爵的信里依然肯定，新宪法至少有一点可取之处，那就是"采取了比人类迄今所建立的任何政府所采取的还要多的防范和其他难以逾越的措施，以防止走向暴政"。

1789年华盛顿作为惟一候选人当选为美国第一届总统，可他连去临时首都纽约的路费，都是借钱凑足的。第一届总统任内，华盛顿就厌倦了权力斗争。1792年是总统选举年，他对麦迪逊说："情愿拿起锄头去挣块面包吃，那也比现在这种处境强。"问题是，华盛顿离任后，权力如何平稳转移。会不会出现血腥的争夺呢？历史的教训实在是太多了。在这样一个选举制的国家，权力怎样交接，确实关系到千秋大业。国家需要他继续干下去。1793年，又一次作为惟一候选人，选举团一致通过他继续连任。他开创了至多连任两届总统的先例。

在1796年发表的告别词中，华盛顿将引退的决心告诉合众国人民："我觉得现在就将谢绝置我于候选人之列的决心告诉你们是合适的，尤其是因为这可能有助于公众表达更为明确的声音。"这一年，传位给儿子的清高宗弘历，整整作了60年的皇帝。

1797年3月2日，华盛顿在给老部下、前陆军部长亨利·诺克斯的信里写道："现在我把自己比做一个疲倦的旅行者，看到一片休息地，并考虑弯腰坐下。"3月4日，约翰·亚当斯宣誓就职。典礼上，华盛顿热情祝贺新任总统。一位南卡罗来纳人这样写道："执政者的更迭在这里很容易而又很宁静地便完成了，甚至使我们之中那些对政府和我国公民一般的良知向来甚表嘉许的人都感到惊讶，机器一直是毫无异响地在运转。华盛顿以平民身份参加了典礼。几天以后，他安安静静地返回弗农山庄去了，他的继任者也同样安安静静地接替了他的职位。"

3月9日早上，华盛顿离开临时首都费城前往弗农山庄。他又回到了平民中间，成为平民的一员。他的孙女写信跟别人说："祖父一切均好，他因为再次成为农民华盛顿而无比高兴。"不再是第一夫人的玛莎，也在信中告诉好友："将军和我就好像刚放学的孩子或刚干完监工布置的活的青年人一样，充满着喜悦。我相信，除了外出办事或消闲解闷，没有任何东西迫使我们再离开家园……"

华盛顿虽然卸任了，威望犹在，但是联邦政府是遵循宪法在运行。不在其位者，不享其权。无职有权的僭越，或垂帘听政，或幕后操纵，都是一个国家政权背离法治的病态表现。倘若有了法外干政之权，共和大厦迟早会坍塌。在这一点上，华盛顿恪守着一个共和国公民的本分。

1799年8月初，在尼罗河口之战中，英国纳尔逊将军赢得了辉煌的胜利。亚当斯总统却在此时决定向法国督政府派遣大使。对于总统的这个决定，华盛顿认为"在欧洲目前的局势下，是难以理解的"。为了阻止总统的行动，大为惊恐的联邦主义者求助于华盛顿，希望他发表一篇抗议。但是华盛顿拒绝干预。在答复麦克亨利催促的信里，华盛顿说："船已下水，或者说即将启航，我仅是船上的一名乘客。我应相信船长。看清航向、把稳舵盘，将船驶向安全的港湾是他的职责。"

此前的7月21日，在回复康涅狄格州州长乔纳森·特朗布尔的信中，华盛顿拒绝再次出山当总统候选人。12月14日，华盛顿与世长辞。美国国会宣布12月26日为全国哀悼日，国会议员亨利·李在哀悼仪式上称颂华盛顿是"战争中的第一人，和平时的第一人，国人心目中的第一人"。而日后林肯对华盛顿的颂扬，则更是不吝美辞。在1842年2月22日，即华盛顿诞辰一百一十周年纪念日，林肯说："华盛顿是天下最伟大的名字"，"对那个名字不必企望唱赞歌。这办不到。给太阳增添光辉，或者给华盛顿的名字增添荣耀，这都是不可能的"。

对这些赞美，华盛顿当之无愧。

华盛顿的总统岁月只有8年，还不及康熙乾隆坐龙庭时间的七分之一。然而，一个政治家伟大与否，并非跟他掌权时间就成正比。在人类历史上，更多的情形是，当政27年或者60年，时间漫长不过是对权力贪婪的证据。就如同有着正常道德感的人不会尊敬抢劫过1000次银行也没有被抓住的江洋大盗一样，共和国的人民，也不会因为谁剥夺了国民自主选择政府首脑的机会而擅权，统治一个国家时间越长就认为他越伟大。

华盛顿和林肯一样，没上过多少学。学识渊博的杰斐逊，就说华盛顿"读书甚少"，会话才能十分平常，"思想既不丰富，语言也不生动"，要是在公开场合突然要他发言，常常"措手不及，张口结舌，奇窘不堪"。然而，正是这样一个并不才华横溢、雄辩滔滔的人物给人类展现了一种新型政治家的形象。

他连任两届就引退山乡，为美国未来的总统树立了任期不超过两届的先例。就像约翰·亚当斯所说的那样，退休也是使自己变得伟大的一种方式。华盛顿通过放弃权力创造了历史。华盛顿"在我自己的葡萄架和无花果树下乘荫纳凉"，和杰斐逊"我的家庭、我的书籍和农场"，都是可以永远留在人类记忆中的退休之歌。

从杰斐逊的身上，可以看到了先例的力量。1805年1月6日，刚赢得1804年大选不久的杰斐逊，就在给约翰·泰勒的回信中说："决心在我的第二个任期结束时引退。"他告诉泰勒:"华盛顿将军树立了8年任满自愿退休的榜样。我要遵循这个榜样,而且再有几次先例就会克服掉稍后任何人力图延长他的任期的习惯。"1811年8月17日,杰斐逊在一封信中又说:"人到了一定年龄就应该下台,不能过久地占据别人有权涉足的地盘。"

在一个共和国,卸任了,就得是卸任的样子。威廉·杜安是杰斐逊的老朋友。杰斐逊在1811年写信跟他讲:"……这个世界上的人类自由的最后希望寄托在我们身上。为了一个如此宝贵的国家,我们应该放弃一切爱憎。让总统自由地去选择他自己的助手,执行他自己的政策,我们要支持他和他们,即使我们自以为比他们聪明,比他们诚实,或者比他们更了解情况。"

不过,榜样和先例的力量也是有限的。此后格兰特、西奥多·罗斯福等人就试图打破连任两届总统的先例,但惟有富兰克林·罗斯福获得了成功。他一口气连任四届,最后病死在总统任上。富兰克林·罗斯福也是美国最伟大的总统之一,当了十多年的总统,并没有犯过什么罄竹难书的"晚年错误",可美国人还是觉得太危险了。1951年2月生效的第二十二条宪法修正案从此一刀切地规定,在现任总统之后的任何总统任职,都不得超过两届,并且"无论何人,在他人当选总统任期内担任总统职务或代理总统两年以上,不得当选担任总统职务一次以上"。

于是,杜鲁门成为美国最后一位有机会担任八年以上总统的人。可是他在1950年4月的一个备忘录里却说:"我认为,当八年的总统就够了。"在杜鲁门看来,"当我们忘记了华盛顿、杰斐逊和安德鲁·杰克逊这些榜样(所有这些人如果他们愿意的话原是能够继续担任总统职务的),我们将开始走上独裁和毁灭的道路。我知道,我能够再度当选，并能继续打破为富兰克林·罗斯福所打破的旧的先例。但我决不这样做。"自从杜鲁门卸任总统之后，谁就是真想大公无私地在总统位置上为美国人民的福祉奋斗终生也不行，你要想奋斗，只能去干点别的什么。

美国的文官统治

1787 年，美国制宪，国父们关注的焦点，在于限权，而非强国——尽管当时来自英国和印第安人的军事威胁并没有消失。

和德意志第二帝国、日本帝国的"民弱国强"之路不同，美利坚合众国的政治现代化先于工业化，先于国家强盛。

对于军事权力的分离与制衡，被他们视为维护共和政体于不坠的重要关节。联邦宪法秉承了殖民地时代就已确立的文官治军的传统。待到日后国力强盛之时，由于有效的权力制衡机制，巨大的军事实力遂不至于变成任何个人或集团对内对外的冒险工具，对国民自由、财产、生命和幸福的致命威胁。

"外行领导内行"

在美国总统中，尽管也有像泰勒、格兰特和艾森豪威尔那样的人，曾以军人为业，因为历史的风云际会，他们碰上了烽火岁月，得以凭借自己出色的军事才干和战争业绩，成为美国声名远播的军事英雄，万众瞩目的一代名将。但是迄今为止，大多数美国总统没有艾森豪威尔那样的行伍历练。

根据美国宪法，总统是武装部队总司令。可是一个国家的内乱外患，并非只在总统有行伍经验时才会出现。这样一种制度，是不是置国家于莫测的危险之中呢？

两百多年来的历史，一直在考验着美国宪法在这一点上的可行性。

1812 年美英战争爆发时任总统的麦迪逊，连兵都没当过；挑起了墨西哥战争的总统波尔克，也未有过军旅生涯；而一上台就不得不处理南部同盟问题的林肯，只在黑鹰战争中当过三个月的志愿兵连长；美西战争时期的总统麦金莱，虽在南北战争中从士兵晋升到了少校，可他此后一直是干律师、当议员、做州长；面对第一次世界大战的威尔逊总统，则是一个舞文弄墨的大学教授，书写了不少，兵却没当过一天；需要对付轴心国的富兰克林·罗斯福，虽在威尔逊总统手下当了七年半的助理海军部长，可那是文职而非武将；紧接着罗斯福把仗打完的杜鲁门总统，只在第一次世界大战时的远征军里当过一回炮兵上尉。

这几位总统也没有在军校读过书。他们担当三军统帅的职责，可谓是典型的"外行领导内行"。就拿林肯来说，在 1932 年的黑鹰战争中，他当选为志愿兵连长，但他没有杀死过一个敌人，没有参加过一次战斗。用他自己的玩笑话来说，惟一的流血冲突，是发生在跟蚊子之间。可就是这样一个跟军旅没有多少渊源的政治家，因为是总统，所以也是武装部队总司令。如何运筹帷幄指挥打仗，对林肯来说是一个陌生的领域，而战争又不是儿戏。有自知之明的林肯只能临时抱佛脚，到国会图书馆借军事著作，一有空就研读。

西点军校科班出身的麦克莱伦将军，不怎么瞧得起这个缺乏军事经验的总统。1861 年 11 月，林肯任命他为陆军总司令，可他并没有因此对总统更加友善一点。一天晚上，林肯和国务卿西华德、私人秘书约翰·海顺便来到他家。等了一个多小时，麦克莱伦才参加完婚礼回来。当仆人告诉他总统一行来访时，他没去见总统就直接上楼了。更过分的是，过了半小时，仆人告诉还在干等的林肯，将军已经上床睡觉。总统一行只好打道回府。在回去的路上，海憋着一肚子的火。林肯却耸耸肩，说这种时候最好不要计较繁文缛节和个人尊严。后来林肯还说："只要麦克莱伦能为我们赢得胜利，我情愿为他牵马。"

可是，这个陆军总司令却经常不客气地抨击总统。他不仅对有权直接掌握陆军的斯坦顿部长封锁自己的战略意图，就是对林肯总统也这样，而且还竭力控制军权。在斯坦顿的建议下，1862年3月11日，林肯下令撤了麦克莱伦陆军总司令职务，把他降职为波托马克军团司令。可是麦克莱伦依然故我，无视文官领导，没有把林肯总统和陆军部长斯坦顿放在眼里，蔑视像他们这样半路出家的文官"干预"军事事务。1862年9月22日，林肯发布《解放宣言》，可麦克莱伦私下谴责《解放宣言》"开创奴隶战争"。有些军官甚至敦促麦克莱伦进军华盛顿，胁迫撤消《解放宣言》。

更有甚者。1862年10月1日至4日，林肯视察部队，催促麦克莱伦采取行动。回到华盛顿，林肯又让哈勒克向麦克莱伦发出命令："渡过波托马克河并攻击敌军。趁道路良好之际，你部必须马上采取行动。"可是接到指令的麦克莱伦，却按兵不动。将军不听最高统帅的号令了。10月24日，林肯给麦克莱伦拍电报："请原谅我问一声：使谁都疲劳的安提塔姆战役结束后，你军的马匹都干了些什么？"愤然之情，溢于言表。

麦克莱伦对总统的电报很恼火，但还是开始行动了。李将军在安提塔姆战役之后一夜之间就横渡波托马克河，而麦克莱伦的大军竟然用了6天，紧接着又花了7天时间才向南前进了50英里。结果贻误了战机。抱怨不能"用一个钝得无法干活的钻子去钻孔"的林肯，在 11 月 7 日撤了麦克莱伦的职。

职业军人必须听从文职政府的指挥，执行文职政府的各项政策，军人自己的政治观念不能影响政策的贯彻。这一点对共和国来说，生死攸关。像麦克莱伦这样的事情，在美国二百多年的历程中，是极其罕见的例外。

乔治·马歇尔就不同于麦克莱伦。乔治·马歇尔是一位职业军人，毕业于弗吉尼亚军校，二战期间担任美国陆军参谋长。对 1942 年决定在西北非登陆的"火炬"计划，马歇尔并不赞成，但罗斯福总统决心已定，用布莱德利将军的话来说，"他也只能无条件地去执行"。

虽然命令就是命令，但是也不能狭隘地理解马歇尔的服从。毕竟，文职政府的权力是在宪政的框架下依照宪法和法律行使。尽管将军们在政治上没有直接的发言权，可他们并非总统随意使唤的奴才、会说话的工具，军队也不是政府任意支使的私家军。军队从属于人民，这是美国宪政的基本原则。总统并非政府权力的终极源头。这样一种制度设计，其用意不在于要将军们经常支持和服从他们根本就不赞成的行动，而是在于维护宪政，防止军人干政这种更大的危险。从这个意义上来说，将军们对文职政府的服从，并不是无条件的盲从。

"他不会服从命令的"

在同时代的将星之中，麦克莱伦的名字远不如李、杰克逊、格兰特、谢尔曼那样光彩夺目。虽然自视甚高，可他在南北战争中，并没有施展出让人心服口服的军事才能。那么，倘若他是一个军事巨人，共和国就可以允许他脱离文职政府的领导自行其是么？

和麦克莱伦不同，麦克阿瑟在漫长的戎马生涯中，以赫赫战功赢得了美国民众的爱戴。美国作家威廉·曼彻斯特称他"可能是美国历史上最出色的指挥官"。

1903年西点军校毕业时，麦克阿瑟成绩名列第一。远征欧陆时出生入死，彩虹师官兵赠他的一只金烟盒上铭刻着："献给勇敢的人们中最勇敢的人。"因为智勇双全，他成为美军一战中受勋最多的军官之一，仅本国颁发的勋章，就荣获12枚。1919年，是当时西点军校史上最年轻的校长；1925年，是当时陆军里头最年轻的少将；1930年，是美国陆军史上最年轻的参谋长。1939—1945年担任远东美军总司令。因为战功赫赫，1944年12月，64岁的麦克阿瑟被授予陆军五星上将军衔。麦克阿瑟个性很强。老部下艾森豪威尔曾这样评价他："决不能见到天上还有第二个太阳。"

性格影响着麦克阿瑟的人生轨迹。他用一种与众不同的方式，处理与华盛顿当局的关系。

1950年6月25日，朝鲜军队越过三八线。韩国军队兵败如山倒。朝鲜战争爆发之后，麦克阿瑟出任联合国军总司令。9月25日，麦克阿瑟策划的仁川登陆成功，9月27日打到汉城，10月1日，联合国军控制了三八线以南的地区。联合国大会授权联合国军在10月7日进入北方。

兹事体大。杜鲁门总统要求跟麦克阿瑟当面磋商，可麦克阿瑟明确表示，当前是战争的紧要关头，没法子抽身去华盛顿。于是总统同意在威克岛会面。威克岛是中太平洋上的一个小岛，离华盛顿好几千英里，相当于从华盛顿到东京的四分之三路程。

1950年10月15日清晨，总统特别助理哈里曼一行乘机抵达威克岛机场。可是麦克阿瑟却坐在吉普车里，没有到飞机前去迎接。这让陆军少校沃尔斯特不免有些惊讶。因为飞机上还坐着陆军部长弗兰克·佩斯和参谋长联席会议主席布雷德利将军，而这位日后的中央情报局副局长知道，"陆军部长是美国全体军人（不分军衔高低）的上司"。

让沃尔斯特更为惊讶的事情还在后头。

破晓后不久，总统的座机也到了。麦克阿瑟才下了吉普车去迎接杜鲁门。可是他没有向总统敬礼。看到这个场面，沃尔斯特"颇为吃惊"。这个已经加入陆军八九年的老兵感到很不理解，因为美国宪法明文规定，总统是武装部队总司令，而"像麦克阿瑟这样的老资格军人，竟然不向总统敬礼"。

不只是沃尔斯特觉得麦克阿瑟不该这么做，其实总统本人心里也不见得就认为对劲。杜鲁门卸任总统多年之后，沃尔斯特在拜访他时还问起这事。杜鲁门说他"当时感到遗憾"，因为他也注意到了麦克阿瑟没敬礼。不过，总统当时并没有计较。

在会面中，杜鲁门对麦克阿瑟说，美国情报界人士都说中共将参加这场战争，要麦克阿瑟谈谈他对这个问题的看法。可麦克阿瑟却信心满满地回答说："总统先生，他们无意参加这场战争。当今是我们强大而不是孱弱的时代。我们已不再随人俯仰。倘若中共渡过鸭绿江，我就要使他们遭到人类历史上规模最大的屠杀。"他坚信战争一定能在圣诞节前结束。

但这只是麦克阿瑟个人的如意算盘。不但来自北方的抵抗没有在感恩节前结束，反而因为中国军队的介入，联合国军11月再一次溃退。在公开谈话中，麦克阿瑟把这次失败的原因归咎到了华盛顿当局头上。在他看来，责任在于华盛顿方面把战争局限在朝鲜并且禁止袭击中国东北基地的决策。

麦克阿瑟的言行很是让华盛顿当局伤脑筋。

　　五角大楼意识到麦克阿瑟故意不服从参谋长联席会议在 1950 年 9 月 27 日下达的命令。这道命令要求他不要在与苏联交界的省份或沿中国东北边境使用韩国以外的军队。可是在最后向鸭绿江和图们江推进时，这位战区司令官却撤销了不许使用非韩国部队的全部禁令。当参谋长联席会议询问他时，他声称这样决定是出于军事上的考虑。

　　对麦克阿瑟自行其是的做法，五角大楼很是担心。万一麦克阿瑟今后还不服从其他的命令，岂不是可能会招致更严重的后果？ 1950 年 12 月 3 日，在参谋长联席会议的作战室里，针对麦克阿瑟的不祥举措，国务卿、国防部长等头头脑脑们讨论了几个小时，但没能做出任何决定。无人愿意向麦克阿瑟断然下令，以扭转势态向危险的方向发展。

　　散会后，陆军副参谋长李奇微问空军参谋长霍伊特·范登堡："为什么参谋长联席会议不向麦克阿瑟下命令，告诉他应该做什么呢？"范登堡摇了摇头回答说："那有什么用？他不会服从命令的。我们又能怎么样？"李奇微一听这话，火了。他大声地质问："谁不服从命令你可以解除他的职务啊，怎么不行？"可范登堡张着嘴，用一种困惑而又惊奇的表情看着李奇微，接着啥也没说就走了。

　　这也难怪范登堡。

　　1950 年时，在位的军职领导人，无论资历和声望，都不及麦克阿瑟这个远在东京的下级。当时，布雷德利是参谋长联席会议主席。1925 年麦克阿瑟已经是一名陆军少将时，布雷德利还在夏威夷当营长；当麦克阿瑟任西南太平洋战区司令时，陆军参谋长柯林斯那时不过是瓜达卡纳尔战役中的一位师长；空军参谋长范登堡是西点军校 1923 届的学员，而麦克阿瑟则在 1922 年 6 月之前当了三年的西点校长。

　　但是不管怎样，李奇微的质问，合法、在理。

虽然暂时没人要撤麦克阿瑟的职，但也不是默认这位战区司令我行我素。1950 年 12 月 6 日，杜鲁门通过参谋长联席会议发布命令，要求所有高级军事指挥官今后在计划公开发表任何有关对外政策的讲话时，必须送五角大楼批准。这道命令其实就是直接针对麦克阿瑟的。

可是麦克阿瑟最后还是刹不了车。

美国文官治军的传统，面临着被麦克阿瑟撕开一道裂口的危险。

"我们终于要回家了"

在内政外交的某个问题上，将军与总统之间看法不一致，本来并不奇怪。毕竟没有任何一种制度能够保证做到将军跟文职政府在任何问题上的观点始终没有分歧。

虽然麦克阿瑟与总统之间想法相距甚远，麦克阿瑟想在中国大干一场，而杜鲁门却不想事态扩大，这固然让杜鲁门感到惴惴不安，但也正如杜鲁门在回忆录里所说的那样，"他把他的意见上达给他的统帅，这当然是正当而又合适的。如果他没有超越这一点，我决不会感到必须撤他的职。"

可是麦克阿瑟将军跟杜鲁门总统之间，不仅仅是意见分歧的问题。

麦克阿瑟重蹈了麦克莱伦当年的覆辙。

1951 年 1 月，中国军队攻陷汉城。2 月，李奇微指挥第 8 集团军发起攻势。3 月 18 日，汉城被联合国军夺回。在重创中国军队时，杜鲁门和艾奇逊认为和谈结束战争的时机成熟了。3 月 20 日，参谋长联席会议通知了麦克阿瑟，拟将发表杜鲁门的声明。

可是朝鲜的 3 月 24 日早晨，也就是在华盛顿时间 3 月 23 日，麦克阿瑟擅自向中国发表正式声明。声明说："……敌人此刻必然已经痛苦地意识到，如果联合国决定放弃它力图把战争局限于朝鲜境内的容忍态度，通过把我们的军事行动扩展到它的沿海地区和内陆基地，则赤色中国就注定有立即陷于军事崩溃的危险。"

麦克阿瑟的这个声明，等于是一个在外之将威胁要扩大战争。这跟华盛顿的意图背道而驰，是在拆杜鲁门总统的台。

麦克阿瑟超越了其军人的本分，说了不该说的话。

他这一下子，把杜鲁门总统的和谈梦一时给击得粉碎。用李奇微的话来说，麦克阿瑟擅自发表的声明，"使中国人处于如果真要接受邀请进行谈判就会大丢其丑的难堪境地"。事隔多年，杜鲁门对这件事还耿耿于怀："我们为取得其他国家政府的同意而花去的许多时间以及许多外交家和国防领袖们的详尽讨论全付诸流水了。"因为在麦克阿瑟发表声明之后，杜鲁门就"不能向中国人发出文电了"。

国务卿艾奇逊觉得麦克阿瑟疯了，应该立即撤职，他引用古希腊作家欧里庇得斯的名言："众神要摧毁一个人，首先要使他变成疯子。"在布莱尔大厦里，杜鲁门则一遍又一遍地读着麦克阿瑟将军的最后通牒文本。日后回想起这事，杜鲁门说自己"一生中从来没有这样气愤过"，"准备一脚把他踢进中国的渤海里"。

麦克阿瑟此举非同小可，无论他内心怎么想，3月24日的这一举动实际上意味着，一个战区司令、一位武将在挑战政府文职部门的传统最高权力。虽说是将在外，但麦克阿瑟不是罗马总督。他的声明不仅直接违反1950年12月6日五角大楼的训令，而且这一抗上行为是对总统和宪法权威的挑战，危及了文官治军的原则。这是一个共和国的大是大非。毕竟，文职控制军人，以防军人凌驾于民选当局之上，这是美利坚共和国的基石之一。

麦克阿瑟的言行威胁到了这块基石。杜鲁门如果容忍麦克阿瑟如此无视文职当局的权威，那他就违背了总统要坚持和保卫宪法的誓言。虽然 3 月 24 日的声明还没有导致杜鲁门解除麦克阿瑟的职务，但它使这位五星上将跟文职当局的关系变得更加紧张了。

可麦克阿瑟没有及时警醒。

共和党众议员约瑟夫·马丁是国会众议院少数党领袖。在一次演讲里，他建议应该让蒋介石进攻大陆。1951 年 3 月 8 日，马丁写信给麦克阿瑟，问这位远东美军总司令对这个问题有何高见。3 月 20 日，麦克阿瑟给马丁寄了回信。用杜鲁门女儿的话来说，是麦克阿瑟对马丁的一篇"野蛮攻击爸爸外交政策的演讲稿"回了信。

在这封信里，麦克阿瑟批评了重点放在欧洲而不是放在亚洲的政策。他告诉马丁，"如果我们在亚洲败给共产主义，则欧洲的沦亡就不可避免；打胜了，则欧洲就很可能避免战争而维护住自由。正如你所指出的，我们必须赢得战争。没有任何东西可以取代胜利。"而取得胜利的办法，就是"以最大限度的反击暴力对付暴力"。

好像这还不够似的。在接受一位英国记者采访时，麦克阿瑟又说："联合国部队的行动被一张人为因素织成的网所牵制……打仗想不伤人是十分可笑的。"

这是一个战区司令在向美国现行国策挑战。麦克阿瑟期待在远东的最后胜利，可杜鲁门却只想在朝鲜半岛打一场有限战争，而不是陷入反共的全面战争。杜鲁门公开宣布："我们的目标不是战争，而是和平。"

4 月 5 日，马丁在众议院宣读了麦克阿瑟的信。将军的意见卷入了政争。私下的分歧变成了公开的辩论，这等于是一个战区司令官越过军事当局和文官政府，跟国内反对派携手反对文职当局的对外政策。这是共和国之大忌。杜鲁门在台历上写道，麦克阿瑟通过马丁"投下了另一枚政治炸弹"。

4月7日8点50分，杜鲁门总统召集马歇尔、艾奇逊、哈里曼和布雷德利开了一个多小时的会，讨论对麦克阿瑟该怎么办。当天晚上，参谋长联席会议主席布雷德利想了很长时间。事已至此，在他看来，"现在的问题不是谁对谁错。最终是由文职官员控制军队，杜鲁门作为军队总司令，完全有权力替换任何一位对抗他的政策和失去他信任的将军"。

4月11日，麦克阿瑟被杜鲁门总统解除了各项指挥权。官方声明的理由是，麦克阿瑟"在属于其正式职守的事务上不能够全心全意地支持美国政府的政策和联合国的政策"。这份凌晨一点在记者招待会上发表的简短声明强调："对于国家政策的各种问题进行充分而热烈的辩论是我国自由民主立宪制度的不可或缺的因素。但是，各军事司令官必须遵守我国法律与宪法所规定的方式下达给他们的政策和指示，这是一个基本的条件。"

接到解职命令时，麦克阿瑟正在吃午饭。他面无表情地站起来对妻子说："琼，我们终于要回家了。"这一天，李奇微将军去看望了麦克阿瑟。在他眼里，麦克阿瑟表现得"泰然自若、温文尔雅、至善至亲、热情相助"。

这并不是说麦克阿瑟对杜鲁门突然解除他的职务就心里舒坦。对来访的国务院官员西博尔德，他抱怨"在陆军服役五十二年后受到了公开的侮辱"。尽管如此，牢骚归牢骚，这位陆军五星上将并非宪法的敌人。因为接着又补充说，"作为一名战士，如果总统打算要他退役的话，哪怕是稍作暗示，他也会毫无怨恨地这样做"。空军参谋长范登堡眼里那个不会服从命令的麦克阿瑟，其不服从，也不过如此，他并没有想要突破底线。

"只能是麦克阿瑟下台"

麦克阿瑟被撤职，美国国内舆论一片哗然。在马萨诸塞和加利福尼亚，有人焚烧杜鲁门的模拟像；加利福尼亚、佛罗里达、密执安等州立法议会通过了谴责杜鲁门的决议；总统在格里菲思体育场被喝倒彩……总统新闻办公室承认，白宫最先收到的 26363 份函电里，批评解职的函电和支持解职的函电之比，高达 20:1。

杜鲁门捅了马蜂窝。而麦克阿瑟回国时，在洛杉矶、在华盛顿、在纽约，如同凯旋的英雄，受到公众热烈的欢迎。仅在首都华盛顿，就有数十万人向他夹道欢呼。1951 年 4 月 19 日，麦克阿瑟在国会 34 分钟的演讲，被热烈的欢呼打断了 30 次。

虽有成千上万的人抨击杜鲁门总统解除麦克阿瑟的职务，但是没有人怀疑总统有权这样做。即使是反对党领袖，在这个问题上也是毫不含糊。总统有宪法赋予的权力和义务解除一个违背政府政策的司令官的职务。就像沃尔斯特在回忆录里所说的那样："……在我们的制度下，只能是麦克阿瑟下台。"

即使是军方领导人也都支持总统的决定。在宣布撤职决定之前，参谋长联席会议全体成员在 4 月 8 日那天开了两个小时的会，最后一致同意解除麦克阿瑟的职务。这并非是对一个失势者的墙倒众人推。只要遵循文官统治原则，军界首脑们不可能有另外的意见。

对此，布雷德利在参议院作证时，说得非常明白："参谋长联席会议全体成员时时表达他们坚定的信念：军方必须一直处于文职政府的控制之下。在这次事件中，他们都十分忧虑，如果麦克阿瑟不解职的话，人民中的大部分将会提出指责：文职政府不再控制军方了。"

这并非只是布雷德利的个人见解。

1951 年 4 月 24 日，布莱德利写下了宣布解除麦克阿瑟职务的原因。5 月 16 日，布莱德利把修改稿分发给了柯林斯、范登堡和谢尔曼。他们三人都表示同意，没有做任何改动。这份稿子称，参谋长联席会议"一直拥护""军队必须置于文职政府的控制之下"的原则，而"他们感到麦克阿瑟将军的行为正不断使文职政府对军事部门的控制处于危险之中"。

文职政府当局和军事当局究竟是谁领导谁，文职政府是否拥有对军事当局的统帅权，这是一个敏感的、不容含糊的原则问题。谈到朝鲜战争的时候，有些人常常断章取义地引用布雷德利 5 月 15 日第一次在参议院作证时所说的那段话。其实，这位参谋长联席会议主席说的是，如果采取扩大与中国的战争这样一种战略，"就会使我们在错误的地点，错误的时间，与错误的敌人进行一场错误的战争"。

布雷德利想证明麦克阿瑟要扩大战争的思路是错误的。华盛顿当局只想打一场有限战争，而不想将战火烧到中国领土，陷入东亚的泥潭。

不过，这不是问题的关键。

问题的关键并不在于是一个战区司令还是总统，或者说是一个将军还是文职首长哪一个判断力和见解更为高明，而是像李奇微将军所说的那样，"在于以总统为代表的文职政府和以战区司令为代表的军事当局哪一个有权决定美国应当采取何种行动"。具体到麦克阿瑟这件事情上，"根本的问题仍然是：杜鲁门总统或麦克阿瑟将军究竟谁有权来决定我们对外政策中的重大问题"？

当然，这并不是说在作出决定之前，军人就不能向文职当局发表自己的看法，提出个人的建议，也不是说总统可以蛮干，什么事情都无需征询、倾听和尊重军界人士的意见。但是，按照美国宪法，制定对外政策从来就不是军人分内的事情。军人不能凭自己的好恶对文职政府当局的政策进行取舍，公开说三道四。麦克阿瑟在西点当校长时的老部下李奇微说："在军队，职责这个概念现在具有极其重要的意义，而服从合法当局的领导则是履行职责的起码要求。任何一个军人，不论是小兵还是五星上将，都无权擅自判断一项命令是否符合自己的看法。诚然他对上级的忠诚需要由上级对他表示忠诚才能换得，但他对上级的权威则是需要绝对服从的。"

其实就是麦克阿瑟本人，也同样认可军人不干政的原则。

1962年5月2日，在西点军校接受西尔韦纳斯·塞耶荣誉勋章时，麦克阿瑟对全体学员们说，让公众去辩论政府的功过，像美国的力量是否"因长期的财政赤字而衰竭；是否因联邦的家长式统治力量过大，权力集团发展过于骄横自大，政治太腐败，罪犯过于猖獗，道德标准降得太低，捐税提得太高，极端分子的偏激而衰竭"，等等，这些国家的大问题，"不是你们军人应当参与的，也不是用军事方法就可以解决得了的"。

这里，看不出这位来西点接受荣誉勋章的陆军五星上将，就是11年前对杜鲁门总统的政策公然违抗的战区司令官。是真诚信奉还是政治正确的压力？是劝告他们应该这样而自己应该例外吗？……无论人们如何揣测分析，关键是，即使是麦克阿瑟这样的军界大人物，也不会在公开的场合发表超越军界本分的演说，而是要表示尊重文官统治这个美国人最虔诚恪守的传统之一。

政治不是军人的事情

避免卷入政治，是美军的一个传统，也是每一个军人的法定义务。

第48版《美国陆军军官手册》这样告诫每一位军官："军官在军队服役，是为了维护国家政策；不管哪个政党执政，都要以同等热情有效地履行职责。"超党派的政治中立是军人的职责。军人不能以自己内心的见解作为是否应该服从的标准。

这并不意味着军队是一丛随风摇曳的墙头草。军队是国家的军队，而非包括执政党在内的任何政党的党丁，军人们不是共和党上台就得宣誓效忠共和党，民主党执政又改换门庭宣誓效忠民主党。第48版《美国陆军军官手册》提醒每一位军官："我们不能容忍军官成为'共和党军官'或'民主党军官'，随着执政党的更替大幅度地改变自己的立场。军官效忠的对象是国家和政体。"这种让军队远离政治的做法，可以避免军队陷入政争，民主党和共和党的竞争再怎么激烈，即使"文攻"白热化，也不会有刺刀介入的"武卫"或"武攻"，政治家、政党之间的权力之争，由选票而非军刀来裁决，军人不会因为政争而陷入无穷的内部纷争里去，闹得战友成为仇敌。任何人想当总统，任何党派想成为执政党，都不能打军队的主意，而只能选票定输赢。同时，也是对军人的尊严、权利和安全的一种保护。毕竟，共和党也好，民主党也罢，任何政党都不能在军队中设立党务机构，任何一个军官的升迁、奖惩等等，无需看任何政党党徒的颜色。

让军队保持政治中立，也是为了确保国内的永久和平。倘若允许军人插手政治，或站在执政党一边收拾反对党，或站在反对党一边抵制执政党，总有一天会闹得国无宁日。马歇尔甚至认为，一个职业军人不应当参加任何政党。他在1952年说过，他当兵期间从没有在大选中投过票。在1944年3月，艾森豪威尔将军也在伦敦跟人讲过，"既然一个军官不论政府的政治色彩如何，都必须以完全的忠诚和献身精神为之服务，他就应当避免政治党派偏见的一切考虑。"这些名将之所以不去投票，其中一个原因就是宪法上的限制。在二战中指挥第9集团军的威廉·辛普森将军是得克萨斯人。他就说："作为一个得克萨斯人，我没有选举权。得克萨斯州宪法规定，罪犯、低能者和军官不能投票。"

政治不是军人的事情。威廉·辛普森说，他相信，作为一名军人，"无论谁来组织政府，对我都没有多大影响，我只是献身于我的国家"。当过第3集团军司令的特拉斯科特将军说："我从没有在选举总统时投过票，因为作为一个正规陆军军官，不管我个人见解如何，不管政府由哪些人组成，我都执行它的命令。"当然，现在美国军人根据法律规定有权参加投票选举，但是无论军衔高低，都不能公开发表政见，哪怕是将政治标识贴在私人汽车上，也不合适。第33版《美国空军军官手册》就告诫说，作为一名空军军官，"你决不能卷入行政当局和国会之间的斗争中。你应该了解政治，投票是你的义务。但是作为现役军人，不应公开发表对政策的个人见解。如果你不支持现行政策，就应该体面地辞职"。

不过，文官统治原则并不意味着文职政府有为所欲为的权力。就拿麦克阿瑟去职一事来说，不仅在美国掀起了舆论风暴，而且参议院外交关系委员会和军事委员会对麦克阿瑟撤职详情进行专门调查。从5月3日起，麦克阿瑟、艾奇逊、马歇尔、布雷德利等人接受国会的质询。文官治军，是在分权制衡框架和公民政治自由的环境之中的文官治军，而不是无条件的。文官掌握军权，不是说文官可以随意收拾他们看不顺眼的军人，可以不分青红皂白把一个军人整倒弄臭或直接要他们的命。

刚被撤职，麦克阿瑟就告诉来访的李奇微，对于他跟总统的争端，已经有人开出价码请他谈谈或者写出来。一个出价15万美元，一个出价 30 万美元，还有一个出价 100 万美元。在发布撤职消息之后 48 小时内，白宫就收到了 12.5 万封电报，要求"弹劾低能儿""弹劾叛徒""弹劾那个自称总统的杂种""弹劾那个小小的选区政客""弹劾那条红色鲱鱼"。在听证期间，光艾奇逊一个人，就作证了 8 天。不仅问了朝鲜问题，甚至连他的一个助手跟一个国际石油地质学家结婚的事，也没有放过。国务卿艾奇逊、国防部长马歇尔和参谋长联席会议的全部成员——主席布雷德利、海军作战部长谢尔曼、空军参谋长范登堡、陆军参谋长柯林斯等在参议院的证词被记录在案。出于保密的原因，证词在作了删节之后公之于众。这样一来，是是非非，公众可以据此作出自己的判断。

在这样一种环境中，文官政府作出一项决定，哪能无视国会的制衡和公众的反应？在 4 月 6 日，也就是马丁发表麦克阿瑟的回信的第二天，杜鲁门向艾奇逊、马歇尔等人征求意见的时候，马歇尔就曾主张慎重行事，因为他担心会影响国会的军事拨款。毕竟，在分权制衡机制之下，谁的手里也没有能够一手遮天可以通吃的权力。做任何决定，都得考虑是否合理合法。在仔细审查了麦克阿瑟与华盛顿的来往电报和信件之后，马歇尔才在 4 月 7 日上午对杜鲁门说："两年前就该撤这位将军的职了。"

当然，一国之人民要防止职业军人的危险和威胁，并非只要强调和维持文官统治就够了。如果没有权力分立制衡机制，军事权力高度集中于文职当局，就完全可能演变成文官专权，军队成了文官专制独裁的工具。一些并非行伍出身的统治者，因为控制了军权，就用枪指挥国家，虽没军人干政，可国家照样是军管国家。在这种环境下，受文官统治的军队，却是人民自由、安全和幸福的敌人，当然，也是军人自己的权利、安全和幸福的克星。

宪法这头狮子

霸权的竞逐，从未消停。千百年来，世界万国一直处于兴亡分合的变动之中。

自哥伦布发现新大陆之后，没有不曾跟他国动刀动枪的军事大国，也没有任何一个军事大国不曾有过热望扩张的狂人。只是有的大国看起来如日中天，却在跌入战争的泥潭后无法自拔，终致灭顶之灾；而有的大国虽一再卷进战事，却从未耗尽国力，无论得失，皆能全身而退，大国之威依旧。循其政体，持盈保泰之道自可略见一斑。

"我们的历史就是扩张的历史"

西奥多·罗斯福有言："我们的历史就是扩张的历史。"

确实，美利坚合众国是一个不断扩张的共和国，而且美国宪法对未来的扩张也没有画句号。依照美国宪法，新州经国会准许可以加入联邦。

二百多年来，美国的边疆不断移动。在 1790 年，美国只有大约 129 万平方公里的土地。到 1860 年，版图就扩大到约 482 万平方公里。如今，合众国面积达 936 万平方公里。独立时，美利坚合众国只有十三个州。从 1791 年美国国会正式接纳佛蒙特为第十四州，到

1959年8月夏威夷成为美国第五十个州，美国就像滚雪球一样，越滚越大。这还不包括中途岛、关岛、波多黎各等等其他形式的持有地。用美国历史学家布尔斯廷的话来说，美国的国家历史"是一部添附的历史"。

这"添附"的方式，有巧取豪夺，有掏钱购买，有自愿入伙，可谓不一而足。

美国花钱买来的疆土不少。1803年4月30日，美国从拿破仑手里购买路易斯安那，当时使美国领土面积增加了一倍。这次买卖只花了1500万美元，平均每英亩还不到两分钱。1853年12月30日，美国驻墨西哥公使詹姆斯·加兹登和墨西哥签约，以1000万美元从墨西哥购买基拉河以南29640平方英里的土地。1867年3月30日美国从俄国购买阿拉斯加和阿留申群岛。这次只花了720万美元。

不过，并不是美国政府想买就都买得成。

一是美国想买还得人家愿卖。1848年，美国国务卿布坎南曾指示美国驻马德里公使提出，愿出一亿美元购买古巴。可是西班牙外交大臣对美国公使说，"这是远非任何大臣所敢接受的提议；他相信这个国家的想法是在看到把它转交给任何人之前宁愿看到这个岛沉入海里。"美国碰了一鼻子的灰，买卖没有做成。

二是光有别国愿意卖，美国总统愿意买也不成，还必须通得过国会这一关。因为无论是拨款还是批准条约，都有待国会同意。1867年10月，美国国务卿西华德和丹麦签订条约，以750万美元购买丹麦的圣托马斯岛和圣约翰岛。这是维尔京群岛中的两个岛屿。可是参议院否决了这个条约。交易失败。

如果不考虑印第安人因素的话，独立后的美国，和平扩张获得的疆域，多于武力攫取得来的土地。不过，美国疆域的拓展，炮舰军刀也立下了汗马功劳。共和政体并不意味着消弭战争。

对于这一点，合众国的开国者就意识到了。在为批准联邦宪法鼓与呼的文章里，汉密尔顿说过，共和国之间不见得更少些战争："斯巴达、雅典、罗马、迦太基都是共和国；其中雅典和迦太基两国是商业性质的国家。然而它们进行战争的次数，不论是进攻战或防御战，都不亚于它们同时代的邻近君主国。斯巴达不比一个管理良好的军营好多少；而罗马对于残杀和征服是从不满足的。"

那么，在实践中，共和国是不是比君主国更不好战呢？汉密尔顿雄辩地质疑道："前者和后者难道不都是人们管理的吗？厌恶、偏爱、竞争，以及获取不义之物的愿望，不是对国家和对皇帝同样发生影响吗？人民议会不是常常受到愤怒、怨恨、嫉妒、贪婪和其他不正当的强烈倾向的驱使吗？……"他还举了英国作为例证："在大不列颠政府中，人民的代表组成全国立法机关的一部分。多少年来商业是该国的主要职业。然而，很少有国家在战争次数方面超过该国；而且它所进行的战争，在许多场合下是由人民引起的。"至少在汉密尔顿看来，无论是共和国，还是商业，都不能保证这些国家更厌恶战争，更能够遏制战争。

实际上，美国就是另外一个例证。

"喂，让路"

美国尚在为独立浴血奋战之际，就有人在梦想建立一个幅员辽阔的共和国。1780 年 12 月 15 日，杰斐逊在给乔治·罗杰斯·克拉克的信里第一次提到"自由帝国"。他曾经指望最后占领古巴，甚至整个北美大陆。1801 年 11 月 24 日，已是美国总统的杰斐逊在致弗吉尼亚州州长詹姆斯·门罗的信里说："不论我们当前的利益如何把我们限制在我们的疆界以内，不可能不瞻望遥远的未来，那时我们的人口增加，将扩展到这些疆界以外，并且包括整个北美大陆，如果不包括南美大陆的话……"不过，在杰斐逊八年的总统任内，没有因为垂涎他国某块土地而大动干戈。

卸任后，杰斐逊也一再跟继任的总统谈论过美国的扩张。1809年，杰斐逊向麦迪逊总统提出，拿破仑可能会愿意让美国占领古巴，再加上加拿大，"我们就有了一个从开天辟地以来从未曾有过的自由帝国；……以前也从没有过一部宪法能像我们的宪法那样十分适合广大的帝国和自治的。"1823年10月24日，他又在给门罗总统的信里写道："我坦率地说，我一直把古巴看成是应该被合并到我们联邦中来的最值得关注的岛屿。这个岛屿，再加上佛罗里达岬，可以使我们控制墨西哥湾和接壤的国家及地峡，以及所有那些河水流入墨西哥湾的国家，因而会补足我们政治福利的措施。"不过，麦迪逊和门罗这两任总统谁也没有向古巴下过死手。

直到墨西哥战争，美国才第一次在别国的土地上正式作战。

1844年的民主党竞选纲领提出："在尽可能早的时期内再度占领俄勒冈并重新吞并得克萨斯是美国伟大的战略。"民主党人波尔克也把自己的当选总统一事，解释成美国人民授权他去取得俄勒冈和得克萨斯，以及加利福尼亚和新墨西哥。

当时，扩张主义的声音甚嚣尘上，并且这种鼓噪之中，夹杂着一种理想主义的思想，即"把美国的扩张与美国所承担的作为政治民主楷模的使命联系在一起"，认为命运赋予美国的使命，是"要把它的民主制度扩展到整个北美大陆"。1845年，纽约的一位主编写道：美国"向外扩张，占领整个大陆是显然天命；这一大陆，上帝已经赐给了我们，让我们来把托付给我们的对自由和联邦自治进行的伟大实验加以发展。"新泽西的一位政治家的叫嚷更加露骨："喂，让路，给青年美国这初生的牛犊让路，它还没有得到足够的土地。"

1846 年 1 月，波尔克总统派泰勒将军率军前往格朗德河，在那里建立了布朗要塞。5 月 11 日，波尔克在给国会的咨文中指责墨西哥政府"在经过一系列长期持续的威胁性行为后，悍然侵犯我国领土，致使我国同胞的鲜血流洒在我们自己的土地上"。5 月 13 日，美国国会通过决议，宣布美国和墨西哥"现已处于战争状态"。这项决议在参议院的表决结果是 40:2，在众议院是 174 票赞成，14 票反对。接着国会拨 1000 万美元战费，授权招募 5 万名志愿兵。次年 9 月 14 日，美国军队打进了墨西哥城，升起了星条旗。

这场战争美国斩获甚丰。按照 1848 年 2 月 2 日签订的《瓜达卢佩—伊达尔戈和约》，美国破费 1500 万美元，以格兰德河为界，获得了墨西哥割让的得克萨斯、新墨西哥和上加利福尼亚（连同圣迭戈）。这回，美国到手的土地多达 50 多万平方英里，可是美国还有扩张主义者意犹未尽，责问为什么不夺取整个墨西哥！时任国务卿詹姆斯·布坎南公开说："天命昭示我们保有和开化墨西哥。"可是波尔克不像布坎南那么狂热。他把和约提交给了参议院。1848 年 3 月 10 日，参议院以 38 票赞成，14 票反对，批准了和约。

及至 1853 年，富兰克林·皮尔斯在总统就职演说里宣布，获得俄勒冈、加利福尼亚和新墨西哥并没有完成美国的显然天命。人们能够从他的讲话里闻到一股火药的味道："……我的政府的政策不会受任何对扩张持胆怯态度的悲观论调所左右。其实，作为一个国家，不必隐瞒我们在这个地球上的地位和我们的态度，如果不是为了维护未来的世界和平和商业交往的权利，就不必提出保护我们的管辖权、司法权的极为重要的要求。"虽然话说得那么绝，可是这位总统为美国开疆拓土的方式却不是战争，而是通过花钱购买。

内战期间，美国的扩张暂时消停了下来。内战后，美国迅速崛起。美国从 1873 年到 1913 年，经济年平均增长率为 5%。铁路里程从 1865 到 1898 年，增长了 567%，煤产量增长 800%。石油产量从 1865 年的 300 万桶，增长到了 1898 年的 5500 万多桶；美国人口也从 1865 年到 1900 年翻了一番。1885 年，美国超过英国，成为占世界制造业份额最大的国家；一年后，又成为世界上最大的钢铁生产国。

崛起的美国，咄咄逼人。

在 1898 年的美西战争中，美国大获全胜。从 4 月 25 日国会向西班牙宣战，到 8 月 12 日宣布停战，历时四个月的战争中，美军死于疾病和曝晒的人数高达 4600，而阵亡人数还不到四百。这一年，美国吞并夏威夷，兼并波多黎各，占领古巴、菲律宾，还有关岛、威克岛、萨摩亚群岛。美国扩张主义的情绪高涨。出征古巴时赢得军事荣誉的英雄西奥多·罗斯福在 1899 年说："当一个国家害怕扩张和避开扩张的时候，这是由于他们的伟大已经终结。我们尚处于精力强壮的青春旺盛期，尚处于我们那光荣的男性气概的起点，难道要与那些衰迈的民族为伍，在虚弱与怯懦中找到一个位置吗？不！一千个不！"

"半途中遇到了宪法这头狮子"

美国并非就没有过满脑子扩张念头的狂人。

1867 年 5 月 10 日，美国国务卿西华德赋诗说：

我们的帝国将宽广无垠，

就像涌动的大海无边无际。

一个月后，他又在康涅狄格州的议员前面鼓吹他的扩张梦想："现在，在美国人民面前，有一个亘古至今从未降临到其他国家的最光辉的前景……一个从大西洋一直延伸到太平洋完整而稳定的共和国，直抵中国和日本海岸，从南方的墨西哥湾到北冰洋……只要你们给予我们支持……我将使这个画卷再加扩展，让你们看到美国的国旗飘扬在东方的普利茅斯岩石之上，同时将它在西方的金门展开，从热带建有城堡的塔楼一直延伸到北极。"这股子狂热劲哪比亚历山大、希特勒小？虽然西华德的演说博得了热烈的掌声，但在任期之内，他没有能圆自己的梦想。

毕竟，扩张不是联邦行政分支一家说了算。谁也不能绕开国会和民意搞扩张。如果国会不批准，领土扩张就搞不成。1869 年 1 月 13 日，国会众议院以 126 票对 36 票，否决了外交委员会主席班克斯提出的授权总统把圣多明各和海地置为保护领地的决议；1869 年 2 月 1 日，国会众议院又以 100 票对 63 票，否决了旨在将圣多明各合并到联邦内的提议。

据美国学者扎卡利亚的说法，从 1865 年到 1889 年，在 22 个扩张机会中，美国只抓住了其中的 6 个。比如，格兰特想把圣多明各弄到手，但是他的私人秘书带回来的合并多米尼加共和国的条约，却过不了国会这一关，被参议院以 28 票对 28 票给否决了。

1887 年，马汉写过这样一段俏皮话，一段鞭辟入里的俏皮话："任何时候通过吞并或其他方式扩张美国空间的计划，都在半途中遇到了宪法这头狮子。"在宪法这头雄狮面前，没有人可以凌驾其上肆意妄为，也没有人能做到让美国人民跟自己"万众一心，同心同德"。

美国历史上，在任何重大公共问题上存在不同的声音，都不稀奇。1776 年 7 月 2 日，大陆会议代表乔治·里德和约翰·迪金森投票反对公布《独立宣言》。1941 年，在珍珠港遭到日本袭击的第二天，罗斯福总统在国会发表演讲，要求向日本宣战。这回该是同仇敌忾一致向外了吧？可是众议院里还是有一个和平主义议员反对。美国卷入的战争不少，没有哪场战争缺少过反战之声。

1846 年 5 月，当波尔克总统告诉国会："墨西哥已越过美国边界，侵入我国领土，使美国人的鲜血洒在美国的土地上。"国会众议院以 174 票通过决议："由于墨西哥共和国的行为，该国政府与美国之间已处于战争状态。"有 14 位众议员、2 位参议员没有站在主战的多数一边。

战争虽然受到多数民众的支持，但反战的声音一直不绝于耳。韦伯斯特、道格拉斯、科温、林肯等人都是著名的反战人士。1847 年，林肯在列克星敦听到亨利·克莱严厉批评波尔克发动战争："这不是防御性战争，而是一次不必要的和侵略性的战争。要保卫家家户户、城堡和圣坛的不是我国，而是墨西哥。"一家报纸发表的言论，就更不客气了："我们只希望如果非要流血，就流美国人的血，只希望我们将听到的下一个消息是斯科特将军和他的军队落到墨西哥人手里……我们不希望他和他的部队遭受伤亡，但期盼他们被彻底击败和丢尽脸面。"

1847 年 12 月 7 日的咨文里，波尔克又称墨西哥政府"首先发动攻击，使我国公民的鲜血流在我国土地上，从而使两国卷入战争"。作为国会众议院议员，林肯在 1847 年 12 月 22 日提出关于"开战地点"的议案，要求总统回答美国公民鲜血流洒的那个确切地点等。1848 年 1 月 12 日，林肯在国会众议院就墨西哥战争发表的演讲中，声称"对墨西哥战争是由总统不必要地和违宪地发起的"，指责波尔克"最近的咨文中关于战争的整个部分，多像发烧病人的梦中呓语"！

自然而然，林肯的反战态度也会引起不少人的反感。威廉·赫恩登是 1843 年起和林肯一起办律师事务所的老朋友，看到强烈反对林肯的民众情绪和公众舆论，就在 1848 年 1 月 19 日写信给林肯，提醒他不要轻视民众的情绪。在 2 月 1 日的回信中，林肯写道："我投的那一票确认，总统发动这场战争是不必要的，也是违反宪法的；我敢以生命打赌，你如果处在我的地位，一定也会像我一样投票。明知道是谎言的东西你会投票赞成吗？我知道你是不会的。你会溜出议院逃避投票吗？我想你是不会的。"

在有的人看来，林肯他们的反对似乎没有意义，因为他们这些人并没有能够阻止波尔克总统的战争；更有人可能会觉得林肯他们这样做，是不顾全大局，甚至是吃里扒外。与墨西哥的仗还在打，国会众议院就表决认为战争的发起违宪，来自俄亥俄的议员汤姆斯·科温甚至慷慨陈辞："如果我是一个墨西哥人，我会问你，'难道你的国家没有地方来埋你们的死尸？如果你到我这里来，我将用沾满鲜血的手来欢迎你，欢迎你来到我们好客的坟场。'"听了这话，简直会让人怀疑他到底是美国公民还是墨西哥公民！

不过，墨西哥却因为美国的这种吵吵嚷嚷的"万众不一心"吃了大亏。开始，墨西哥许多头面人物觉得美国在政治上和军事上不堪一击。支撑这种判断的一个理由，就是认为战争会引起美国社会分裂。因为有四个主要政治团体对墨西哥战争持批评态度。你瞧，林肯、科温这帮子人反战的声音多激烈？外人一看，吵得那么凶，乱哄哄的，不出麻烦才怪呢！可是这些状况并没有帮墨西哥赢得战场上的胜利。殊不知，反战运动早已成为美国的一个传统——在独立战争中有亲英分子，在跟法国的准战争中，有杰斐逊那样的共和党分子，在 1812 年对英战争中有联邦党分子。被美国的这种"乱相"迷惑了眼睛的，墨西哥不是头一个，也不是最后一个。

"即使气粗一点也不要紧"

1965 年 8 月，美国哥伦比亚广播公司的莫利·塞弗和两名越南摄影记者拍摄了"火烧锦尼村"的镜头。

站在燃烧的茅屋前，塞弗说："这就是越南战争的全部真相。越共早已逃跑……这次战斗打伤了三名妇女，打死了一名婴儿，打伤了一名海军陆战队，逮了四名老人当俘虏。"塞弗拍的片子已经够刺激了，可索尔茨伯里的报道比这还要轰动。1968 年 12 月，《纽约时报》开始发表索尔茨伯里从河内发来的消息。林登·约翰逊声称美军只轰炸北越的军事目标，可索尔茨伯里却报道平民和民居也成了牺牲品。

第二年 10 月，前美联社记者赫什又揭露了梅莱村惨剧。美军1968 年 3 月在这个越南村子里屠杀了数以百计的平民。报道是通过一个不知名的通讯社给卖出去的。为此，赫什还获得了 1970 年的普利策国际新闻报道奖。

看了这样的报道，说不定你都会纳闷，这个塞弗、索尔茨伯里和赫什，他们到底是美国人还是越南人？他们的屁股坐到哪里去了呢？俗话说，家丑不可外扬。可这些报道，不正是把美军干的那点丑事嚷嚷得世人皆知了么？谁见过有什么国家的军队在战争中能够保证绝不会伤及一个平民？即使真有有什么问题，难道就不能关起门来向白宫好好反映，非得公开报道，让全世界人都看美国的笑话么？美国的经济、科技等事业蒸蒸日上，那么多的正面不去报道，为什么两眼只盯着毛病不放呢？……怎么没有哪个政府机构出来阻止他们的作品公开播放、发表？难道他们的作品就没有人认为是在"歪曲""丑化""抹黑"美国的形象么？还别说，真有对这样的报道看不顺眼的大人物。

林登·约翰逊任总统时，陆军上将泰勒当过参谋长联席会议主席和驻西贡的大使。他就认为美国新闻记者对越南战争的报道出了方向性的问题。在他看来，这些报道造成了这样一种印象："美国人和南越人应承担一切愚蠢和残暴的责任，我们一方进行的战争是不义的战争，而敌人则应得到具有正确思想的人们的同情。"这不等于说美国新闻记者客观上是吃里扒外在帮越共的忙么？

好在泰勒还没有说记者的报道是胡编乱造，而威斯特摩兰比他走得更远。

威斯特摩兰当过驻越美军司令，自 1968 年 7 月起，又当了四年的陆军参谋长。在他看来，"在南越，某些新闻记者确实是'来到军营，和懒骨头们一起鬼混，收罗流言蜚语，并把它们当作事实公之于众'"。

可是泰勒也好，威斯特摩兰也罢，官职再怎么大，军衔再怎么高，他们也无权一声招呼就让美国的报纸刊登什么或不刊登什么。甭说他们，就是林登·约翰逊总统，也只能高调宣称，"每一个美国人，不论是老年人还是青年人，都必须享有表示不同意见的权利。即便是少数人，也决不应禁止他们说话。提出意见和表示异议都是民主制度维持生命的呼吸，即使气粗一点也不要紧。"

不过话又说回来，"流言蜚语"毕竟不是什么好玩意儿，哪能让"流言蜚语"堂而皇之地在报刊上不断出现呢？问题是，什么是"流言蜚语"？谁来判断？怎么判断？落到具体的事情上，不免会公说公有理，婆说婆有理。倘若那些新闻记者都跟威斯特摩兰完全一样的话，就不会发表让这位将军恼火的"流言蜚语"了。事实上，那些记者发表自己的新闻，根本就不会承认自己是在捕风捉影。岂止在确定什么是"流言蜚语"上如此，就是确定是否泄露国家机密，是否危害公共安全等等，也存在同样的问题。

1971 年 6 月 13 日，星期日，《纽约时报》头版出现一个并不醒目的标题：《越南问题档案：五角大楼研究报告——回顾美国三十年来不断加深的卷入》。内页却是整整 6 版爆炸性的内容。6 月 14 日，星期一，《纽约时报》接着发表了五角大楼文件的第二部分。司法部长米切尔给报社打电话，建议不要再登了，并警告说，要是再这么干，政府就提起诉讼。可《纽约时报》不但继续刊登了文件的第三部分，而且还在头版报道了司法部长的威胁。

在助理司法部长罗伯特·马迪安的领导下，一帮政府律师在星期二来到纽约联邦法院，请求对报社编辑发出禁令。一个刚上任 5 天的法官发布了临时限制令，《纽约时报》也顺从地停止了刊登。不过从这也可以看出，行政机构不能自行禁止报纸刊登那些它所不满意的文章。

也正因为这样，才有可能按下葫芦起了瓢。《纽约时报》暂停了刊登，而《华盛顿邮报》又开始了报道。一看这形势，《纽约时报》哪甘落后，又恢复了连载，《波士顿环球报》也加入到了这个行列，并且美联社也开始在全世界传播"五角大楼文件"。

司法部最后也没有打赢这场官司。在宣布《纽约时报》有权发表"五角大楼文件"时，法官默里·格法因说："一国的安危不仅系于城池的得失，它跟涉及自由的种种制度也有关联。当政的人如果真心想维护高度言论自由和维护人民要求透明度的权利，那么，对于新闻界的吵吵嚷嚷，不听招呼，爱管闲事，就只能忍着点儿。"

既然法院判了，这口气联邦政府咽得下也得咽，咽不下也得咽。它既不能找《纽约时报》们秋后算账，也不能给它们穿小鞋。毕竟报刊的存在不取决于政府的好恶，报刊不需要看政府的脸色。

不过，司法部获得了临时限制令这件事，既不是件小事，也不是一个好兆头。因为它意味着政府试图事先对出版物进行控制。自从美国联邦宪法生效以来，这还是头一回碰到这样的事。当然，这并不是说绝对就不能有事前审查，而是说，即使允许进行事前约束，那也是有相当严格的限制的，比如涉及军事行动。事前审查是一种例外，而不是一种原则。通常情况下，一个公民写什么，发表什么，政府管不着。不能说得知赫什在写什么文章，联邦政府不喜欢，就让联邦调查局的人上门把他的打字机、资料等等都一股脑儿给抄走。

也许有人会说，如果有事前审查把关，不就可以在源头上杜绝那些涉及个人隐私等内容的东西公开流传么？有一道事前审查的堤防，一些乱七八糟的玩意儿，不就被防患于未然了吗？再加上另一道事后处罚的堤防，不就更能够有效地遏制各种有害的玩意公开发表传播？美国人那么在乎事前审查，难道它和事后审查有什么不同么？

如果设置了事前审查，那么公民的言论出版自由就会大打折扣，甚至蜕变成只能讲州政府或联邦政府允许讲的话的"自由"。不能只看到因为没有事前审查，结果有"问题"的言论或报道出了炉，给国家安全或个人权利造成了损害，就期望有一种堵住一切"问题"的冲动。毕竟，一家报纸或一个人发表了什么言论，并不是一点"后顾之忧"也没有，倘若构成了诽谤或泄密，那是要承担相应的责任的。这种事后的处罚，会使大多数的人在发表、传播某种言论的时候，有所顾忌。换言之，一个人在表达之前就会自我约束，或者说"自我审查"。否则要是真有问题，被人家告到法院，会吃不了兜着走。

如果说联邦政府或州政府有权通过对出版社或媒体罚款、吊销许可证、取消或限制相关人员的从业资格、没收手稿等手段，阻止一本书的出版或一篇文章的发表，那就等于手里拥有了一项可以滥用的权力。如果美国联邦政府有事前审查权，所谓的五角大楼文件还能刊登出来么？

毕竟，无论是以低级庸俗、泄露商业或国家机密，还是以其他什么理由，抽象的理由听起来不都冠冕堂皇？可问题是，如果某个人的文章、书籍或影像因为事前审查而胎死腹中，那么，他的这些东西是不是真的低级趣味，是不是真的会危害国家，公众就无从知晓了。事前审查等于是联邦政府既是指控别人的文章有害的原告，又是裁决被指控者文章不能出版传播的裁判。这时，公众因为无从知道被禁止发布的言论到底是什么，因此就无从知道联邦政府做出禁止发布的决定是不是在滥用权力。

倘若没有事前审查，实行的事后追究制度，联邦政府认为托马斯或查理的文章问题严重，它可以上法院起诉他，但是，这时候文章已经为社会所知晓。那么，文章是不是有害，作者是不是应该受到处罚，公众心里有杆秤了。大伙都有评理的机会，对于联邦政府的权力是一种重要的制约力量。如果哪个官员是以低级趣味为由，实际上是在打击批评联邦政府的言论，那么公众就能够辨别出他是在滥用权力了。

"美国历史上第一次的败仗"

美军将士在越南战场抛头颅洒热血，美国国内却是七嘴八舌。反战的形式五花八门，有游行示威的，有自焚的，有拒绝当兵的……

经济学家加尔布雷思在回忆录里这样写道："历史上还没有哪个大国，在一场战争尚在进行的时候，就对那场战争的必要性、正义性或打赢战争的可能性提出质疑。那些敦促在越南采取军事行动的人原以为一旦乐队开始演奏，美国人民就会步调一致。"

实际上，一开始，美国人对越南战争就有两种截然不同的意见。一些人主张全面进攻，甚至必要时使用核武器，而另一些人则主张结束轰炸，让越南人自己解决他们的问题。每一种主张都有表达的自由。

即使政府已经决策了，谁也无权让议员和普通公民不要再对政府的决策说三道四，指手画脚。

尽管约翰逊总统斥责鸽派参议员是"胆小鬼"，说他们"随时准备反对他们的领袖，反对他们的国家，反对我们自己的战士"，可如此这般的骂是骂不出个舆论一律来的。憋着一肚子火的总统先生，既不能派联邦调查局的人把他们关押或软禁了起来，也不能下指示让所有的报纸电台不要报道他们的言行。

况且，总统斥责别人，别人也不是没有嘴。1972年4月26日，尼克松总统说越南共产党"尚存的惟一希望是在美国国会里和在美国人民中间赢得胜利，而这个胜利他们既不能在南越人民中间，也不能在南越战场上赢得"。副总统阿格纽则指责反对者"恶毒攻击"美国，并且在1972年4月谴责缅因州参议员马斯基"突出地对祖国缺乏热诚"。这年的五月，财政部长康纳利说民主党参议员们是"把党派放在国家之上"。而反对者反唇相讥，说他是在引用和"朕即国家"同样危险的独裁原则。

参议员富布赖特批评起约翰逊和尼克松来并不客气。他的言论直截了当："作为一个开端，我们干脆不必再讲'失败和耻辱'那种浮夸的废话了。对错误的清算既不是一种失败，也不是一种耻辱；它是一种适应现实的合理而老实的办法，有能力做到这一点是可以引以为自豪的。当约翰逊总统时常声言他不想当第一个打败仗的美国总统时，当尼克松总统警告人们'美国历史上第一次的败仗'会导致人们对'美国领导权的信心的垮台'时，他们这样讲不是为了民族的利益，而是为了民族的自私和他们自己在历史上的地位。"

自1965年3月6日美国海军陆战队的3500名士兵在南越的岘港登陆，到越南战争结束，美国阵亡4.7万人，1万人死于战区中的事故和疾病，154 万人负伤，为这场战争至少花费了 1500 亿美元。但是，美国没有在越南战争中一条道走到黑。没有哪个政要因为自己咽不下这口气，就能够一意孤行地继续进行战争。在美国的制度环境里，就是希特勒再世，他也没有办法强迫国民只能跟他一起战斗到底。麦克纳马拉这位越南战争的参与者，在回忆录里总结教训时说："……越南告诉了我们打一场有限战争是多么困难，它使美国长时间地遭受重大伤亡，但事实也证明，有限战争比无限战争更可取。……如果我们的有限目标在付出可接受的风险和代价后无法达到，那么，我们的领袖和人民必须有决心放弃已付出的代价，立刻撤退。"

帝国崛起病

大国之大，未必在于地大物博。

"日本的贫乏，便是伊的力量"。英国人小泉八云曾经这样说过。日本帝国本土，只是些幅员有限的岛屿，其崛起，并没有多么得天独厚的物质基础可供仰仗。然而，从1868年明治维新开始，到甲午战争大败清帝国，不到30年；到1905年在日俄战争中占据上风，不到40年；再到一战跻身赢家行列，只有半个世纪。

此时，日本不再是后进国家。然而在二战后担任过文部大臣的永井道雄看来，"这个事实对日本说来，反而成了新的镣铐"。不仅"以为日本民族比'中国佬'和'俄国佬'都优秀"，而且"在衡量自己与先进国家之间的差距上"，"失掉了谦逊自责的健全的民族主义精神，很快发展到自认为日本已经属于五大强国之一，甚而是三大强国之一的地步了"。

与德意志第二帝国和纳粹德国一样，日本帝国也是世界强国的光环中倒下的。1945年8月15日，日本放送协会播放天皇宣读的《终战诏书》，大川周明也在歌吟："夏天的太阳，光芒万丈，/我们却吃了败仗！"兴也勃，亡也忽。此刻，离明治天皇登基，还不到八十年。

"日本的幸福"

1853 年 7 月，海军准将佩里率领四艘美国军舰驶抵浦贺港，要求日本开港通商。一首当年流行的诙谐短歌这样咏唱当时的局势："四只蒸汽船，惊醒太平梦！"美军一枪没放，日本人滴血未流，美日双方就在 1854 年 3 月签订了《日美亲善条约》，日本对美开放下田、箱馆。锁国二百年的幕府开港了。

这是日本历史的一个转折点。

60 多年后，教育家小原国芳在他的名作《教育改造论》中写道：

当外国"轮船"来到浦贺时，全国武士为之震惊。然而那是日本的幸福。倘使外国轮船现在才来，也许日本已经成了中国或朝鲜的属国了。如果轮船是在天文年间来到，现今的日本或许比当前更强大。

天文年间（1532—1555），大约距黑船来航三百年。小原国芳这段话之于日本，几如某个华人这样说中国，鸦片战争要是在嘉靖年间爆发就好了。

毕竟，对日本而言，伴随着国门打开而来的，是不情不愿签署的一系列条约。1856 年缔结《日美友好通商条约》和《贸易章程》。此后又相继与荷兰、俄罗斯、英国、法国签订条约。和中国有所不同的是，日本并非是多次挨打之后才签约、开放、改良。遭遇挫折的日本，尝试着适应新形势，以免重蹈清帝国的覆辙。1858 年，幕府老中堀田正睦说："中国拘泥于古法，日本应在未败前学到西洋之法。"1860 年，横井小楠在《国是三论》里提出"富国强兵抗御外侮"。

面对前所未有的变局，幕府采取了一系列措施积极因应。佩里是7 月来航，9 月，幕府就撤消了禁止建造大型船舶的命令，10 月又决定向荷兰购买军舰。1856 年，水户藩命令，包括家老之子在内，一律练习枪战。1861 年建立洋式的长崎造船所。1865 年设横滨制铁所……

进入明治维新时代，日本更是戮力富国强兵。1868 年，《五条誓文》声言"欲行我国前所未有之变革"；天皇诏书宣称"欲开拓万里波涛，布国威于四方"。日本朝野梦想着帝国崛起于亚洲的东方，成为一等强国。兵部省在 1870 年提出，日本"需要一支装备精良的海军，且要超过英国"……思想家福泽谕吉则期待着"在遥远的东洋创建一个新的文明国家，形成东有日本，西有英国，彼此相对互不落后的局面……"

为了国家富强，日本人当年想过的法子，可谓五花八门，正的、邪的，靠谱的、离奇的，什么都有。

二叶亭四迷（1864—1909）是位小说家，他看到"俄国以蒲盐为根据地，变旅顺为军港，又租借了马山浦"，忧心如焚，担心"如此下去日本将会灭亡"。怎么办呢？他支了一招：输出妓女。因为妓女们所到之处，"日本的商品就可随之而推销，日本的地盘亦可得到巩固"。

也许，今天的人们会觉得二叶亭四迷这个主意登不了大雅之堂，但也由此可见当时日本人希望强国的那股子急切劲。从推行现代教育、派遣留学生、组建近代军队、高薪聘请外籍教师，到开办工厂、引进科学技术，等等，无不贯穿着这种劲头，表现出这种心气。就拿聘请外国专家来说，明治初期的日本政府可谓不惜血本。在 1874 年工部省的经常预算中，外籍技师的薪俸就占去了 34%。英国人卡吉尔受雇于工部省铁道局，月收入是 2000 日元，金德尔受雇于大藏省造币局，月收入是 1045 日元，而相当于总理大臣的右大臣岩仓具视，月收入也才 600 日元。

花这么大的血本，动那么多的心思，下那么大的功夫，目的就像文部大臣森有礼说的那样，"日本若是处于三等国的地位，就要进到二等，若是二等国，就要进到一等，终究要成为'世界之冠'"。日本必须削尖了脑袋往强国俱乐部里钻，在一个大鱼吃小鱼小鱼吃虾米的世界上，他们要成为大鱼中的一员。在 1882 年，福泽谕吉就说："我们是日本人，总有一天，我们日本会强大起来，不但要像今天的英国那样把中国和印度握在掌心，还要打退英国，自己来统治全亚洲。"

日本朝野对强国的渴望，对危机的担忧，也不只是三分钟的热情。其奋发图强的精气神，跟内政不修的大清帝国形成了鲜明的对比。

因为在朝鲜问题上与中国的矛盾激化，从 1882 年开始，日本就把中国作为头号假想敌。可是扩军备战得要钱呢。1887 年 7 月 1 日，明治天皇下令从内库拨出 30 万日元补助海防。这不是一个小数——相当于皇室经费要减少不止十分之一。天皇率先垂范，感动了华族和富豪，他们纷纷申请为海防捐款。到 1887 年底，捐款总额就高达 103.8 万日元。1893 年 2 月 10 日，明治天皇又决定，在此后的 6 年里，每年从内库里拨款 30 万日元用作造舰经费。这一下，又让日本国民的爱国热情高涨。感动不已的众议员们，主动献出四分之一的薪俸。一时间，朝野掀起了一股踊跃捐款的热潮，以至于政府在 3 月 18 日发布公告，要大家别再捐了："由于建造军舰费的预算已经完成，今不再接受献金。"

在日本举国上下摩拳擦掌的时候，1835 年出生的慈禧太后，正在为她 1894 年的六十大寿紧锣密鼓地筹备，为了办得风风光光，甚至不惜挪用海军军费去修颐和园。在甲午战争之前七年里，中国海军已经没有再添置一艘新船了。在这样一个国家，即使百姓也踊跃掏腰包捐钱，谁知道老佛爷会把钱花到哪里呢？只是慈禧太后这个大清帝国的主宰者万万没想到，这回，日本居然用刺刀和硝烟给她"祝寿"。

"要求赔几十亿也不苛刻"

其实，在甲午战争开战之前，日本也并没有认为一定会赢，更没有想到会赢得那么轻松。那时，中国海军在世界上排名第八，而日本海军位列第十一。就吨位而言，定远和镇远这两艘主力舰，都是七千吨，而日本海军当时最大的战舰也就四千吨。

在这种力量对比的格局之下，谁能担保日本帝国就稳操胜券？形势正如时任外相的陆奥宗光在回忆录里所说的那样，"我国人民在平壤、黄海战役胜利以前，对最后的胜败都暗自有所焦虑"。相比之下，大清帝国的有些人倒是信心十足，认为日本跟中国对阵，实在是"螳臂当车，以中国临之，直如摧枯拉朽"。

结果却出人意料。大清帝国的陆军也好，海军也罢，竟然不堪一击。据统计，从1894年7月25日丰岛海战开始，到1895年5月30日，日本战死736人、伤死228人，加起来，还不到1000人。整个战争期间，日军战死战伤的人数，才1417人。对日本军队最具杀伤力的敌人，是瘟疫，而不是大清军队。以至于一个英国人感叹说，"远东大战的结果，使一个帝国的声誉日上，同时也使另一帝国的声名扫地"。

眼见清军兵败如山倒，日本国民的情绪，从原来的暗自焦虑，一下子又变成了欢欣若狂。陆奥宗光这样描述当时的国内气氛："凯歌之声，到处可闻；骄傲自满的情绪，不觉流露出来了，因此对于未来的欲望日益增长。全国民众……只知'进攻！'其余都听不进去了。此时如有深谋远虑的人，提出稳健中庸的主张，就被目为毫无爱国心、胆小卑怯之徒，将为社会所不齿，势不能不忍气吞声、闭门蛰居。"

日本朝野都沉浸在胜利的喜悦之中，亢奋地盘算着如何狠狠地敲大清帝国一笔。从福泽谕吉那段时间的心路历程就可见一斑。

随着战争进程的演变，福泽谕吉对战争果实的期待，胃口越来越大。在 1894 年 8 月，他主张"应首先占领盛京、吉林和黑龙江三省，……纳入我国版图"。到了 12 月 31 日，他又期待"把旅顺口变成东亚的直布罗陀，……把金州、大连湾变成属于日本的华北的香港"。三个月后，他则认为，除了占有威海卫、山东省和台湾之外，"即使要求几十亿的赔偿也并不苛刻"。

日本当局在怎么勒索大清帝国的问题上，也是意见不一。海军部要求割让台湾岛，陆军部主张一定要把辽东半岛弄到手，而大藏大臣松方正义则希望攫取十亿两赔款……尽管在如何宰割中国的问题上，日本朝野众说纷纭，但是就像陆奥宗光说的那样，"对于中国的割让唯欲其大，发扬帝国的光辉唯欲其多这一点，几乎是一致的"。

对于媾和的条件，也不是没有日本人意识到，过于苛刻并非上策。曾当过第一任农务大臣的谷干城子爵，在给总理伊藤博文的长信里断言，要求割地"将会影响中日两国将来的邦交"。1866 年普奥战争结束，普鲁士不就没有让奥地利割地么？但在当时的形势下，像这种见解，也只是私下里谈谈而已，谷干城并不敢拂逆舆论公开发表。"爱国热情"势不可挡的威力，第一次在日本显露无遗。即使谷干城的主张值得采取，可在当时的情势下，谁敢跟国民高涨的"爱国热情"过不去呢？

在多数日本人的眼里，大清帝国就如日本砧板上的一只肥羊，想怎样宰割就怎样宰割。他们渴望满足自己的贪欲时，鄙视其他国家在远东问题上的诉求，而赋予自己的贪欲以天经地义的神圣色彩。不过这一次，在当时那种众声嚣嚣的氛围里，明治当局好歹还能自我克制，在日中两国之间的单挑独斗可能演变成一场列国群殴之前收场。

按照 1895 年 4 月签订的《马关条约》，中国要把辽东半岛割让给日本。对此，俄、德、法三国表示异议。半路上杀出了程咬金，并且这个程咬金一点也不客气。德国公使古奇米特非常直白地警告日本："如以三国为敌，决无取胜的希望，故以接受劝告为上策。"

到口的肥肉，要乖乖地吐出来吗？

可是要断然拒绝三国的劝告，首先就得有赌国运与三国交战的决心。日本赌得起吗？

当时，俄国五万陆军在海参崴待命，停泊在中日两国海面的俄国军舰29艘，共计7.3万吨。俄国代理海军大臣奇哈切夫声称："俄国的东方舰队是强大的，士气是高昂的。无须进行大规模作战，便可切断日本的海上联系。"这不是虚张声势。日本军舰吨位在1893年只有6万多吨。一旦丧失了制海权，远在大陆的军队，就会陷入孤立无援、生存受到威胁的境地。

对局势的严重性，伊藤博文心如明镜。当时，日本差不多把军队都开到金州半岛地区去了，原本也没有准备要和第三国进行一场决战。这时即便把陆军调回日本应付三国干预，也需要时间。况且舰队不是远在澎湖，就是在金州半岛附近，并且已经跟中国打了一年仗，耗费不菲，还能扛得住三国的打击吗？弄不好，偷鸡不成反蚀把米，不但从中国那里到手的肥肉不得不扔掉，而且自己还会挨宰。那怎么办呢？伊藤博文在4月24日御前会议上出的点子是"不战"。

要想"不战"，就得接受三国开出的条件。1895年5月5日，日本政府不情不愿地堆着笑脸宣布："基于俄德法三国政府的友谊忠告，约定放弃永远占领辽东半岛。"这事对沉醉在胜利之中的日本国民来说，犹如被当头浇了一盆冰水。一时间，舆论哗然。在5月15日，三宅雪岭（1860—1945）发表短评《卧薪尝胆》。过了十多天，他又发表文章指责归还辽东半岛"既有损面子，又丧失一半胜利成果"，并且质问"百战百胜反而招致了外来的侮辱，其责任到底在哪里"？

"力量不足，即使如何正义公道也分文不值"。这是三宅雪岭得出的教训。因为三国还辽事件，日本人对"实力"更加痴迷。一时间，"卧薪尝胆"成了日本国民的座右铭。也许，日本外交家林董在1895年夏的一段话，最能够体现那个时代日本人的心态："历史的往例教导我们，列强联合强迫日本归还辽东，是无须惊异的。……现在日本所必须作的，是绝对保持镇静，以消弭对日本的猜忌，厚增国力，伺机而动，静待东洋终必有一日到来的机会。一旦时日到来，则日本当可自行其是，不独可使多事的各国各安其所，而且于必要时，甚至可以过问他国的事务。那时日本当可收其实惠。"

打着黑旗欢迎小村寿太郎

在俄德法三国的压力下，日本把辽东半岛还给了中国。可是依陆军部的看法，辽东半岛是军队流血牺牲夺来的。如今慑于三国的压力，拱手把远东这块战略宝地归还中国，这口恶气怎么能够咽得下去呢？

本来，日本人对不断扩张的俄罗斯就看不顺眼。1891年，担任警卫的警察津田三藏行刺来访的俄国皇太子尼古拉亲王。他之所以犯下这起惊天大案，是因为他认为"俄国皇太子有企图吞并我日本国的野心"。津田的这种想法并不是孤立的。当时，日本就连小学生都得唱这样的流行歌曲："西有英吉利，北有俄罗斯，切莫粗心哟！我国的人民。表面结条约，内心不可测，虽有国际法，有事靠腕力，强食弱者肉，事前须觉悟。"

三国还辽，犹如火上浇油，更是激起了日本人对俄国的极端愤慨。在卧薪尝胆的口号下，日本积极对俄备战，以谋雪耻。据统计，日本从中国捞到的那一大笔赔款，有5700万日元用为陆军扩充费，

13900 万元为海军扩充费，7900 万日元为临时军事费，3000 万日元为发展军舰水雷艇补充基金，共计 30500 万日元，占了偿金总额的 85%。对于政府扩充军备，媒体几乎是一边倒地赞成。就连曾热心发展经济甚于扩张军备的《报知新闻》，也说出了这样煽情的话："即使把三餐节省为两餐，也要扩充海军。"《时事新报》甚至还责怪政府军备扩充得不够。

日本帝国上上下下，铆足了劲要跟俄罗斯一决高下。

1904 年 2 月 8 日午夜，日本孤注一掷对俄不宣而战。当时，朝野上下没什么人敢抱必胜之心。日本特使金子坚太郎在哈佛大学演讲时就说："日俄开战，日本无论如何也没有取胜的希望，就是日本人也没有人认为会赢得胜利。不过日本如果退让一步，俄国就会紧逼一步，他们是贪得无厌的。日本决心拿起武器，即使被灭亡也在所不惜。只要在世界史上写下这么一页我们就感到满足：'过去在亚洲，有个称为日本的国家，因为反抗残暴的俄国的野蛮扩张，经过勇敢的战斗灭亡了。'"

金子坚太郎之所以公开这么讲，固然是想赢得美国人的掌声和同情，不过从当时的国力对比来看，日本的前途确实凶险莫测。毕竟，日本国力要比俄国逊色得多。仅就人口和兵力而论，1904 年，俄国人口为 1.41 亿，陆军常备军总兵力约 105 万人，经过训练的后备役军人 375 万。日本总人口约 4400 万，战时可动员二百多万后备兵员。战争初期，陆军总兵力约 37.5 万，其中 25 万可用于日本列岛以外作战。

战前，不少俄国人也没有把日本这个远东小国放在眼里。交战之初，在讨论派兵数量时，库罗帕特金认为，俄国兵和日本兵的比例应为 2 对 3，而前任陆军大臣万诺夫斯基比他更瞧不起日本军队，认为一个俄国兵足能对付两个日本兵。就连维特伯爵，虽然早在 1901 年给外交大臣的信中就敏锐地指出过，"在最近的将来要和日本发生武装冲突对于我们就是一场大灾难"，但他依然觉得，"日本要接二连三地打败我们是不可能的"。

没想到，连战连胜者，又是日本。只是这回仗不像打清帝国那样轻松。因为海运和铁路运输不够用，日本连农家的牲畜和牛车也征用上了。动员了约100万人，死了大约84400人，伤了143000人，损失总兵力超过五分之一。消耗战费约171600万日元，相当于1903年岁入总额的六倍半多。日本一时元气大伤，动员的兵力已达极限，虽然是接二连三地打胜仗，但并没有给俄军造成致命的打击。在1905年3月奉天会战结束后，满洲军总司令部就认为应该和俄国进行和谈。1905年3月23日，总参谋长山县有朋认为，如果继续打下去，"则以往之赫赫战果或将半归泡影"。

幸好俄国国内危机重重，俄国人也不想打下去了。维特在签订和约之前，老做恶梦，觉得如果不缔结和约，"国家有完全崩溃的危险"。这对于日本，正如英国战略思想家利德尔·哈特所言，"是一个天外飞来的好运气"。

可是，自以为是赢家的日本人又狮子大开口，在谈判之初，要求赔款十五亿元。可人家沙皇尼古拉二世在全权代表维特启程之前就交待："不能赔一文战费，不割让一寸俄国的领土。"俄罗斯不是满清。在和会上，日本的全权代表小村寿太郎向维特叫嚷："你说话好像你是胜利国一样。"维特则针锋相对地回敬他："这里没有胜利者，所以也没有失败者。"

维特说的没错。当时没有一场会战是决定性的，战局并没有决出最后的胜负，虽说俄国没有赢一场大仗，但日本也是杀敌一千自伤八百。日俄两军主力在辽阳会战中，甚至日军伤亡比俄军还要惨重。

倘若"皮洛士式的胜利"反复下去，对于久耗不起的日本帝国来说，胜利即失败。

对这种局面，外交大臣小村寿太郎心知肚明。继续打下去，有崩溃之险的岂止只是俄国？！1905年9月5日，日俄两国在朴次茅斯签订和约。恶斗一场，日本一分钱的战争赔款也没捞到。

但是，对于这样一种媾和条件，不明日本国力真相的媒体和公众想不通，在"情感"上根本就接受不了。签约被视为外交失败。明治政府受到不满者的猛烈攻击。小村寿太郎回国时，人们打着黑旗欢迎他。甚至在此之前，当媾和的消息一传到东京，这位尽职尽责的外交大臣收到一份要他"速行自决，以谢国人"的电报。这也难怪。难道不是日军所向披靡，而俄国屡战屡败么？干吗赢家要向输家妥协呢？付出如此巨大牺牲的一次胜利，竟然一分钱也没能捞到？在他们的眼里，日本就是胜利者，胜利者就应该得到他们所想望的一切，否则那叫什么胜利呢？他们不明白尼古拉二世将会战斗到底，而不是支付赔款和割让领土，他们不明白这样下去对日本意味着什么。

之所以会造成这种群情骚动的局面，明治当局也是自作自受。日俄战争期间，政府乐于报喜却怯于报忧，一般国民和军人怎么知道日本已经精疲力竭？就是战后，政府也没有让国民和军队充分了解真实情况，一般国民和军人盲目自满，哪里知道国防的软肋？既然战局对日本是形势一片大好，民众满怀期待，政府被喝倒彩，不也在情理之中么？

虽然骚动在政府的弹压下消弭了，但在一连串的胜利中，日本国民的心理变得更骄傲、更狂躁了。他们以为日本不高兴，地球就该颤抖；他们以为日本说不，别国就应点头哈腰。在他们眼里，普天之下，还有什么能够阻挡得住日本帝国的锐气？崛起的日本，就如同青春期的孩子，血气方刚，躁动不安。1906年美国排斥日本移民时，日本《每日新闻》就怒吼："整个世界都知道，装备很差的美国陆军和海军不是我们具有高度战斗力的陆军和海军的对手。……为什么我们不坚持派出军舰呢？"此时的世界头号工业大国，在日本人的笔杆下、嘴皮里，就如同豆腐渣一样，脆弱不堪。

再过十来年，在凡尔赛和会上，五大战胜国的交椅，也有日本一把。在所有的非西方国家里，能够与西方列强平起平坐的，日本是惟一的一个。在短短的半个世纪里，明治一代人所实现的，恐怕要比他们当初梦想的还要多。这是一个东方传奇，一个麻雀变凤凰的东方传奇。可也正因为这样，在看待自己在国际舞台上的分量时，崛起得有惊无险的日本，有些忘乎所以了。昭和八年（1933年），陆军大臣荒木贞夫在《告全日本国民书》里就洋洋自得地说，开国还不出五十年，"就居然切切实实地跻身于世界三大强国之一了。"

"日本现在是几点钟了？"

1905年11月。朴次茅斯和约签过刚两个月。以《武士道》一书闻名的新渡户稻造（1862—1933）提出了这样一个问题："日本现在是几点钟了？"

一番国际比较之后，他给出的答案是，西班牙是下午五点，法国是下午三点，英国则是太阳当顶，正在越过子午线，德国还不到上午十一点，美国是早上十点，"中国的四亿拖着猪尾巴的颈子还睡在枕上，做着黄金梦和过去的千秋大梦。但在日本则是旭日初升。"

话里充满着自豪、自信，还有轻蔑。

这不奇怪。自佩里来航之后，日本帝国哪有过不去的坎？自打败满清帝国起，国力难道不是蒸蒸日上？

明治维新刚开始那会儿，日本兵弱国穷，在列强面前直不起腰来。陆军装备的枪支，大部分得从国外进口，连武器装备都如此仰仗外国，怎么做得到"强兵"？1868 年的日本，人均产值也只有西方国家的 1/4 到 1/5，不缩小差距谈何"富国"？日本是在一个低起点上奋起直追欧美列强的。一分耕耘，一分收获。在当时的亚洲，日本的发展可谓是一枝独秀。从 1789 年到 1918 年，日本工业生产总值平均每年增长 4.8%，农业生产总值年平均增长 1.7%，国内生产总值年均增长 2.6%。20 世纪 20 年代末期，工业收入超过农业收入，1936 年，农业收入还不到全国总收入的 20%。在短短的几十年里，日本就从一个农业国发展成为工业国。

相对于同期的亚洲其他国家，日本帝国的科技进步可谓独领风骚。如果以魏源的"师夷长技"为标准来衡量，日本也是一个好学生。到十九世纪最后 10 年，日本自行建造的巡洋舰，已能跟欧洲建造的任何巡洋舰媲美。而在北里柴三郎、长冈半太郎、高峰让吉、池田菊苗等一批科技精英身上，我们还可以看到，日本帝国在科技领域不是只有学习和模仿，还有它自己的创造发明，有青出于蓝而胜于蓝的一面。

尽管如此，日本帝国在科学和技术领域的成就，要是跟德国、英国、美国、法国相比，仍然不是一个等量级。整个明治时代，日本没有产生过像法拉第、爱迪生、西门子、爱因斯坦、居里夫人那样的科学或技术巨人。日本帝国实则是先进国行列里的后进。德国统一和明治维新开始的时间差不多，但德国的崛起是以一个具有划时代意义的科学技术兴隆期为基础的，而人口跟德国差不多的日本，却从来没有创造过那样的科学和技术的辉煌。

同样是举世瞩目的崛起，崛起的质和量也不一样。今天，许多人觉得日本产品是质量的象征，可是当年"日本制造"多少有点粗制滥造的味道。在1918年筹划出版的一本小册子里，小原国芳就感慨："'日本制造'这个标签，在世界上成了劣等商品的商标。"为什么这么说呢？原来在第一次世界大战期间，各国来了不少的订单，可是日本卖出去的产品却出现了诸如此类的现象——"罐头里掺石头；铅笔中心是空的，两端灌入少量铅芯；靴子的鞋底里夹纸板"。这被小原国芳称为"真正是日本的耻辱，国贼的行为"。

这件事，日后陆军大臣荒木贞夫也提到过，而且是在他1933年的《告全日本国民书》里提到。这种粗制滥造的日本货，满世界的销售，其结果如何呢？连荒木贞夫这一介武夫都明白："是把信用全然毁坏了"。那衬衫穿上后，膀子一伸，"立刻就袖子和背心子分家了"。对这一点，荒木贞夫印象深刻，他还举了一个例子。那是在日本出兵西伯利亚的时候，俄罗斯商店贴出招牌："日本货是到了，但是不保证其坚牢。"

虽说知耻而后勇，可这也表明，已然是世界强国的日本帝国，还有金玉其外败絮其中的一面。问题不止于此。强国的事实，也不能够抵销下面的现象。明治三十一年十月，财政部的委员添田寿一谈到他在大阪附近纺织厂的见闻时，称"情形颇为凄惨"："……实在未满十岁的人，亦在机械房中工作。饭是立在机械转动之间吃的。一走到寄宿舍，则因便所的臭气，实难形容。"即使是到了明治四十年，童工还占女工的大部分，而女工当时又占职工的六七成。

可是帝国崛起冲淡了日本人在明治初年的那种危机感和落后感。谁能想到，帝国改革开放的成果，会在日后旷日持久的战争中毁于一旦呢？回过头来看，新渡户稻造觉得日本处在旭日东升之时，是明治三十八年，离1945年还有40年，刚好在日本帝国兴亡两端的中点上，换言之，日本帝国并非早晨八九点钟的太阳，而是当午的日头了。

"日本的恶运，实在是爱国志士造成的"

1939 年，蒋百里将军感叹："日本的恶运，实在是爱国志士造成的啊！"

名将山本五十六的遭遇就是例子。

1920 年代初，山本五十六还是一名海军中佐。在谈日本是否应该同美国交战的问题时，他说："仅看看美国汽车城——底特律发达的汽车工业和一望无边的得克萨斯州的油田，便不难得出这样的结论：凭日本的国力，根本不能以美国为敌，同其抗衡；在海军建设上，更不能与之进行军备竞赛。"

其实，这说的不过是一个事实判断，跟山本五十六是不是勇敢，是不是"爱国"，是不是"儿不嫌母丑子不嫌家贫"，并没有必然的联系。可是，山本却恰恰是因为直面现实而不招人喜欢。刚任联合舰队司令长官时，有些官兵很是瞧不起他。"赤城"号航空母舰上的飞行队长渊田美津雄少佐，曾在公开场合表达了对山本的蔑视："山本五十六是亲英美的，没有日本人的骨气。难道这样的人还不是胆小鬼吗？"

相反，那些凌空蹈虚的高调，倒是颇能房获人心。

末次信正是 1933 年 11 月出任的联合舰队司令长官。以他为首的一些人，喊出了打倒英美的口号，很是博得一些年轻人的赞赏。可是就像一个帝国海军中将在战后所说的那样，只要仔细地分析，日本总人口是多少，有多少男人，工业就业人口占多高的比例；可征水兵的最大限额是多少，一艘军舰需要多少水兵匹配等等，就不难发现，哪怕是拼命建造很多军舰，也无法满足这些军舰所需的燃料，而且也没有足够的水兵兵员去使用这些军舰，在这种情况下去跟英美搞军备竞赛，难道不是劳民伤财的愚蠢之举么？但是这种想法闷在心里头没问题，可要公开说出来，就会立刻被斥责为"惧怕和崇拜西洋的洋奴"。

在这样一种氛围里，无论多么可笑的高调，都可能堂而皇之地在掌声中出笼。荒木贞夫有句名言："如果我们有三百万枝竹矛，就能征服俄国。"在一个飞机大炮的时代，这不是在胡言乱语么？正如一位批评者所言，如果这种慷慨激昂的话是在英国或法国国会提出来，"说这种话的人第二天就会被送进疯人院"。问题是，在日本，像这样不着调的疯言疯语，却能大行其道。以至于没有疯的人，要想明哲保身，就得跟着装疯，甚至表现得更疯。

举国陷入一种有如将鸡蛋当石头的、无根据的狂妄、自信之中。因为在日本的媒体上，往往难以知悉国内重大问题的真相。1940 年 10 月 9 日，山本五十六在给笹川良一的信里就说："最威胁国家安全的，莫过于此。"人民被蒙在鼓里，但却充满激情。于是，许多问题就可能因为日本人民"感情"上接受不了，就无法理性地探讨。结果是整个日本疯了。

1941 年 4 月 31 日，陆军省军事课长岩畔豪雄大佐抵达华盛顿。名义上他是去作海军大将野村吉三郎大使的助手，实质上是陆军代表。等他从美国回来，日本充斥着"非常想打"的叫嚣。岩畔豪雄心情沉重。他并不是反战人士，可他在美国切身感受到了的美国实力，使这个赴美前的强硬派觉得，强硬论的叫嚣是无的放矢。

当时，新庄健吉是岩畔豪雄的伙伴，虽然军衔不高，可他吃得开，经常作为陆军预算的说明员进出国会。岩畔豪雄对他讲了自己在美国的所见所闻，向东条英机提交了一份考察报告。其中讲到，炼钢生产能力的日美比率是 1:20、石油产量是 1:几百、煤产量是 1:10、电力是

1:6、飞机产量是 1:5、船舶保有量是 1:2、产业工人人数是 1:5。

照常理来说，只要不否认这些比率是基本事实，任何一个稍有头脑的军人，都不会无动于衷。可是，据说岩畔豪雄跟陆军省、参谋本部的同僚谈美国的战斗力时，只有美国班班长杉田一次中佐等极个别的人能坦率地听进去。而他的后任真田穰一郎大佐还提醒他注意言行呢。当时反美情绪之激烈，可见一斑。回国不久，岩畔豪雄就被派到前线任联队长去了。

在 1941 年 10 月 14 日的内阁会议上，陆相东条英机慷慨陈辞为什么要拒绝美国的撤军建议："屈从美国撤兵，将使中国事变的成果毁于一旦，并危及满洲国，更危及朝鲜统治。形式上的撤兵也是不可取的。如果那样做，军队士气即将丧失。丧失士气的军队则等于没有军队。驻军是心脏命脉，一旦让步之后，有必要连这个心脏也让出来吗？让步到如此地步，这叫什么外交？是投降！这将玷污青史，遗臭万年！"东条英机大帽子一亮，阁僚中就再也没有谁吱声了。

想想也是，人家美国提个建议就乖乖地接受，大日本帝国颜面何存？自从 1937 年七七卢沟桥事变以来，日本和中国已经不宣而战地血拼了四年，死了二十万人，如果答应美国的要求，以不赔款，不兼并收场，甚至连驻军权都没有，折腾那么多年，究竟为了什么呀？怎么交差呀？哪个决策者向日本国民交得了差呀？用东条英机的话来说，也对不起靖国神社里的英魂嘛！很了解东条英机的大川周明就说："神灵会看透一切。一面说对不起英灵，一面却又在制造更多的英灵，这叫什么对不起呢？"

可是不理睬美国的建议，一意孤行，局势恶化下去，会不会几十年来攫取的海外利益，一朝丧失殆尽呢？帝国的决策者们顾不了这么多了。对于美国要求它回到华盛顿条约的原则上来，日本报之以铤而走险。对如此抉择，新任首相东条英机的话说得极为悲壮："人总有个时候得闭上眼睛，纵身一跳。"只是悲壮得丧失理性。

日本这闭眼一跳，就先下手为强跟美国打上了。自偷袭珍珠港开始，直到中途岛海战失利，其间日本的军事行动可谓势如破竹。然而，这回对手不是大清帝国，不是沙俄，日本陷入了持久战，再也没有当年日清战争和日俄战争能够速战速决的运气了。帝国败相已露。可是国内环境依旧不能容忍探讨如何退出战争以避免无谓的牺牲。1944年春，陆军参谋本部的战争指导班班长松谷诚大佐，因为在报告中说"日本已经没有希望扭转战争的不利形势"，"我们结束战争的时候已到"，就被调到中国去了。对于军事领袖们来说，尽管心里明白已经是在进行一场绝对没有希望的战争，可没有一个站出来公开提议见"坏"就收，结束战争。就像有人所说的那样，"他们之中也有人很愿见日本投降，惟一希望只是在投降过程中，没有他们自己参加"。

可也正因为这样，战争在高调中继续无望地进行下去。最后，日本不仅成为历史上第一个尝到原子弹滋味的国家，而且还不得不在投降书上签字。此时，离明治天皇登基还不到八十年。1946年5月，文部省在《教育方针》中曾这样反思过明治以来的历史教训：

……日本的现代化是不完善的，特别是对现代精神的理解是极其肤浅的。不仅如此，甚至有人认为日本文化已达到与西洋文化同样的高度，而且东洋人的精神，特别是日本人的精神比西洋更优越。有这种错误想法的人成了国民的领导人，他们轻视西洋，低估人家的力量，挑起了战争，国民则受骗参加了战争，结果战争就失败了。

跛脚的进步

十八、十九世纪，有着不同政体的世界强国。

换言之，倘若只以国家崛起为最高目标，对于像佩里来航之后的日本帝国这样一个后进国家，摆在面前的榜样就不只是一种政体的国家，它可以借鉴此大国的政体，也可以效仿彼大国的政体。

正如金庸小说里所写，"正派"侠客可以用易筋经、降龙十八掌练就超群武艺，"反派"角色也可以用葵花宝典练出绝世功夫。日本帝国效仿、摸索的，是一条排斥共和谋富强的普鲁士道路。看似金光大道，实则是不归路。

"进步之速，为古今万国所未有"

"今年日本已开议院矣，进步之速，为古今万国所未有。"

光绪十六年，也就是1890年，黄遵宪的感慨之中，不无艳羡之意。

那时，离《五条誓文》的颁布，也才二十来年的光景。可日本帝国的巨变，又何止开设议院？

幕府时代的日本，等级森严，贵贱有别。比如，按照"家康遗训百条"第四十五条，"庶民不得对武士无礼、对直属臣子或陪臣不敬，否则格杀勿论"。武士阶层出身的福泽谕吉，曾这样描述过等级制度的荒谬："在这种法律之下，好像平民的生命并不属于自己，而是借来的一样。农民商人无缘无故地要对武士低声下气，在外让路，在家让座，甚至连自己喂的马都不能骑。这岂不是蛮不讲理吗？"

农民商人的地位尚且如此，贱民的处境那就更不用说了。而明治初年的"秽多""非人"以及其他贱业者加起来，将近40万人。

进入明治时代，短短的几年里，过去连姓氏都没有的农、工、商，统称为平民；"秽多""非人"等贱民的名称废除了，其身份、职业都跟平民平等；禁止人身买卖；一般平民也可以使用姓氏了；准许华族与平民通婚；所有国民都有迁徙自由和择业自由……

幕府时代，当局严禁农民栽种桑、茶、烟草、漆等作物，并且农民不能从事工商业。明治政府把农民从这种禁锢中解放了出来，1871年，宣布今后农民在地里种植什么，是他们的自由；1872年，又废除了不准农民改就工商业的禁令。

福泽谕吉原本对明治政府期望值并不高，以为它会"把一个值得珍惜的日本国弄得乱七八糟"。看到当局提出四民平等，废藩置县，他一下子又欢呼雀跃了起来："当时，我们朋友之间如果三五人碰头，就会彼此庆贺，赞叹不已，忍不住要高喊：看到新政府的事业如此兴盛，纵然死也无憾！"

在削弱身份束缚的同时，人民的日子，也眼瞅着有了变化。对于农家的生活，福泽谕吉是这样描述的："现今若就贫者之贫来和富者之富比较，诚然是贫困的，不过只就一个贫者来论，不得不说生活情况大有改良了。其他姑且不论，仅看改良食物的性质，采用食米的增加，足可证明一斑了。"

不过，在福泽谕吉眼里，日本帝国的"进步"可不只是表现在社会经济方面。

在 1895 年 3 月开始连载的《福翁百话》里，福泽谕吉提出，评价文明进步的标准很多，其中言论自由与否，尤其是"社会人文之进或退的标志"，"放松对言论的限制并使其逐步自由化，即为文明的进步"。

那么自维新以来，日本帝国是一种什么样的情形呢？

从 1853 年到 1895 年，福泽谕吉把它分为四个时期，每个时期十年。如果对这几个时期的言论情况加以比较，福泽谕吉认为可以发现，"一个时期比一个时期更趋于自由"。第一个十年里，自由言论被人指责、谩骂，到了第二、第三个十年，自由言论便逐渐被人们承认，而到了第四个时期，"自由言论反被作为好事而受到欢迎"。

作为这段风云历程的过来人，福泽谕吉展望未来，信心满怀："同样道理，在所谓第四时期的当今，即或有稍许逆耳之论，再过十年、二十年，亦一定会被宣告无罪，并毫无疑问地将受到欢迎。"在这个乐观的花甲老人眼里，大日本帝国的明天会更自由，更美好。

"争取能多骂倒一个人"

福泽谕吉乐观的判断，并非毫无根据。

中江兆民（1847—1901）比福泽谕吉小十来岁，因为政治原因，在 1887 年 12 月被驱逐出东京。虽然是不受明治当局欢迎的人，可是这并不妨碍他紧接着第二年就在大阪创办《东云新闻》，继续传播民权思想。

就在福泽谕吉去世那年，也就是 1901 年，医生告诉中江兆民患了癌症，只能再活一年半。中江兆民没有向病魔屈服，他要在走向生命终点的有限岁月里，发出振聋发聩的呐喊。他把自己要写的书取名《一年有半》。

中江兆民与死神赛跑，天天笔耕不辍。之所以天天执笔，用他自己的解释，就是为了"争取能够做到：多起草一页原稿，多骂倒一个人，多破坏一件事"。

《一年有半》写完了，中江兆民还活着。1901 年 8 月，他的学生幸德秋水将这本小册子整理出版。

在书中，中江兆民臧否人物，指点时政，文风泼辣，语意尖锐。他说："山县有朋小有慧黠，松方正义糊涂透顶，西乡从道胆怯懦弱；其余的元老，不值一提。假使伊藤博文以下的元老都早一天死去，便可以早一天对国家有好处。"如果只读他的文章，恐怕会以为，这帮明治政要，都是些什么人！

就连伊藤博文这样的顶尖人物，中江兆民也称之为"蹩脚的钓者"，担任内阁秘书长还合适，但是没有本事当好总理大臣。在他笔下，伊藤博文"诚然是一位风度翩翩的秀才，在汉学方面，他只有做歪诗的本领；在洋学方面，他只有背诵目录的水平；这就已经足以大大超过其他元老，而使他们没有话说；加之口若悬河，很能够一时把人们弄得糊里糊涂。然而这不过是秘书的才干，是翰林的能力，而不是宰相的资质"。

《一年有半》出版的时候，西乡从道、山县有朋、松方正义、伊藤博文这些响当当的大人物都还健在。中江兆民不仅指名道姓地讥贬西乡从道这些军政要人，而且还批评内阁"是那些贪图利欲，玩弄权势的人们的最高级的和最方便的阶梯"，贵族院"是一帮阴险毒辣的家伙的集合场所"，而众议院"简直只是一群饿虎的团体"。他抨击内阁、贵族院和众议院"变成了官僚绅士式野兽的渊薮"，"两院的议员，都是贪图权势和利益的饿鬼"，"现在的高官、大员、议员、党员，这些人简直只能叫做吃人恶鬼。"

中江兆民如此这般描写，给人的印象是，庙堂之上是洪洞县里无好人。

这还不算，中江兆民甚至还把日本定性为一个"腐败透顶的社会"。其实，中江兆民的后半生，恰逢日本帝国蓬勃发展之际。在短短几十年里，铁甲海军、铁路、电灯、电报、大学、议会等等，从无到有，大败清帝国，更是在国际舞台上声名鹊起。可是在法国喝了几年洋墨水的中江兆民，似乎视而不见，反而扬言，"假使执笔，就用笔攻击；如果开口，就用诟骂去对付它"，声称"直到死去以前，我仍要挥舞这一枝攻击的笔"。

不过，中江兆民著述这种激愤之作，官府没有索取他的性命，也没有剥夺他的自由，还能公开发表。别说那还是二十世纪初，就是放在二十一世纪，如果扳着手指数数，不能在报刊电台公开批评总理大臣级人物的亚洲国家，也绝不只一个。要是在这些国家发表类似的言论，肯定会被当成严重的刑事犯罪予以打击。比较而言，日本帝国当年的舆论管制可谓相当宽松。

中江兆民的例子并不是日本帝国言论相当自由的孤证。

1903 年，幸德秋水出版《社会主义神髓》，片山潜出版《我的社会主义》。这两本书都是明治时代日本社会主义思潮的代表作。在当年的日本帝国出版这种书，就相当于是在斯大林时代的苏联写文章鼓吹苏联应该实行私有化一样。可帝国当局竟容忍了幸德秋水公然鼓吹"实行社会主义大革命"。他这本书 1903 年 7 月初版，到 11 月份，就出第六版了，此后又在明治三十八年（1905）出了第七版。

明治四十三年（1910 年）的大逆事件，被后人称为"明治时期最大的冤罪事件"，当时给日本社会带来了强烈的政治恐怖感。对于这个事件的影响，小说家木下尚江称，当时日本各地是"草枯，风死，荒野满目凄凉"。日本历史学家坂本太郎也说，"至此，对社会主义者的镇压已达到了登峰造极的地步，甚至凡是带有社会二字的东西均被视为危险品而遭到禁止"。即便世道如此残酷，幸德秋水成了死刑犯，但是明治当局没有剥夺他终身的出版自由权。

相比 20 世纪其他国家的某些政治镇压而言，大逆事件的恐怖程度，实际上还算比较温和。在幸德秋水被杀后第八天，他在东京监狱里完稿的《基督抹杀论》公开出版，并且一个月里重版了七次。

"住房盖成了监狱"

植木枝盛是自由民权运动的弄潮儿。对日本的前途与命运，他倒不像福泽谕吉那样信心满满。

这并不是说，植木枝盛睁着两只大眼睛，却看不到东京通了火车之类的变化。

只是植木枝盛懂得，事情一码归一码。毕竟，胳膊、胆、肺，再怎么健康，并不能由此就说心脏的健康与否无关痛痒。

有了火车坐，有了牛肉吃，这固然是高兴事儿。但是植木枝盛的心智没有迷失在眼前的种种"进步"之中。在 1877 年 3 月的一篇文章里，植木枝盛谈到了人们对于日本经济社会发展的心态："社会上有很多人轻信政府，完全把它当作了文明革新者，他们认为我国目前已经真正达到文明和进步了，看到眼前修起来的漂亮的学校、兵营和官署，以及铁道、电线、砖瓦和瓦斯灯等的设备，就过早地认为文明的条件已经具备，而为之欢欣鼓舞。"

相比许多为日本帝国的"进步"感到欢欣鼓舞的人，植木枝盛看得更远，思虑更深。

在植木枝盛看来，"今天的政府既不是守旧者，也不是文明开化者，而是一个地地道道自私自利贪得无厌的政府"。他说："政府虽然平定了内乱，那也不过是极权政治的胜利罢了，不能算作国家的胜利。政府禁止佩刀，诚然是一种文明风气，然而并没有代之以保护人身的法令，设立法院只是模仿西洋，实际上治罪依然采用野蛮的法律。尽管政府制定了很多束缚人民的法令，可是就没有一个限制政府压制人民的法令。这种片面的政策，难道称得起真正的文明吗？"

植木枝盛希望"政体的变革"，要求"实行君臣共治，废除政府之独裁，使人民掌握政权"。他的这个愿望，直到日本被打败之前，也没有变成现实。植木枝盛的愿望背后，是他对明治政权的独到认识。在1878年左右的一份备忘录里，植木枝盛写道："所谓维新这一改革，只是政府的变革，只是统治者与统治者之间发生的一次事件，与被统治者毫无关系。德川政府被推翻了，代之而起的仍然是独裁政府，也就是专制的政府。明治维新犹如要盖住房而盖成了监狱。从前，把土地和人民归政府私有。今天的政府虽然颁发了土地券承认土地为人民所有，却又滥用征收捐税的权力，这真是令人难以理解。人民对此不发生疑问，也是很奇怪的。这种情况，就等于把支配金钱的权力和修建工程一齐交给了承修人。"

植木枝盛的眼光敏锐而又老辣。对他这种一针见血的民权思想家，明治政府哪能坐视不管。有段时间，常有密探跟在他屁股后面。在1878年10月的一则日记里，他记下了自己被跟踪的情形：有两个密探，"不管远近，也不问白天黑夜，不论去洗澡或理发"，始终紧紧地跟踪着他。

俗话说的好，一好掩百丑。对于一般人而言，得了实惠，容易丢了脑子。不是所有的人都像植木枝盛那样敏锐、清醒。眼前的"进步"，就足以使他们心满意足。

1875 年 6 月，福泽谕吉发表《国权可分说》。同月，政府颁布了诽谤律、新闻纸条例等压制言论的法令。"新闻条例"规定，对"政事、法律之类记载，不得妄加批评"；"政府官员、衙门公务或有关外交事类，虽细琐之件，亦禁止私自揭载"。政府同时公布的《诽谤律》新设了"皇族不敬罪"和"官吏侮辱罪"。

1875 年 8 月到 12 月，在日本新闻界，因为触犯法律而遭到处罚的事件有 9 起，而在 1876 年，1 月就有 5 起，2 月有 6 起，3 月有 18 起。其中受到惩罚的，就有福泽谕吉的朋友。1875 年 12 月，他在《邮政报知新闻》的熟人藤田茂吉被罚款 200 元，监禁 1 个月；1876 年 2 月，《朝野新闻》的末广铁肠和成岛柳北再次被捕。

因为刊登批评新闻纸条例的文章，《朝野新闻》的主编末广铁肠被监禁二个月，罚款 20 元。就在末广和成岛被判的次日，福泽谕吉开始动笔写《学者安心论》。他在指出"学者名人被捕入狱决非美谈"的同时，也呼吁学者应该结束跟政府的对立，支持自上而下的改进政策。可是，当他把这篇文章呈送当局，要求出版，却未能获得批准。

1876 年 11 月，福泽谕吉的《分权论》脱稿；1877 年 9 月，西乡隆盛兵败自杀，跟西乡并无一面之交的福泽谕吉，为了"保存日本国民的抵抗精神，以使其精神气质不致断绝"，写下了《丁丑公论》。可是，因为"无奈害怕触犯条例"，《分权论》没有及时出版，直到 1877 年 11 月西南战争结束后才付梓发行，而《丁丑公论》又"恐为当时社会所不容"，直到 1901 年，西乡被赞誉为大陆政策的先驱时，他才公诸于世。

福泽谕吉隐忍的背后，是明治政权的跋扈。为什么面对权力的嚣张，福泽谕吉没有拍案而起针锋相对呢？按照日本历史学家远山茂树的分析，也许是福泽谕吉认为，"一旦违法，就会被人斥之为傻瓜和糊涂，付出这般牺牲，并没有丝毫益处。"

名头之响如福泽谕吉，也照样得看权力的脸色。1878 年 5 月 14 日，大久保利通遇刺身亡。庆应义塾主办的《民间杂志》，因为发表文章评论此事，其名义发行人遭到警视厅的训斥，还让写保证书，保证今后不再发表这类文章。福泽谕吉得知消息后，没有同意写保证书，而是认为最好是要求停刊。就这样，杂志在这个月出到第 189 号就停办了。6 月 1 日，福泽谕吉在写给老朋友、元老院议政官大久保一翁的信里说："近来政府的法令越发严厉，这种时候，由于极容易犯禁，出版也就成了无益的麻烦，故普遍将杂志停办。"不管是出于什么样的考虑，不敢惹上"无益的麻烦"背后，是权力实实在在的霸道，以及人们对权力的实实在在的恐惧。

《丁丑公论》还压在箱底不敢发表，福泽谕吉却又在 1881 年的《时事小言》里抬起了明治政府的轿子来："日本的政府从来都是专制的。但是由于明治维新，专制政府一下子垮了台，现在看起来，专制已经成为过去。今天的政府当权者与民权论者相比，虽然在改革的精神上有早晚先后的不同，但在主张上，两者可以说是志同道合的朋友。"

可福泽谕吉的热脸贴在明治当局的冷屁股上。1883 年，政府修改了新闻纸条例，不仅内务省，就连府县知事都有了发行停止权。所有进行时事评论的报刊，都必须交纳 1000 日元（东京）或 700 日元（大阪等地）的发行保证金。当时这个数目的保证金，不是一笔小钱。没收违法报刊的印刷机器等手段，更是赶尽杀绝置之死地的措施。用日本新闻史家的话来说，这个修改后的新闻纸条例，"简直可以说是报纸的扑灭法"。民间是可以办报，但是报纸生死大权却捏在帝国政府的手里。再闹腾，能闹腾到哪里去了？

　　且不说"维新"维的是什么"新"，至少有一点是清楚的，那就是这种维新是帝国政府主导的维新。这种政府主导的局面，直到天皇下终战诏书那一刻，也没有改变过。像福泽谕吉这些人，一方面对"国家"充满着恐惧，可另一方面又对"国家"的未来表示乐观。自己的命运都把握不了，还能把握"国家"的命运？这是日本帝国时代的一种典型政治悲剧。

"出头的钉子挨砸"

　　"大逆事件"是明治时代终结的象征。

　　1910 年，幸德秋水等人被捕。整个帝国笼罩在政府制造的恐怖之中。

　　作家德富芦花发表公开信，恳请政府从轻处罚。

　　1910 年 10 月 13 日，年轻的石川啄木愤激地作下了这首诗歌：

　　看着那阴沉沉的

　　灰暗的天空，

　　我似乎想要杀人了。

　　当然，石川啄木没有杀人，倒是幸德秋水很快就要被杀了。

　　1911 年 1 月，幸德秋水等 12 名社会主义者，被以大逆罪处死。大逆事件用幸德秋水这些人的血，为日本帝国的"进步"画上一道不可逾越的警戒线。

　　2 月 1 日，德富芦花在第一高等学校慷慨陈词，称赞幸德秋水等人是"为人类献身的志士"，抨击政府这样对待这些人，是"暗杀"，是"不折不扣的谋杀"。

　　然而，大部分人不是像德富芦花那样，在丧钟为幸德秋水他们敲响的时候，站出来为他们辩护、呐喊。

"大逆事件"的腥风，让许多日本人的脊背直发凉。明治政府可以这样对付幸德秋水，需要的时候，难道不也可以同样对付别人么？政府制造的恐怖笼罩在每一个人的头上。帝国的政治氛围大变。在《时代闭塞的现状》这篇评论里，石川啄木这样描写此后的日本："环绕着我们青年一代的空气，已经丝毫也不流动了。强权政治统治着全国……"

中国有句俗话，"枪打出头鸟"。日本也有一句谚语："出头的钉子挨砸"。

于是，森鸥外只写历史小说了，而永井荷风则"开始提烟袋、集浮士绘、弹三弦了"。因为没有勇气像左拉那样站出来大喝一声"我控诉"，感到羞愧的永井荷风，从此流连于红粉阵里，出入于烟花柳巷，沉迷在灯红酒绿之中，而他发表的作品，如《晴日木屐》《夏姿》《争风吃醋》《梅雨前后》《背阴的花》等等，笔墨浮艳，描述的是"已逝去的江户文化绚丽的晚景"。

恐怖之下，敢挑战明治帝国命门的人，于是就成了一小撮、极少数了。自从大逆事件之后，民间的反对力量，再也没有构成过对帝国的严重挑战。日本帝国直到毁灭之前，国内局势总体而言一直是比较稳定的，看不到有革命的火星可能在这个岛国燎原。日本帝国，彻底告别了革命。

不过，日本朝廷唱白脸，也唱红脸，挥大棒，也送糖果。

如果一身本事，又一心为朝廷出力，哪会有幸德秋水那样的下场？伊藤博文，出身贫寒，可时势造英雄，32岁就当上了参议兼工部卿，43岁被封为伯爵，44岁当上了首任总理大臣，49岁就任首届贵族院议长，65岁那年前往朝鲜当首届统监，还晋升为公爵，并且深受明治天皇的宠信。

不仅是军界政界的官僚能够得到朝廷的恩宠。凡是那经商成功的，科学研究拔尖的，笔杆子摇得好的，都有机会沾到朝廷的阳光雨露。当过东京大学校长、帝国学士院院长的加藤弘之，1900 年受封男爵。有日本近代实业之父美誉的涩泽荣一，1900 年受封为男爵，1920 年晋封为子爵。日本的细菌学之父、日本医学会首任主席北里柴三郎，在 1924 年受赐男爵。日本物理学之父、大阪帝国大学首任校长长冈半太郎，在 1934 年当上了贵族院议员。化学家高峰让吉 1922 年去世后，天皇特追叙他正四位勋三等。就连福泽谕吉这样一再拒绝担任公职的人，在 1901 年去世时，众议院全票通过决议，给他致哀。

即使是曾经跟政府过不去的那些人，如果有笼络的价值并且能够被笼络，朝廷也会给他们出路。1887 年 5 月，日本第一个政党——自由党的创始人、民权运动家板垣退助被封为伯爵。著名记者、评论家德富苏峰，也就是德富芦花的哥哥，原本是个跟政府唱对台戏的笔杆子，名气很大，但他后来笔锋转向，跟明治政府穿一条裤子，以至于弟弟德富芦花跟他断绝了关系。1911 年他当上了敕选贵族院议员。

不听话的，则有种种办法收拾。比如一个教师，不听明治政府的话，就可以吊销你的教师资格，砸你的饭碗，再不行就抓起来，如果需要的话，就像对付幸德秋水那样，直接找个理由要你的命。看你还老实不？人多不见得就力量大。一个拥有上百摊主的菜市场，几个拧成一股绳的小混混，就能让所有的摊主乖乖地给自己缴纳保护费。同样道理，政府有组织的暴力，也能够让人数众多却是一盘散沙的人民俯首听命。

"野蛮的安定"

在 1879 年写的《日本琐志》里，有位中国人就预言，日本"乱必在二十年间"。

那是等着看日本维新的笑话。

那年头，自由民权运动闹得正热火朝天。今天这帮人私拟部宪法草案，明天那伙人递交请愿书。这在连维新也不想搞的中国人看来，不就是乱哄哄地一团糟么？

而身为日本臣民的福泽谕吉，也对局势忧心忡忡。1881 年 10 月 1 日，他致函大隈重信："民权论似有愈来愈赞成直接行动的倾向。长此以往，官民反目必日甚一日，流血之祸，恐终所不免。"

福泽谕吉的这种忧虑，并非一点根据也没有。因为确实能听到鼓吹可以革命的声音。

据说，中江兆民曾说过，"民权不是别人赐予的，而是应该自己争取的。王侯贵族所恩赐的民权，谁也不能保证不被剥夺回去。试看古今东西各国，哪有不经过一场流血斗争就能获得了真正民权的前例？所以，我们应该拿出自己的力量，打倒专制政府，建立起正义、自由的制度。"

不过这只是"据说"而已，而植木枝盛等人鼓吹抵抗权，则是白纸黑字。

1876 年，植木枝盛在《湖海新报》上发表的一篇文章，题目就叫"论自由必须用鲜血来换取"。1880 年 9 月，《邮政报道新闻》发表社论"抵抗精神"，鼓吹"凡有独立自主思想的人，无不具有抵抗精神，人有了抵抗精神，才算得上一个人"。甚至有些人热切地盼望着宪法里也能写进抵抗权。

1881 年，立志社搞的《日本国国宪案》第七十条说，"当政府违背国宪时，日本人民可以不服从政府"。在第七十二条里还说："政府肆意违背宪法，擅自蹂躏人民的自由权利，妨害建国的宗旨时，日本人民可以推翻它，建立新政府。"这些条款都是出自植木枝盛之手。

在一篇很可能是出自植木枝盛手笔的文章里，有这样一段热情洋溢地为革命辩护的话："如果政府企图永远把持政权，惟恐权力削弱，而加强对人民压制的话，人民就必须要起来推翻政府，建立民主共和政体。这时，若把罪责全部加在人民头上，就等于把蒸汽密闭在锅炉里不让发散，等到锅炉爆炸后，责怪水蒸气为什么破坏锅炉一样。"

有人鼓吹国民有抵抗权和革命权，也有人大讲"安宁"和"治安"。1877 年，植木枝盛一点也不含糊地指出："'安宁'和'治安'，只有在有利于增进人民幸福的情况下，才值得尊重，它本身并没有任何价值。如果为了维持'安宁'和'治安'，而摧残人民的幸福，那末，这种'安宁'和'治安'，就应该加以反对。"而这一年《土阳杂志》上发表的"治安论"一文，则认为，"治安未必都是好的"，如果"施行极其苛酷的政治、法律，使人民甚至不敢怒，以保持君主的至尊地位，独揽国家的主权，不许人民参与政治，阻碍人民提高智能，使人民对政府感觉恐怖，来维持生活的安定状态，那么，这种安定状态应该叫做野蛮的治安"。

植木枝盛激烈地反对以治安之名行压迫之实。1879 年，他在《民权自由论》里雄辩滔滔："如果必须牺牲人民幸福才能维持'安宁'和'秩序'的话，那么，这种'安宁'和'秩序'是否算得上安宁和秩序呢？ 不，这不但不能叫作安宁和秩序，相反地，这才是不折不扣的'扰乱'。所谓'乱'，不一定是枪林弹雨的战争状态，凡违背真理，不实行真正的法律，政府压迫人民，人民委曲忍受，甚至不敢发表正当的意见，这就是国家的'乱'，而且也可以说是大乱。"

跟植木枝盛这些人有所不同，福泽谕吉则反反复复地强调官民调和，告诫朝野各界："政府不可轻易推翻，人民不可轻易压制。"福泽谕吉鼓吹官民调和，宣扬告别革命，也是出于一番好心。可是事实上，自从西乡隆盛死后，直到大日本帝国烟消云散，也不存在政府会被民间武力轻易颠覆的危险。倒是连福泽谕吉那样名满天下的人，面对政府的威权，也战战兢兢。

在福泽谕吉看来，"屈从政府是不应该的"。虽说他自称"不喜欢世界上实行的专制政治"，但他又认为，"用实力对抗政府"，也"不能称为上策"。他列举了内乱带来的种种弊害，比如，导致流血恐怖；人民的力量常常要比政府弱，蚍蜉撼大树，除了流血添乱，还有什么意义呢？即便是"一旦轻举妄动地推翻了"旧政府，"仍难免以暴易暴，以愚代愚"。况且"无论那个旧政府怎样的坏，总还有些善政良法，不然就不会维持相当的岁月"。

屈从也不行，对抗也不行，那怎么办呢？福泽谕吉开出的方子是，"坚持真理，舍身力争，是说要坚信天理而不疑，不论处于何种暴政之下，身受怎样苛酷的法制，都能忍受痛苦，矢志不渝，不携寸铁，不使武力，只用真理来说服政府"。这是福泽谕吉眼里"上策中的上策"。为什么呢？他的理由是，"用真理来说服政府，丝毫不会妨害这个国家当时原有的善政良法，即或正论不被采用，只要理之所在，则天下人心自然悦服。因此，今年如行不通，可以期之来年"。即使"因忧世而苦其身心，甚至牺牲其生命的"，可这"殉道""所丧失的不过一人之身，而其功能却远较杀千万人费千万金的内乱之师为好"。

乐于告别革命的，不只是福泽谕吉这样的民间知识分子。伊藤博文这样的明治权贵也想这样。在谈到法国革命的时候，伊藤博文就说：

"由于法国国王专横，法国国民喜好暴乱，再加上卢梭那样的持错误观点的学者到处传播谬论，致使自由民权之说风靡全国，终导致革命，声势浩大。"于是在大日本帝国，自由民权思想被视为国家的祸害，就不足为奇了。不过，伊藤博文觉得革命要不得的同时，他们压根儿就不想告别专制，不想实行共和。

参议大隈重信主张采用英国的政党内阁制，建议 1882 年年末选举议员，1883 年开设国会。在他看来，如果立宪只是"采其形体而舍其真精"，不仅是"国家之不幸"，还是"执政者之祸患"，并且贪恋权力的"污名"，也会"遗传于后世"。如果"今日之执政者，不眷恋势威，固定立宪政治之真体，则足垂其德于后世"。

要是按照大隈重信的设想改革，那不是要明治政府自我革命么？大隈重信这下子捅了马蜂窝，遭到了伊藤博文的强烈反对。在 1881 年政变中，大隈重信被参议伊藤博文和参议兼外务卿井上馨等人撵下了台。以至于福泽谕吉在给井上馨和伊藤博文的信里感慨，"今天想起过去 10 月的情形，犹觉得昔日三位之交如漆似胶，而今天却成了政敌，其变化之快何其速也"。

在日本帝国，岂止是把革命当成洪水猛兽！帝国当局的恐惧是双重的，既怕发生法国大革命式的造反，也怕政体发生向英国美国模式的和平转化。不仅像植木枝盛那样的观点被当局视为激进，就是大隈重信向英国学习的主张，也被当成激进。只要可能动摇政权，无论你认为多么平和，帝国权贵都会跟你急眼。

不采取激烈的行动不也可以吗

1881 年 10 月，明治天皇发布诏书，决定 1890 年开设国会。

此前，伊藤博文致信岩仓具视，说服他"不要在期限的长短上进行争论，如强行争论一二年，则会失去收揽人心的效果，而且也是失策"。伊藤博文建议"先由圣上规定在明治 23 年开设国会，其后既宜缓又宜急"。

开设国会的敕谕一下，原来为此奔走呼吁的自由民权人士转而组织政党。敕谕颁布还不到一周，板垣退助任总理的自由党就成立起来了。第二年的四月，在野的大隈重信出任立宪改进党总理。

立宪党的宗旨书起头就说，"大诏降后，立宪之事已定。我等帝国臣民逢此百年一遇之盛世……"既然躬逢盛世，准备怎么做呢？立宪党称"激进之变革非我党所望"，因为"急遽变革，将扰乱社会秩序，反而危害政治"。无论是"为陋见所惑""徒以保守为主"，还是"争相躁进，好发激昂之情"，"我党皆拒绝之"。立宪党希望"以正当之手段改良"，"以切实之方法使国家进步"。

大隈重信的想法并不孤立。在爱国公党成立前后，板垣退助在演说里也讲，"今日我们既然已成为实行议会制度的国家的人民，即应该放弃过去那种过激行动，而缔造一个稳重温和的政党，以便成为他党的模范"。

可见，伊藤博文所谓"收揽人心"云云，并非徒托空言。等有了帝国宪法，有了帝国议会，许多日本人更恭恭敬敬、有滋有味地走起了议会道路。

那个被当成乱臣贼子给处死的幸德秋水，是个社会主义者。高岛米峰在回忆起他的时候说，从 1904 年起，幸德秋水的思想"逐渐激化"。当时两人还争论过。高岛米峰对幸德秋水说过，"在已建立议会制度的社会中，不采用那么激烈的行动，不是也可以吗？"且不说幸德秋水言行的是是非非，倒是高岛米峰的这种说法，当可代表那时不少人见到取名议会的东西就礼拜的心态。

在日本自由民权派人士乐滋滋地走议会道路的同时，来自左翼的那些人，既反对现行体制，也对共和政体、政治自由不以为然。1910年，幸德秋水在东京监狱里写道："现在欧美各国的议会都已经腐败，其中虽然也不能说没有好的议员，但属少数，起不了作用。"这些人更看重"一人一票"的"民主"。在1902年1月27日发表在《万朝报》上的文章里，幸德秋水说："请想一想，假如我国人民早已获得公民投票和公民创制的权利，藩阀政客还能保持着今天这般好运吗？毫无道理的军备能够得到扩充吗？苛重的捐税能够被接受吗？高野问题能够拖延到今天还得不到解决吗？矿毒事件还用得着直接向天皇提出控诉吗？"

照幸德秋水这些人的看法，"衣食的自由是一切自由的根本"，而政治自由"在遭受冻馁的人们看来，难道不仅仅是一句空话吗"？将有钱花有饭吃跟政治自由对立起来的幸德秋水，似乎没有想过，为什么在他看来没有多大意义的政治自由，帝国当局死活就是不肯给自己的国民。具有讽刺意味的是，幸德秋水1911年死于非命，不是因为饥饿和贫穷，不是因为必须在挨饿和政治自由之间做出选择，而是因为政治不自由。

就像家产多少跟婚姻是否幸福没有必然的因果关系一样，经济的发展和私有财产的保护，也跟共和政体没有必然的因果联系。事实上，在某种条件下，发展经济，保护私产，也可能成为走向共和的障碍。当年明治当局就把殖产兴业作为对付民权家的一种手段。黑田清隆在1880年2月提出《开设国会尚早意见案》，认为"当全国人民欢欣鼓舞，竞相开发产业的时候，让无赖不平之徒空发无用之论，从事不急之务的人慢慢消耗他们的势力，而使实用的人材去发迹吧"。富裕了，也可以得到政府的保护。《明治宪法》第二十七条规定，"日本臣民不被侵犯所有权，至因公紧要之用，则依法律所定"。

有钱，就可以过"好日子"。就像中江兆民分析的那样，到明治维新之后，"假使有经济力量，就可以坐马车，就可以住高楼大厦，而没有界限或等级的差别。于是生活水平陡然提高，人人都希望追求超过自己的经济力量以上的娱乐，千方百计想得到它。于是乎做官吏的人，就接受礼品及贿赂以养肥自己。经营工商业的人，就钻营奔走，投靠背景，互相勾结，寻找牟取暴利的机会……"壮大的中产阶层，不见得就是专制政体的掘墓人，会去掀起英美历史上那种流血或不流血的所谓"资产阶级革命"。

实在有不想一门子心思发财，却试图挑战明治政治制度威权的人，就用暴力收拾。因为大逆事件，明治政府在 1911 年借口"取缔过激的社会运动"，警视厅新成立了"特别高等警察科"。到 1923 年，日本主要府县，如京都、大阪等地，也都增设了这特高科。1928 年（昭和三年），全国各府县都设立了特高科。特高科是干什么的？就是思想警察、政治警察。对于那些一心发财的人，他们的财产基本有保障，有吃有喝，有出路，跟大日本帝国政府叫什么板呢？

虽然日本帝国是有一些人主张革命，可是和中国内战的烽烟不断相反，日本除了 1877 年西南战役的短暂冲突之外，从 1877 年之后到日本帝国投降，六十多年里就没有激荡过革命的洪流。换言之，大日本帝国实现了有些人梦寐以求的告别革命，没有内战的动荡，没有烽烟四起的惨剧。就朝野之间的关系而言，大日本帝国是一个社会稳定的帝国。革命的危险是没有了，可权力专横的危险却是时刻存在，实实在在。

一粒老鼠屎能坏一锅粥

日本帝国的崩溃，人们常说的民不聊生铤而走险、政治腐败、两极分化、内乱等等，都不是病因。

从美国海军准将佩里闯开日本的大门开始，尤其是明治维新开始之后，日本的变化可谓是一日千里，迅速成为世界强国之一。在甲午战争前，日本基本上还是一个农业国，可到了 20 世纪 20 年代末期，工业收入就超过了农业收入，1936 年，农业收入所占比例，还不到全国总收入的 20%；当然也不能不提，几十年下来，大日本帝国的皇军成了世界上最强大的军队之一……

在制度和社会层面，总的来说，日本帝国给人的印象，似乎是在迈向民主国家的行列。表面上看，日本的帝国议会也是两院制，跟英国美国挺像。进入明治时代之后，连政党也允许存在了，并且是一国多党。国会下议院议员不是政府指定，而是通过竞选产生。1890 年 7 月，植木枝盛就是以绝对优势击败官方派候选人西尾无辅，当选为众议员，圆了进国会的梦想。

在实行多党制、实行竞选的日本帝国，选举权的覆盖范围，也是越来越高。从 1890 年国民中只有 1.26% 的人符合享有选举权的条件，到 1919 年大约 1/4 的家庭有一人有选举权，再到 1925 年，所有成年男子都有选举权。从这些现象来看，苗头似乎还不错。就连美国总统格兰特、英国学者斯宾塞那样声名显赫的人，都曾劝日本放慢民主试验进程。

即使是舆论管制最严厉之时，日本帝国也没有出现极权国家的那种舆论一律，民间办报的自由度，如今有些国家也还达不到。从国民的受教育程度来看，迎头赶超的日本也不比英美逊色。在 1911 年，学龄儿童的入学率已经达到98.2%，到1910年前后，日本的中学就学率是12%，而英国只有4%……

诸如此类的"发展""进步"，实实在在。

在德富芦花那部未完成的小说《黑潮》里，桧山伯爵这样反驳东三郎的批评："……不是当局的人，就不会知道当局者的苦心。站在局外，什么事情也不了解，一味不负责任地谩骂攻击，那是很容易的事情。想这样来博得人家的喝彩，那真是在做梦——不平党是任何时候都很多的。"桧山伯爵看不惯有人端起碗吃肉放下筷子骂娘。他有一套自己的"进步观"："……从前的武士杀了人可以不问罪，今天确实四民平等；从前的时代，木内宗吾不得不被枭首示众，在今天，即使像×××，也可以一直上告到大理院；……对一般人民的情况来说，到底是哪一个时代好，哪一个时代幸福，恐怕用不到比较就可以知道了吧！"生活在这样一个时代，作为这样一个国家的子民，怎么能够那样不知好歹呢？！

如果说桧山伯爵的这番话，还只是要国民以仰视的眼光看待大日本帝国的方方面面，那么以伊藤博文为原型的藤泽伯爵的高论，则是杀气十足，霸气十足了："凡是反对我的意见的人……我全都准备来对付。……我手里有的是警察，有的是国库，还有六个师团的兵力，随便什么时候都准备和你周旋！"这番话虽是小说家的虚构，却也入木三分地道出了日本帝国政治冷冰冰、硬梆梆的国强而民弱的现实。1881年，中江兆民曾在一篇文章里讲到，若对"自主之主这一个字加以解剖的话，乃是在'王'字头上钉上一个钉子"。可是直到1945年，帝国的土地上，"王"字的头上没能钉上一个钉子，倒是国民头上悬着一把刀。

帝国国民有了宪法，有了议会，有了竞选，有了相当自由的言论环境，有了私有财产权的宪法保护……可这又能怎样？热热闹闹的竞选产生了议员，可是无论他们代表多少的民意，无论报刊多么自由地把国民的诉求表达给他们听，可是议会本身权力就十分有限，抓不住军权、财权这些至关重要的权力，议会辩论再怎么热烈，军力怎么使用，能听议会的？没有分权制衡机制，相对自由的言论，多党竞争的选举，就失去根本的依托。

穿制服的蛇

竞逐强权容易让人魔怔。福泽谕吉有日本的伏尔泰之称，就连他这样开风气的人物，也曾说："我辈毕生之目的唯在扩张国权一点。至于内政权落于谁手之事，与国之利害相比，其微不足论也。其政治体制和名义即令类似专制，然若其政府能有力扩张国权，便可满足。"日后，日本帝国国权大大地扩张，并且成为强国中一员，但外争强权，内避共和，走的是一条强国弱民的赶超路子。到头来，只是一枕黄粱。

"使人民无寸铁尺兵"

在江户时代，天皇没有自己的军队，武士阶层都属于幕府和各地的大名，而"皇军"，仅仅只是千年前就有的一个提法而已。及至明治时期，"富国强兵"与"做列强一员"这两大目标，是"日本国家战略的起点"。但在明治之初，虽然说王政复古，可是天皇政权的支柱，是萨摩、长州尊王各藩的军队，自己并无一兵一卒。

明治元年（1868 年）10 月 17 日，也就是攻下会津城后不久，年轻的伊藤博文给政府出谋划策，说"朝廷兵权，有名无实，是故朝廷之力尚微，力微则不能御下"，在这种情势中，对有实力者，"朝廷只有唯唯诺诺而已"。他建议，应趁此机会，"将东北凯旋之兵改编为朝廷之常备军","由朝廷亲自统帅","对内可以镇压暴乱,对外可以不屈于外国"。

有这种想法的,不止伊藤博文。军务官副知事大村益次郎也认为,"兵权归一,实当务之急"。他建议应该立即精选各路士兵,"编成不分藩籍之亲兵,作为常备军"。

明治二年,成立兵部省。大村益次郎转任兵部大辅。时任兵部少辅的山县有朋说:"欲完成维新之大业,必须打破列藩割据之弊,实行中央集权,巩固政府基础。而欲实行中央集权,巩固政府基础,就必须建设帝国陆军,统全国兵权于中央。"

帝国陆军创建于明治四年(1871年)。这年2月,萨摩、长州、土佐三藩献兵,组成大约一万人的"御亲兵",即直属天皇的近卫部队。8月废除各藩的常备兵,设立东京、大阪、镇西、东北4个镇台,当时陆军总兵力为14000人。

次年2月,废兵部省,分设陆军省和海军省,陆、海军从而完全独立。3月,"御亲兵"改为近卫兵,山县有朋任近卫都督。11月28日,发布"全国募兵诏书"。诏书说,"我朝上古之制,海内皆为兵员","世上每一事物,莫不课税,以充国用,然则人人固应竭尽心力,报效国家,西人称之'血税'。……且国家若有灾祸,人人必皆分受其殃,须知人人竭尽心力,防止国家之灾祸,亦即从根本上防御自己之灾祸。苟有国家,即有军备,既有军备,则人人即应服役"。同时发出的太政官的告示则称,作为报国的"血税",决定"男子满20岁者皆编入兵籍"。

1873年,全国设6个镇台,14所兵营,陆军兵力扩充到31680人。这年1月4日,陆军卿山县有朋在汇报六管镇台募兵顺序的奏章里说:"至此兵制始告完备,内足以镇压草寇,外可与列强争衡。"8月,陆军省发布通告说，"除镇台外，不应再有军队名义"，即使出现暴动，也不准地方官擅自募集士族"加以军队名义"去镇压。至此，常备军制度已完全建立起来了。到明治二十七年（1894 年），扩编的陆军已达 7 个师、69022 人。

军备的重心首先不在于国防，而在于防内。日本的地理特征跟英国颇为相似，都是孤悬于大陆之外的岛国。从国防的角度来说，自然是该海军优先。海上安全了，日本国防也就安全了。早在幕府时代，林子平在他的《海国兵谈》中就说："什么是海国？海国是无邻国接壤、四面环海的国家。因此海国须拥有与海国相称的武备……"1868 年 10 月，明治天皇谕令："海军建设为当今第一急务，应该从速奠定基础。"

1870 年 5 月 4 日，兵部向太政官建议大办海军，提出"需要一支装备精良的海军，且要超过英国"。6 月 14 日，兵部大丞船越卫致信兵部大丞山田显义，声称实难接受"今日不兴海军，则皇国即无以自保"一说，在他看来，"从我全国地形论之，目前确应以建设海军为当务之急，此虽三尺童子亦知之。……如欲以不足之经费完成建设海陆两军之大业，是犹缘木求鱼耳。是故莫若先专力于陆军，逐一解决，果能建成陆军，尚可防备国内"。1870 年 10 月，太政官通告全国，海军仿效英国体制，陆军采用法国模式。

在国家武力愈益壮大的同时，竭力削弱地方和国民可能与国家抗衡的暴力基础。

早在明治元年 6 月 8 日，政府出台的一项规定声称，"近有歹徒私自纠合兵士，流浪之徒竟相聚集，在京畿附近进行操练，所需饷资，募自民间"，明令今后"定加取缔，严惩不贷"。且不说这些"私自纠合"真情实况如何，取缔禁止的一个后果，就是排斥非政府的武装力量出现。

不仅民间武装不能有，就是地方政府组织的武装力量也不容许存在。明治元年三月，神户裁判所征集市民，组织了市军；五月，箱馆府征集市民编成府军。到了八月二十四日，政府下令禁止各府县新建府县军，理由是："因规章纷纷不一，有碍建立全国统一之兵制。"明治元年12月，军务官副知事长冈护美在建议书里，一面主张建立足以"称雄世界"的陆海军，一面主张禁止"各处随便募兵"；明治二年3月，长崎府判事井上馨，向中央政府发建议里，也有一条"应禁止新建军队"。

因为维持治安的需要，县厅再三请求批准建立县军，政府也只是指令由附近的藩精选少数"捕亡"来维持治安，不准称为军队。比如，宫谷县三面临海，出没极为便利，因为十分害怕"流浪之徒，潜入其中，酿成大患"，所以打报告要求批准它可以组建军队。就这件事，民部省明治四年5月给太政官的呈文里说："查此项请求，固属不无理由，惟既有布告在先，且地处东京以南，舟行便利，出兵增援，亦极便捷，所请组织军队，应勿庸议。但查目前实际情况尚不稳定，拟据该县所请，暂由附近藩内选派'捕亡'15名，责令认真取缔，似不致发生意外暴动。"

不仅有组织的武装力量不允许存在，就连个人持有武器的权利也给剥夺了。明治五年1月29日，颁布枪炮管理条例，"上至华族，下至平民"，一律不准持有军用枪支弹药等，并禁止私自制造；猎枪等类枪枝，只准指定特许商人贩卖，并由兵部省监督。1876年又颁布《废刀令》，不许非军人持有日本刀。这是革命性的一步棋，剥夺了平民掌握武器的权利。这样一来，朝野官民之间，就在潜在的力量对比上，处于绝对失衡的状态。后来，岩仓具视就说："盖今日政府赖以建立重大权威者，实因手中握有海陆军，并使人民无寸铁尺兵所致也。"

面对明治政府的常备军从无到有，福泽谕吉在庆应义塾所做的明治七年元旦献词里，就说到了当时人民对待常备军的心态："现在政府建立了常备军，人民本应视为护国的军队，兴高采烈地祝其壮大，然而事实上却反而把它看成是威吓人民的工具，只有心怀恐怖。"这可不是杞人忧天。毕竟，在帝国常备军从无到有，从弱小到强大的过程中，人民始终没有控制这支军队的机制可资利用。1877 年的西南战役，凸显了政府的暴力能力，迫使不满者打消武装叛乱的念头，改用依靠言论和政治斗争的手段去反对政府。西乡隆盛，这个明治时代最受欢迎的英雄，他的自杀，标志着一个旧时代的结束和一个新时代的开始。此后，没有任何国内的反对势力可以让政府畏惧了。西乡隆盛的刀都能够制伏，板垣退助的笔又何足惧？只要军权在手，就像 1881 年岩仓具视那句态度强硬的话所说的那样——"陆海军与警视，皆吾物也"，靠嘴、笔、普选、多党竞争……从 1868 年到 1945 年，几代人也没有和平演变出一个共和政体来。

"军权永归至尊"

明治初期，军政大权通过太政大臣的辅佐来行使，陆军卿和海军卿没有直接辅佐天皇之权。1878 年，设立参谋本部，把军令机关独立出来了。参谋本部主管对内对外的作战准备。参谋本部长既不受陆军卿管辖，也不受太政大臣管辖，而是直属天皇。1879 年 10 月，陆军组织条例规定："日本帝国陆军一律直属天皇陛下""凡有关军令之事项，由参谋本部长负责上奏和策划，经天皇亲自裁决后，由陆军卿执行之"。这样一来，军令机关的独立，就成了不可动摇的原则。除了天皇以外，对于军部，任何人都没有命令它的权力，而天皇则可以依靠参谋本部长的辅佐下达任何命令。

不过，统帅权独立有个小插曲。

1874 年 4 月，日本侵略台湾。陆军卿山县有朋当时对于对清战争缺乏信心，可是政府不顾他的反对，在 7 月 9 日下令陆、海军省做战争的准备。当时，陆军卿因为没有兼任参议，在决定国家最高决策时，根本不能置喙，据说，出于对这种状况的不满，后来就使他坚决要把统帅权独立出来。

统帅权的独立，意味着把军权从太政官掌管，变成了由直属天皇的参谋本部掌管，而不受太政官干预，使军队绝对服从天皇。因为按照 1868 年颁布的《政体书》，"天下之权力皆归太政官，使政令无出于二途之患"，而 1871 年《太政官制》又进一步明确了太政大臣"辅佐天皇，总揽庶政，统辖祭祀、外交、宣战、媾和、订约之权，海陆军之事务"。当时的重臣之中，只有大隈重信担心统帅权独立可能会导致军权压倒文权。

1885 年，改太政官制为内阁制。伊藤博文出任第一任内阁总理大臣。按照《内阁职权》的规定，各省大臣须随时向内阁总理大臣汇报他们主管事务的情况，"但事关军机，应由参谋本部长直接上奏者，陆军大臣亦须将其事件报告内阁总理大臣"。在这一点上，总理大臣和太政大臣的地位有所不同，按照太政大臣三条实美的说法，在明治维新之初，"诸省唯仰太政官指令，太政官批示使之施行。凡文书之上奏者，皆经太政官……"

不过，为了防止日后的帝国议会难以染指军事大权，统帅权独立是不是会对帝国产生致命的危害，也就顾不得那么多了。1889 年 2 月 11 日，明治天皇举行大典，颁布宪法。明治宪法规定，"天皇统帅陆海军"。为什么要这么规定呢？照伊藤博文的解释，这条规定是明确"军权永归至尊不容旁属"。

那么天皇的军权体现在哪里呢？明治宪法第十二条规定，"天皇编制陆军海军，定常备兵额"。依照伊藤博文解释，这条规定是明确了军制兵额都归天皇决定，没有议会什么事——"议会不预闻"。在伊藤博文眼里，从军队舰队的编制，军器的颁发，军人的教育、检阅、纪律、礼式、服制、卫戍、城寨、防海守港，以及出师准备之类的事情，到决定每年"征员之数"，都属于天皇的权力。

在军权上，明治宪法把帝国议会晾在一边的同时，内阁也沾不了统帅权的边。军部既独立于帝国议会，也独立于内阁。军部大臣既不向内阁会议提出纯粹的军令事宜，也不向内阁会议提出军队的编制等其他军政事宜，可以直接上奏天皇请求批准。这样一来，在政府内部就形成了一个总理大臣不能过问的特殊的行政机关，形成了事实上的二重内阁。

不仅如此，内阁还变得受制于军部。1900年5月，山县有朋内阁改订官制，陆海军大臣必须军方推荐，由现役上、中将担任，次官由现役中、少将担任。这样一来，内阁反过来得依赖军部的意志了。因为在组阁前，要是军部不乐意，不推荐陆、海军大臣人选，内阁就会难产；要是军部不满现任内阁，就让陆、海军大臣辞职，还不推荐继任人选，迫使内阁辞职；内阁辞职后，陆、海军大臣可以不和其他阁员共进退，好官我自为之！1912年12月，因为西园寺内阁不同意增设两个师团，陆相上原勇作中将辞职。由于陆军拒绝推荐继任人选，内阁因为没有继任的陆军大臣而总辞职，首开了利用陆海军大臣现役武官专任制搞垮内阁的先河。在这样的情势下，陆海军大臣岂能不只听命于军部，充当军部政见的代言人？

所谓的"军权永归至尊"，在实践中很容易变成军方至尊。可是照帝国的宪法学家穗积八束的说法，这样一种军制，不仅没有跟世界上的通行做法不矛盾，而且是与国际接轨。他说，"编制陆海军及统帅之大权，大抵皆属于君主"。

不过，日本帝国可不是只会跟在别国的屁股后面，亦步亦趋，而是吸取了他国的经验教训，有扬有弃有创新。明治宪法不仅明确规定统帅权属于天皇，而且连陆海军编制、常备兵额这样的事情，也规定属于君主的大权，就是吸取了普鲁士德国的教训，避免与议会在兵员和军费问题上出现纷争。明确规定编制和制定常备兵额也属于天皇的大权，这样一来，编制及兵额就绝不由国会所左右了。穗积八束说这是"日本宪法之特色，而为欧洲诸国所罕见"，倒也是事实。只不过这种特色是一种危险的特色，这种制度创新是一种可怕的创新。

这种潜在的危险并非没有人意识到。

宪法学家美浓部达吉在《宪法撮要》（1923 年）里警告说，统帅权独立是大臣责任原则的一个重要例外，如果对它的范围进行不当扩大，"就会导致令出多门的两重政府，更有可能导致军队力量左右国政和引发军国主义的弊端"。这并非杞人忧天。1907 年，军部曾把内阁和议会晾在一边，制定了《帝国国防方针》，规定日本"以俄、美、法之顺序作为假想敌国"，确定平时战时军备规模，这等于是直接插手国家大政方针。

为了遏制统帅权独立的危险，也有人做出过努力。1921-1922 年华盛顿裁军会议期间，在捎给海军省的口信里，帝国全权代表加藤友三郎海相提出，裁军条约签订后，帝国海军机构应该顺应潮流，按照文官控制军队的原则进行改革："由文职大臣来控制军队，这是历史发展的必然，应顺应这一历史潮流，做好这方面的准备，如同英帝国那样。"1923 年，时任首相的加藤友三郎又在议会上明确表示，支持军部大臣文官制。革新俱乐部乘势提出废除军部大臣武官专任制议案，也获得全场一致通过。但是试图文官控制军队的努力最后还是以失败而告终。

军队只能姓"皇"。1933 年，陆军大臣荒木贞夫在《告全日本国民书》里就说："除天皇陛下之外，不奉任何人的命令。完全遵照天皇陛下的圣意行事，这就是日本的军队之特色，希望大家先要明白这个道理。"而此前一年陆军大学编的《统帅参考》则称，"帝国军队是天皇的军队"。那么，"皇军"跟天皇是什么关系呢？《统帅参考》是这样阐述的：

军队同国家及其元首的关系，因国体而异。法国和美国的军队都是国家的军队，而不是国家元首总统的军队；革命后的德国军队也是德国国家的军队，而不是国家元首总统的军队；总统在宪法上享有最高命令权，而其统帅命令，依据宪法则须由国务大臣副署。至于苏联工农红军，就其意识形态来说，既不是元首的军队，也不是所谓国家的军队，完全是共产党的军队。但是，日本帝国的军队，既是国家的军队，又是天皇的军队，和外国军队完全不同。

花谷少佐拔出长剑

早在 1874 年日本侵略台湾的时候，军阀的飞扬跋扈就已露端倪。

这年 4 月，明治政府发出征台布告，任命陆军大辅西乡从道中将为台湾蕃地事务都督，率兵出征。西乡从道是西乡隆盛的弟弟，大久保利通力挺他当都督时，西乡从道才 28 岁。

明治政府原本认为各国会袖手旁观，不会干预，不曾想，还真出现了干预。英国公使巴夏礼，反对日本出兵台湾，美国公使表示局外中立。在国内，反对征台的木户孝允也辞去了参议一职。一看形势不对头，明治政府改变方针，派人去长崎，传令停止出兵。

可是刚升任陆军中将没几天的西乡从道，拒绝服从停止征讨台湾的决定。他说："今圣谕既下，征旗已离帝都，中途停兵，成何体统？从道奉行敕令，决心直捣生番巢穴，死而后已。倘中国提出异议，政府答以西乡所率皆系私自离船之贼徒可也！"

于是，西乡从道就成了日本近代历史上第一个违反天皇敕令的将军。急急忙忙赶到长崎的大久保利通，见木已成舟，只好跟西乡从道口头约定：到了台湾后不得妄自交兵。

此事虽未对日本酿成大祸，但其所反映的问题，对一国而言，却是生死攸关。然而，明治政府并没有能够因此吸取教训，反而出现了统帅权独立。等到甲午战争的时候，作为总理大臣的伊藤博文，也尝到了统帅权独立的滋味。

1893 年 5 月 19 日，以敕令名义公布《战时大本营条例》。战时大本营，是天皇战时指挥军队的最高统帅部，成员由陆海军将校组成。该条例把统帅权独立具体化，形成了指导战争的机构。这样一来，就把战争作为纯粹的军事上的事情，排除了内阁对军事的指导。

1894 年 6 月 5 日，大本营成立。按照《战时大本营条例》，即使是内阁首相，也无权出席大本营会议。这意味着，伊藤博文身为首相，将被排斥在战时大本营之外，无法统揽全局。可是，战争并非只是军人的事情，没有任何一场战争仅仅是军事行动或者说只涉及军事，哪里能够跟政治和外交分开？而军方人士，如山县有朋，就像他自己所说的那样，是"历来偏重军事"。

当时，大本营的核心人物是参谋次长川上操六，以他为中心的军部，主张早日入朝与大清帝国开战，可是内阁却担心开战过早会遭致欧美干涉，坚持先继续进行外交准备，主张推迟开战。伊藤博文要求自己和外相陆奥宗光出席大本营会议。7 月 26 日，也就是在大本营成立一个多月之后，才敕命伊藤博文和陆奥宗光出席大本营会议。此时，联合舰队在首相还被排斥在大本营会议之外的时候，已经不宣而战。

在日清开战后不久，伊藤博文起草了一份意见书，提出一要速战速决，二要政治策略与战略一致。他强调，忽视第二点，"仅仅靠单方面的军事力量是不能完成任务的，必须见机行动，始终要谨慎考虑外交关系，不使国家陷于危险境地"，这是今天最大的"国家要务"。因此，绝对有必要"文武配合"。

伊藤博文的愿望落空了。

1894 年 8 月，应枢密院议长山县有朋的强烈请求，任命他为新编的第一军司令官。该军是在第五师团的基础上增加第三师团组建的。由枢密院的议长兼任前线的司令官，这在日本帝国空前绝后，况且山县有朋人称"陆军之父"，陆军就是以他为主的一帮子人搞起来的，军中地位无人可比，朝中资历也不比首相伊藤博文浅，再加上统帅权独立，因此能够约束他的，就只有天皇。

伊藤博文担心山县有朋一旦将在外，我行我素会坏事。于是，明治天皇根据伊藤博文的建议，在送山县有朋军出征时，特意让首相也出席作陪，并训示他一番，要他注意文武配合、遵守大本营的指示、在交战地要与外交官合作云云。

1894 年 11 月 3 日，山县有朋向大本营提出了《征清三策》，积极主张冬季作战。但大本营命令就地冬季宿营。这让求战心切的山县有朋心怀不满。11 月 21 日，第二军只用了 1 天的时间，就占领了旅顺。这让本来就对大本营命令不满的山县有朋更受刺激，别人打胜仗，自己却要呆着，这算什么事呀？在 11 月 25 日，他扩大解释川上操六参谋次长所属的盐屋兵站监督所下达的命令，擅自下令进攻海城。

伊藤博文也算是有先见之明。他当初担心的事情终于发生了。尽管山县有朋无视军纪，可大本营并没有立即一道命令解除这个战地集团军司令官的职务。第三师团长桂太郎哭着求首相伊藤博文想办法解决这事。伊藤博文请求天皇以疗养疾病为名，下令召回山县有朋。11月29日，天皇客客气气地向山县有朋下达了敕命："朕与卿不见久矣。今又闻卿身染疾病，不堪轸念。朕更欲亲闻卿述敌军之全部情况。卿宜迅速归朝，奏之。"

事情到了这个份上，山县有朋居然回电大本营，说自己病已经好转，很快就康复了，要求转奏天皇，准许他不回国。大本营没有答应他的要求。12月6日，山县有朋不得不卸职回国。

召回山县有朋，保证了统帅权的一元化，起到了抑制驻外人员独断专行的作用。可是军政之间的关系，并没有因此在制度上有什么实质性的改进。军方依然把军权视为不容政府和议会染制的禁脔。伊藤博文将再一次领教军方的霸气。

1905年9月5日，日俄签订《朴茨茅斯条约》，俄国承认朝鲜是日本的保护国。1906年2月，日本设置统监府，伊藤博文出任第一任统监。统监拥有命令日本驻韩国守备司令官使用兵力的权限。尽管伊藤博文是深受明治天皇器重的重臣，可他这样的元老出任统监，仍然踩了陆军的尾巴。陆军强烈反对把军队指挥权交给文官统监，主张统监武官制。

军部成了国中之国。虽曰"皇军"，在某种意义上来说，其实是军人自己的军队。他们自行其是，将日本帝国拖进了战争的深渊。1931年9月18日，关东军在柳条沟炸毁南满铁路，第二天早晨，外相币原喜重郎在家吃早饭看报，才得知发生了柳条沟事件。首相田中义一得知暗杀张作霖的事件时，非常愤怒。军政之间的关系，由此可见一斑。九一八事变后，森岛代领事去拜访关东军高级参谋板垣大佐，请军方中止行动。这时，在座的花谷少佐拔出长剑威胁森岛："再干涉统帅权，不能置之不理。"

如此我行我素，就连研究音乐的学者伊庭孝都看出了，这不是什么好事。他曾预言，"干这种事，军人说了算，日本就会灭亡"。

"自己养的狗，咬了自己手……"

在柏拉图的《理想国》里，说城邦的护卫者"应该对自己人温和，对敌人凶狠"。可这只是一种理想的目标，实际上，本国的军、警照样可能对自己人凶狠，甚至比外国占领军还要狠。

这并不是什么稀奇古怪的事。

日本有这样一句谚语："自己养的狗，咬了自己手……"说的就是这个道理。这话用在日本帝国的军、警身上，那是再贴切不过了。

曾任东京警视厅大警视的川路利良有句名言："警察者，民众之保姆也。"不过，这话也说明不了什么。谁见过有哪个国家的警察头子公开叫喊"警察者，民众之克星也"？ 1874 年 1 月 14 日的"警保寮组织制度及事务章程"称，警保寮是"预防人民免遭伤害、维护其权利，保护其健康、使其安心于工作，保全生命等有关行政警察一切事务之处"。话说得够好听了吧？

不过，帝国的警察可不是只对付强盗窃贼之类的"坏蛋"。

《从此以后》是夏目漱石的一部名作。书中的人物平冈，在 1909 年给中学时代的好友长井代助讲了这样一件事："……政府最害怕幸德秋水这样的社会主义者。幸德秋水的住宅周围，每天都有两三名警察昼夜站岗，有时张其帷幕，从中监视他的行动。秋水每逢外出，总有警察尾随其后，一旦断线，整个东京都要骚动起来，电话接连不断地报告情况。'刚才还在本乡，现在又到神田去了。……'"

幸德秋水何许人也？日本早期社会主义运动的先驱人物之一。也许，夏目漱石的这段绘声绘色的描述有小说家的艺术夸张成分在里头，但明治政府的警察会干这种事，却绝非文人的捏造。

不同的人眼里有不同的"坏人"，每个人往往都希望警察能够对付自己眼中的"坏人"，保一方平安。对于那些家财万贯的人来说，或许真的认为社会主义者是一种威胁，希望幸德秋水这种人被警察看得牢牢的，免得他们惹事生非。可是在大日本帝国，警察敲响的丧钟只为社会主义者而鸣吗？

大隈重信是早稻田大学的创始人。东京专门学校是早稻田的前身，创办于1882年10月，这年的11月，政府就在学生宿舍安插了密探。为什么要这么干呢？ 1902年10月19日，在学校成立20周年的纪念日上，大隈重信说："在政府看来，这所学校是培养造反者之地方，因此密探终日在校游动……"

明治当局为这种事情动用警力，可不含糊。

1887年12月，就"言论自由""减轻地税""刷新外交"，出现了"三大事件建议运动"，大有自由民权运动再兴之势。比如，12月2日，中江兆民就执笔写出了《后藤象二郎关于三件大事呈给天皇的秘密奏折》。政府的反应是用《官报》号外在12月25日发布施行保安条例，针锋相对。

保安条例第四条规定，"皇宫或行宫周围三里以内之居住者或滞留者，倘阴谋或唆使内乱，或被认定有妨害治安之虞，警视总监或地方长官经内务大臣批准，得限时限刻令其离开，三年以内禁止在同一距离之内出入、滞留或居住"。日本的三里相当于近12公里。570人上了政府公布的放逐离京的名单。星亨、片冈键吉、中江兆民等人榜上有名。

在警察押送下，中江兆民抱着才几个月大的女儿被赶出了东京。尾崎行雄当时在《朝野新闻》当记者，也被责令必须离开东京三年。事后他说，当警署告诉他以三十一日下午三点为期，限期离京三年时，"我因事出非常，一下子惊呆了"。

谁抵制，就对谁不客气。安艺喜代香等向首相伊藤博文提出反对保安条例的意见书，声称"当国家即将灭亡之际，不忍袖手旁观，宁愿进而为法律的罪人，不愿退而作亡国的奴隶"。警察当场就把他们逮捕下狱。

放逐了，也就放逐了。帝国并没有天翻地覆。毕竟，570个人，相对于东京，相对于整个日本帝国，只是极少数，只是不足道的一小撮。百分之九十九点九九以上国民，并不会因为保安条例的颁布而受到警察的骚扰。他们是"安全"的。所以，只要放手收拾那一小撮，不会起什么波澜。

在放逐事件的前一天晚上，内相山县有朋悄悄地把警视厅的头头三岛通庸找来，让他执行保安条例。可连曾被人称为魔鬼的三岛通庸，对干这事也有点犯怵，以至于山县向他大喝道："想什么？你若干不了，我便派遣军队。"无毒不专制。最后三岛通庸还是下了手。警察当时接到的命令是，"倘有违背命令者，立地斩决"。为了以防万一，山县有朋也把手下的军队布置在市内各处。陆军医院、宪兵，也作好了相应的准备。

对于政府这次颁布保安条例，用武动粗把570位民权家扫地出门，福泽谕吉却认为，这些措施"是在剧痛之时不得不服用的吗啡"。

不过，帝国的军力、警备什么时候会给什么人服吗啡，福泽谕吉一点也管不着。

在对内的控制上，军警是互补的。大浦兼武男爵这样描写过帝国的军警关系："国中有事，虽以警察官及宪兵之力不足保持公安，则借军队之力。故军队为警察之帮助机关。"

然而对日本国民来说，即使是在明治宪法实施之后，对军、警依然没有什么发言权。且不说一般国民，就是国民选举出来的帝国议会，也拿军队没辙。军部是老虎的屁股，摸不得。1940年2月，民政党议员斋藤隆夫在众议院发表演说，抨击政府和军部对"中国事变"处理不当，责问"中国事变究竟是怎么回事？何时才可了结？要延续到什么时候？"希望"尽可能迅速，尽可能有利有效地处理解决事变"。军部扣他一顶"反军"的帽子，迫使众议院将他除名。

军、警事实上是一支凌驾于社会之上，战斗力日益增强的暴力组织，用重光葵在回忆录里的话来说，"军人以为自己是属于一种享有治外法权的特殊阶级"。军方的傲慢就从无视交通规则这点上也可以一斑而窥全豹。重光葵举了一个例子："德国式的日本军队行军时，是靠右边走，但一般民众是靠左边走，军队以统帅权独立为口实不遵守一般的交通规则，所以军队经过街道时交通发生混乱，使一般交通只好停止。"在军人眼里，十字路口的红绿灯算个啥玩意儿！在这样一个国家，军、警越强大，人民就越显弱小。皇军没有能够和平演变成国军，演变成日本人民的军队，哪怕它的装备再精良，那也只是半吊子的现代化，它不仅对中国等邻邦是一个威胁，就是对自己的人民也是一种祸害。在这样的背景下，有时候人们的兴奋，因为赢得日清战争、日俄战争的胜利，许多的国民把军队作为崇拜、礼赞的对象，实在是如同皇帝婆妻太监乐呵一样。

好师傅、糟徒弟

　　说共和政体才有助于国家崛起，并不符合历史的经验。事实上，无论是德意志第二帝国、纳粹德国还是明治维新之后的日本帝国，都对共和政体唯恐避之不及。在 1962 年出版的《大矶随感》里，吉田茂说："实际上日本从来不曾有过民主，到了战后才有了民主。"而这并没有妨碍日本帝国崛起于亚洲一隅进而成为世界强国之一。和德意志第二帝国一样，日本帝国当局对英国政治家柏克的保守主义理论情有独钟。橘逾淮为枳。柏克在英国反对极端主义是为了保守自由，而德、日推崇柏克是为了避免革命而保守专制。佐佐木高行曾问获得过哈佛大学法学学士学位的金子坚太郎："欧美的政治学界，除卢骚的自由民权学说以外，有无保守渐进的学说？"金子坚太郎就举了柏克和他的作品为例。事实上，德日两国从崛起直到崩溃，都没有发生过可谓"波澜壮阔"或"风起云涌"的暴力革命，这段历史具可称告别了革命的历史。

　　但这两国并没有因此免于崩溃的命运。

"农民就像是芝麻籽"

　　"经常记着，别拖欠年贡，只要交清年贡，有谁能象农民那样轻松！"

1649 年，幕府的一则告示这样劝诫农民。

怎么才能过得"那样轻松"呢？这则告示给农民出了个精打细算的点子："即使是美貌的媳妇，如果她喜欢饮茶闲谈，朝山进香，也要把她休掉。同时，贫穷而又子女多的人，尤其容易拖欠年贡，不如尽早把孩子送给别人，能减少个把人的口粮也是好的。"

点子背后，是权力的恐吓，是政府的贪婪。一句话，就是貌美如花的媳妇、乖巧可爱的孩子都不要了，也要千方百计保证把年贡给交齐了。交足了政府的，才无牵无挂一身轻，才没人上门找麻烦。

可话说回来，有几个农民心甘情愿这么做呢？这一点，官员们心如明镜。据说在享保年间，一位职务是勘定奉行的幕府财政官员神尾若狭守，就曾放出过这样的话："农民就像是芝麻籽，你挤得越狠，榨的就越多。"

不过，哪里有压榨，哪里就可能有抵制。

谈到抵制官府的压榨，就不能不提到一个叫佐仓宗五郎的人。福泽谕吉对他评价甚高："就我所知，主张人民的权利，提倡真理，进谏政府，终于舍身成仁而无愧于世的，自古以来，只有佐仓宗五郎一人。"

从佐仓宗五郎的事迹，以及福泽谕吉对他的赞赏，可以看出幕府和明治时代日本人对待租税的精神状态与观念。

1605 年，佐仓宗五郎生于下总国（今千叶县）印旛郡公津村。印旛郡属于以佐仓城为中心的佐仓领地，大大小小的村子有 389 个。佐仓宗五郎算是当地数一数二的富裕农民，一直担任这个村的"名主"。所谓"名主"，相当于村长，其职责之一，就是承包全村的贡租上交领主。

1650 年，下总地区利根川泛滥成灾。次年，领主堀田正盛去世，儿子堀田正信继任新领主。可是这家伙在天灾面前不减租税倒也罢了，反而还雪上加霜，增加贡租和杂税额，明令今年内的租税必须在指定的期限内交足，逾期不交者，没收其土地房产，数量不足的由村内农民连保代缴。结果，逼得有的人卖儿鬻女，有的人背井离乡，有的人用田产抵租。

即使是不堪重负，村民们也没有拿起菜刀叉子对付上门催租逼税的人，依然是有话好好说。他们期待的，是悲天悯人的开恩，而非不可侵犯的权利。佐仓宗五郎和其他几个村民代表向"代官"（地方官）和"家老"（领主管家）请求减免租税，可是一点也不管用。1652 年 9 月，新的交租日期临近了，一时间群情汹汹。这下子，代官慌了，要各村派代表去谈这事。可当佐仓宗五郎等人一到佐仓城，就被软禁了起来。大伙一商议，决定"越诉"，首先向住在江户的堀田正信"直诉"，再不行的话，直接向幕府请愿。

在当时，"强诉""越诉""直诉"都属严厉禁止的行为。可他们仍然逃出佐仓，到江户找到了堀田正信的住处，但请愿当即遭到拒绝。六名代表又去向幕府老中久世大和守拦轿请愿。11 月 26 日，久世接受了请愿书。没过几天，请愿书给退回来了。于是，他们又准备直接向将军请愿。

考虑到这样做的后果严重，佐仓宗五郎一个劲地劝其他代表回去，他不想大伙一块送死："我充分理解各位不惜一死的决心，不胜感激，但就当前情况看，我六人同时死去实在无益。各位的决心应表现为在我死之后，继续谋求为民请命的事业。我要先牺牲生命拯救黎民生灵，如不能如愿以偿，便在阴间地府和堀田算账。"

12 月 20 日，佐仓宗五郎终于逮到机会，向幕府将军德川家纲呈递了请愿书。请愿书经幕府评议后交给了堀田正信。堀田正信下令减轻领内租税。但是他秋后算账，在 1653 年以"聚众越诉"的罪名，堂而皇之地弄死了佐仓宗五郎一家子，其中包括他 4 个未成年的孩子。这实际上是不惮使用恐怖主义的手段，杀一儆百。佐仓宗五郎大喊："你们这批野兽为什么要杀死无辜的孩子？天地之大，公理何在？此仇此恨必有所报。堀田家子孙后代不得安宁！"

民如蝼蚁。杀了，也就杀了。不满的人们，也只是图点嘴上的快慰，用种种传说跟官家较劲。据说，佐仓宗五郎死后，冤魂不散，堀田正信的老婆临产时死于非命。农民说，这是老天爷在为佐仓宗五郎报仇。后来，佐仓宗五郎不再只是龙门阵里口口相传的角色，还成了日本文艺作品中的传奇人物。1845 年，日本歌舞伎剧作家石川一梦，根据小说《佐仓义民传》写成歌舞伎剧本《东山樱庄子》，并于 1851年 8 月 4 日在江户首次将佐仓宗五郎的形象搬上了舞台。这曲戏连演104 天，居然场场座无虚席。

可是不管怎样，佐仓宗五郎不是英国那个连 20 先令也不肯缴的汉普登，也不是强迫约翰王在《大宪章》上签字的英国贵族。佐仓宗五郎这些日本农民，只是觉得租税太重，而不是认为租税没有经过他们或他们的代表同意。他们只是希望减轻自己承受不起的租税，不是争取租税必须经过他们或他们的代表同意的权利。

"尽快交纳租税乃是国民的本分"

《劝学篇》是一本让福泽谕吉名满日本的小册子。在 1873 年出版的《劝学篇》第七篇里，福泽谕吉说，"就主人的身分来说，全国人民不能人人执政"，因此"设立政府，委以国政，代表人民办理一切事务"。接着，他进一步推论，"人民既然是一国的主人，那么负担保卫国家的一切费用就是应尽的职责，在缴纳的时候，决不应稍露不满之色。要知道为了保卫国家，即须发给官吏薪俸，还不能不支付海陆军费及法院和地方官的经费。总算起来，数目似乎很大，按照全国人口平均计算，每人只出一二日元。一年间一人只出一二日元，却受到政府的保护，晚上不怕盗贼，单身旅行不怕抢劫，得以安然度日，岂不是大为上算吗？世间尽管有合算的买卖，可是再没比纳税给政府而受保护的事更便宜的。……合乎道理而又上算的钱，就该毫不迟疑地付出才是。"

在福泽谕吉这样的人一厢情愿地强调人民应该乐于缴税的时候，当权者却在谋划如何保证人民只能做掏钱却不管钱的工具。

1876 年 9 月，元老院奉命开始起草宪法。可是，元老院的国宪案最后遭到了否定。原因就像岩仓具视说的那样："元老院所上奏的宪法草案第 8 编第 2 条中规定，若没有得到法律的许可不得征收租税。这显然是把征税权全部让给了国会。照此规定，若议会对政府的征税法案有意见，人民就可免去交税的义务，这样国库就断绝了支出的来源。将赋税的全权赋予国会，就犹如老虎负隅，左右内阁，指使王命，谁人敢加以阻止？这是激进政论家十分满足的地方。"

宪法是要立，但不能立无代议士不交税，无国会立法不交税那样的限权宪法。

1881 年，明治天皇发布预备立宪的诏敕。这意味着，在 1890 年立宪之前，国民还没有参政权，却都有着真真切切的纳税义务。为了缓解矛盾冲突，福泽谕吉起劲地吆喝起了官民调和。1882 年，他在《时事新报》上发表《东洋政略究竟如何》，先是讲了一通忧国的大道理，说"我们日本的东洋政略最终不能不依赖于兵力，扩军备战不可没有资本；其资本的出处在于国民"云云。既然如此，谁不老老实实缴税，岂不就有国家的祸害民族的罪人之嫌？在福泽谕吉看来，虽然从道理上有"参政权与纳税义务交易之说"，但是直到 1889 年，"无法行使参政权"，那总不能人民不缴税而国家不扩军备战了吧？一番推论之后，他得出的结论是，"我们人民……只好等待八年。尽快交纳租税乃是国民的本分"。他进而建议，到 1890 年之前，应坚决实行增税政策。

那等上八年又如何呢？

在人们千呼万唤开国会，尚需慢慢等待开国会的时候，地方议会先后开设了起来。1878 年 7 月，制定了《郡区町村编成法》《府县会规则》和《地方税规则》。从 1879 年到 1881 年，相继在 41 个府县成立了府会或县会。当时，正赶上田赋改革的扫尾阶段。府县会设立的宗旨，就是便于"征收民费"。

1878 年 5 月，政府委员在元老院所作的说明里，就为什么要设立府县会，讲了三条主要原因，其中直接与税有关的有两条。其一是，设置府县以来，因为民费征收还没有明确的法律规定，老是引起民间的物议。之所以产生物议，不一定就是由于府知事、县令的专断暴行或区长、户长的滥用和浪费。根子在于没有明确的法律，所以老百姓常常心生疑团，以至于在有的地方酿成骚乱。其二是，征收民费，征收地方税，如果没有明确统一的办法，地方官就几乎无法操作。如果制定出征收办法，不仅特别方便地方官征收税费，而且也不会有"人民生疑、物议纷起的麻烦"。

可是，府县会的发展脱离了当局预想的轨道。

府县会一开设，用福泽谕吉的话说，民情为之一变："从前见到府县的小吏都不敢抬头看的农民商贾之辈，现在坐在庄严的会堂审查地方税议案，讨论预算的多寡，而当要通过一府一县的法案时，府知事、县令也难于左右他们。从前农家的年贡由领主的地头课收，其轻重多寡被认为是由上天之手规定之后按严格的命令从天上下达的，岂料今天我们的年贡（用老眼光来看，地方税也就是年贡）由我们自己来审议，真是上下颠倒，用俗话来说，这等于老百姓办起老爷的事。"

"老百姓办起老爷的事"，这可不是政府开设府县会的意图所在。如果任由这种势头发展下去，政事要由民意机构说了算，岂不是政权迟早要变色？

还别说明治政府的官员觉得悖逆，就连福泽谕吉这样的开明人士都有些看不过眼。在1882年6月的一篇文章里，福泽谕吉就府县会评论说，"府县厅在举办一项地方事业而把预算的议案交付府县会审议时，府县会总是一味削减预算，我行我素作出决议；而回过头来看看府县的实际情况，府县会也看到，地方有道路、堤防的修筑事情，有警察的事情，有学校的事情，这些事情都一年比一年缩小规模。更有甚者，不久以前，某县会竟作出过不得开支一切地方费的决议。这可谓过分的极端。县会并非不知道这样办不妥，但明知不妥也要这样做。我们可以将此视为只是人民不服县政的证据。有的要求撤换县令，有的要求公选郡区长。……此风如波及全国，则各府县的工作将日益难办，一所学校的创建或关闭，一处堤防的修筑，都将不能如愿以行。官民相视有如楚越，可以说毫无交往的至诚"。

其实，用不着福泽谕吉忧心如焚，明治政府就会自己动手解决这个麻烦。

1882年12月，明治当局公布了改订的府县会章程，缩小了府县会议的权限。该章程第33条规定，"内务卿得停止府县会议，在其复会之前，可由府知事县令决定地方税之经费预算及征收办法，呈报内务卿批准后即可施行"。1884年，修订法律，限定区町村会的权限，加强县令的权限。

这样一来，幕府时期，农民是芝麻籽，到了明治时代，不管如何维新，农民还是芝麻籽。

帝国的制度创新

从明治初年到明治二十六年，在短短二十几年的时间里，日本国民每年负担的租税与公债额，由不到 1 元涨到了 9 元多。

每年那么多的钱都变成了税，宪法在明治二十二年颁布了，国会在明治二十三年也开了，可缴税的人却被伊藤博文这些人千方百计弄成对自己缴的钱没有什么发言权。这是明治维新的一个要命的盲点。钦定的大日本帝国宪法，不由分说地把纳税的义务安在每个臣民的头上，明确规定"日本臣民从法律所定，有纳税之义务。"

为什么要把纳税和兵役一样，规定为臣民的义务呢？伊藤博文的解释是，"纳税者，供应国家经理庶事，捍卫人民存国之需要也。"

可是，臣民要从自己腰包里掏钱给朝廷的义务，怎么确定呢？租税法定。明治宪法第六十二条规定，"新课租税及变更税率以法律定之"。如此规定，当时在东亚算是挺时髦的。之所以要这样规定，伊藤博文说了，那是为了日本人民好："新课租税必须议会协赞，而不任政府擅行者，所以保护臣民之乐利也。"

一旦有了法律，那法律就像紧箍咒一样，可不是帝国百姓想脱就脱得掉的。明治宪法第六十三条规定，"现行租税除更以法律改易外皆依旧征收"。

这一招，可谓是用心良苦。

表面上看，日本也有国会，跟英国差不多。实际上，差着十万八千里。

在为帝国宪法叫好者看来，英国式的做法，国会否决预算时，政府不能自收自支一文钱的经费，那会使"国家之生存归于绝灭"。要是国会和政府的意见冲突，而预算上又刚好发生冲突，那么"国家政事，必将尽行废止"。这还得了？

明治宪法竭力避免出现这样的情形。因为预算的地位在法律之下，即使政府和议会意见不同，租税法律依然存在，政府仍然能够根据这些法律征取租税，支出经费，就不至于有"一切不能收支岁入岁出之患"。这一条款，就等于是保证了政府什么时候都不愁可以从臣民那里弄到钱，这就在筹款权上削弱了帝国议会的分量。

既然是租税法定，那法律是从哪里来的呢？依照明治宪法，对于一项税法，即使众议院决定了修改或废止，还得贵族院议决，即使两院作出了决议，还有一道堤防在那里挡着。那就是法律要经过天皇的裁可。如果过不了天皇这道关，议会无论是议决什么，都等于零。这样一来，就保证了选举产生的众议院，在筹款问题上，给政府出不了什么大的难题。既然解决了不愁手里没钱的问题，接下来的要做的，就是让拨款花钱也不受国会控制。

表面上看，每年的预算也要过议会这道关。因为明治宪法第六十四条规定，"国家之岁出岁入，每年预算，由帝国议会协赞。"协赞是什么？协助、辅佐的意思。也就是说，在预算问题上，帝国议会不过是天皇的协助辅佐机关而已。如果预算的钱不够，或者在预算之外开支，那么办呢？按照明治宪法，"超过预算额，及预算外别有开支者，日后须求帝国议会承诺"。这等于说政府可以先斩后奏突破议会通过的预算，这样一来，即使议会通过的预算不够政府花销，也没有多大的关系。

通常人们认为议会是立法机构，当时英美国家议会通过的预算，就是法律。所以，要不让议会抓住钱袋子，就自然而然地会贬低预算的权威性。在伊藤博文看来，议会通过的预算，不能称之为法律。依他对明治宪法第六十四条的解释，"预算不过定一年遵行之准耳，兹事体大，以付议会，非本然之法律也"。况且，"预算须以法律为凭籍，法律不以预算为变更"，一些国家视预算为法律，实在是"名实混淆沿讹从谬"。

那为什么支出超过预算额和预算外开支，只是事后请求议会"承诺"呢？对此，伊藤博文又有一套解释。说什么之所以事后才请求议会承诺，那是因为，虽是政府不得已这么做，也必须议会监督。那为什么不规定政府的支出必须先有预算，即使是需要额外拨款，也必须由议会议决之后才行呢？按照伊藤博文的解释，大臣的职务，并不是国会指定，而是由宪法和法律指定的，因此为了履行法律上的权利和义务，"遇有要需，安得以预算不足，及预算中无正条之故，藉词废事"么？因此，政府虽然没有循规蹈矩地死守预算，进行了"不得已之开支"，但仍然是合法的。

伊藤博文这些招数，可不是日本帝国固有的，而是吸收了别国的"政治文明"，并且在此基础上还有创新。

徒弟比师傅还狠

明治宪法第七十一条规定："帝国议会预算不议定，或预算不成立者，政府照前年所度之预算施行。"为什么要这样规定呢？伊藤博文解释称："议会预算不议定，或不成立之病，大之足以倾覆国家，小之足以痿痺行政。"为证所言不虚，他举了美国的例子，说是1878年，美国国会在讨论陆军预算时，迁延不决，弄得士兵三个月没有发军饷。

同年，奥地利议院也发生了废弃预算之事。如果任由议会如此行事，岂不贻误军国大事？如果任由政府无视议会的议决，就像普鲁士政府在 1862 年至 1866 年所做的那样，实行无预算的统治，那也是"非常之变例，而非立宪之正途"。因此，日本从本国的实际情况出发，借鉴各国的经验，吸取各国的教训，规定如果遇到预算不议定或不成立的情况，实行前一年的预算。

如果国会没有通过预算，就按照上一年的预算继续花，这用心良苦的一招，是伊藤博文从德国学者那里学到手的。这招叫"实施前一年预算主义"，是伊藤博文的一项"制度创新"。用帝国的宪法学家穗积八束的话来说，"此种规定为各国之所稀有，实为日本宪法之一特色"。议会即使否决了政府提出的预算建议，政府大楼照样不会因为没钱而停电。问题是，一个让政府没有实质性所求的议会，还有什么能量有效地制约政府呢？政府我行我素，议会又能把它怎么样？无欲则刚。既然政府并不特别地有求于议会，也就自然而然地也不会特别在乎议会。甚至连议员自己也会觉得当得没什么劲。

伊藤博文筑起的这道阻碍国会控制钱袋子的堤防，使得议会从财权角度上失去对军政大事的发言权。日本的这种制度创新，其中一个"好处"就是，避免了政府背负"违宪"的政治恶名。在英国，财政事宜属于下院的特权，上院对于财政预算，没什么权力。可是日本不是这样。在预算问题上，于名于实，都是采取上下两院同权。明治宪法第六十五条也规定，预算应先在众议院提出。那么，这种众议院的预算先议权相对于贵族院的审议权，是一种什么关系呢？在这个问题上，还曾出现过争执。

1892 年 5 月，第三届帝国议会的众议院对政府提出的预算案加以修改后送交贵族院。那么，贵族院是应该以这个被众议院修改过的议案为原案，还是以当初政府向众议院提出的议案为原案呢？为此，展开了争论。

不用说，众议院是主张被自己修改过的议案对贵族院来说才是原案，而贵族院则针锋相对地坚持，对贵族院来说，只有政府最初向众议院提出的议案才是原案。

上下两院各执一端，怎么办呢？天皇咨询了枢密院，枢密院站在了贵族院的一边。天皇也采纳了贵族院的主张。此例一开，众议院的预算先议权，就完全变成只是审议的顺序在先，而对于后议的贵族院的审议权，就没有别的什么约束了。

这样一来，由皇族、华族和敕任议员组成的贵族院，就可以牵制民选的众议院。可是万一上下两院分歧太大，预算议决不下，那该怎么办呢？这么重要的关节，自然不会为伊藤博文这些立宪者所忽视。明治宪法第七十一条，就是直接针对这个问题的。伊藤博文他们很清楚，当时欧洲各国，都没有这样的规定，包括连被伊藤博文奉为样板的普鲁士宪法，也找不到这样的条款。1862-1866年，普鲁士国会连年否决预算，而俾斯麦则把宪法扔在一边，税照收，钱照花，强硬地实行无预算的统治。可俾斯麦这样做，也落了个违宪的名声。在这件事情上，日本吸取了普鲁士的教训。正因为明治宪法有了第七十一条，政府就不会陷于被动，就像穗积八束就言，"不至违反宪法而有行政之便宜"。

如果没有第七十一条的规定，要是议会没有通过预算，政府要么是束手无策坐等议会拨款，要么是完全无视议会预算，自己弄钱自己花。遵守宪法就没钱花，违反宪法才有钱花。两者必居其一。在向从日本取经的中国人介绍经验时，穗积八束说，有了这条规定，虽然预算每年不同，前年度的预算，不可能放在今年也完全适合，但是，日本宪法允许施行前年度预算，是一种折衷调和的办法，既可以防止政府花起钱来全无约束我行我素的毛病，又可以防止政府以预算不成立为借口而荒废政务的弊端。

不过这还不够。毕竟，本年度的财政开支和上年度的预算，不可能完全吻合，势必有新的需要支出的地方，钱不够用怎么办呢？照穗积八束的说法，如果与前年度预算有不同的地方，可以在下次议会召开的时候，将那些不同的部分提交议会，要求议会通过，而并不是必须完全拘泥于前年度的预算。换言之，就是所谓按照前年度预算施行，也并非就是不可自己解除的紧箍咒，政府什么时候都可以先花了再说。

从这个角度来看，明治宪法并不只是普鲁士宪法的亚洲版，而是青出于蓝而胜于蓝。为了让议会无论如何都抓不到钱袋子，明治帝国的立宪者出的损招还不止于此。如果把明治宪法第七十条和第八条结合起来看，那就更见帝国议会不过是一个昂贵的政治装饰物而已。

按照《明治宪法》第八条的规定，在议会闭会期间，"为保公共之安全，与避公共之灾害，事关紧要"，天皇"代发法律之敕令"。敕令跟法律具有同等的效力。等到下次会期的时候，该敕令提交帝国议会，如果议会不承诺，由政府公布其作废。一般情况下，立法必须经过议会"协赞"这一关，而第八条的规定则是允许以敕令代替法律，给予了天皇发布紧急命令的特权。虽然议会有事后检查承诺的权力，但是并不能"追销敕令已行之事"。即使是议会不承诺，无论是什么样的敕令，都不存在事后追究责任的问题。

而《明治宪法》第七十条规定，"为保持大局，遇有急需，而迫于内外之情形，政府不及召集帝国议会，得依敕令为财政上必要之处置"。虽然到下次会期的时候，必须提交帝国议会，求其承诺，可是议会对这项临时财政的处分大权的制约，实则形同虚设。因为议会即使通不过，那也是覆水难收，用伊藤博文的话来说，就是"议会止力阻继起之行用，非追废已过之处分"。明治宪法第七十条这样规定，也是日本帝国的一项制度创新，穗积八束就说，"为各国宪法上所不可多见之例。"

在租税和预算问题上，帝国议会对帝国政府有监督作用，但不存在分权制衡关系。穗积八束告诉中国人，依照日本宪法的精神，预算是为了估计出政府岁入岁出的一个大概来，之所以必须经过国会议决，是为了监督政府，担心它因为无关紧要之事情浪费金钱，而没有要求国会承诺租税这样的意思。国会议定岁出是"以检查浪费为其精神"。虽然租税必须由法律来规定，并且法律也须经过议会的"协赞"，但是日本的税法，不是以一年为限，而是"永久承用之法律"。只要租税法律未经废止，政府依旧可以根据这些法律征收租税。

日本宪法确立的预算议定权的精神，是重视监督，回避分权制衡，政府不是只能根据国会的预算开支。于是为了避免政府"自由浪费"，就又有了一项制度创新，即在轻预算的同时重决算。之所以轻预算，就是不想专制政权变为共和政体，不想增强民选议会的权力。根据明治宪法，日本帝国设立会计检查院。这个相当于审计署的机构直属天皇，独立于国务大臣。会计检查院的职责之一，就是"检查国库之总决算，及各省之决算报告"。可是，即使会计检查院审计出了各部存在这样那样的问题，可帝国议会并没有权力通过不信任案让大臣下台。议员拿着会计检查院送来的报告，嚷嚷几句，也就或轻或重有点监督作用。

也可见，伊藤博文们为了阻止日本走上类似英美的道路，可谓是机关算尽。

中江兆民的苦笑

1881 年 10 月 12 日，明治天皇发布《关于开设国会之敕谕》，宣布"将以明治二十三年（1890 年）为期，召集议员，开启国会"。

1882 年 3 月，伊藤博文带团去欧洲考察宪法。

伊藤博文此行的任务很明确。出发之前，给伊藤的敕谕就附带着调研事项的纲目。对未来的日本宪法应该是什么样，岩仓具视这些当权派，大体上是倾向于效法普鲁士的宪法。所以，伊藤博文这次出国考察，也就自然把重点放在了德国。

伊藤在欧洲逗留了 13 个月，其中有 8 个月是呆在德国和奥地利。

考察收获颇丰。1882 年 8 月，伊藤博文信心十足地写信告诉岩仓具视，从著名学者格奈斯特（1816—1895）和施泰因（1815—1890）那里，他已经弄明白了国家组织的基本知识，"深信巩固皇室的基础和大权不坠至为重要"。他说，日本现在的现状是，"国人只读英美法过激论者的著作，误信它们为金科玉律"，如今"已有了挽回这种局面的理论和手段"。

在伊藤博文看来，如果在宪政问题上效法英、美、法，就是祸害日本。1882 年 9 月 11 日，在给大藏卿松方正义的信里，他激烈地抨击了"改选先生"大隈重信，说大隈重信等人的举动"实在可怜"，声称"即使到 1890 年，制定了宪法并召开了议会，也决不会以他们所希望的国会的多寡，来决定内阁宰相的进退更迭。所谓议会政府，并不适合我日本的国情，这是不言而喻的事。"

伊藤博文这么说，也这么做。

1885 年 12 月，他出任内阁总理大臣，负责起草宪法。整个制宪过程，偷偷摸摸像做贼一样。伊藤博文曾对秘密起草明治宪法草案的班子说："这个草案制订好，到让陛下看见以前，跟谁也不能说。"

井上毅、伊东巳代治和金子坚太郎协助伊藤博文起草宪法。据金子坚太郎的回忆，最初是在神奈川县金泽的一家菜馆里进行起草宪法的工作。有一天，菜馆失窃，伊东巳代治床上的皮箱不见了，箱子里装满了重要书籍。这下可把他们给急坏了。那时候，因为是伊藤博文受命草拟宪法，民间认为必定会弄出个德国式的宪法来，曾千方百计想把草案搞到手。不过最后发现，皮箱被扔在附近的大豆田里，箱子里的一百块钱被拿走了，书却没有丢失。有了这次有惊无险的遭遇后，他们就躲到夏岛的别墅里起草宪法去了。

不仅起草是悄悄进行，就是枢密院审议，也是秘密进行。

1889 年 2 月 11 日，举行发布宪法的典礼。明治天皇把三条实美献上来的《大日本帝国宪法》授与首相黑田清隆。这天正好是纪元节，即日本的建国纪念日。

在宪法颁布之前，公众对宪法到底有什么样的条款，一无所知。可在宪法颁布时，日本民众依旧欢天喜地。参加宫中宪法发布仪式的一个德国人就说："这一天，东京全市热闹非凡，到处是庆祝、游行、烟火等活动，但可笑的是，谁也不了解宪法的真正内容。"用中江兆民的说法，国民是"未及看到其实，却先为其名而陶醉了"。

明治宪法不过是一部钦定宪法，公布宪法时的敕语称之为"不灭的法典"。也就是说，这部宪法万世不易，它的变更修改，一般国民不容置喙，制宪权只属于天皇。议院法第 67 条就曾规定，"各议院不得接受变更宪法之请愿"，而请愿令第 11 条也规定，不可以就皇室典范及帝国宪法的变更事项进行请愿。事实上，直到 1945 年日本战败，在半个多世纪里，明治宪法一次也没有修改过，甚至连强烈要求修改的情形都没有出现过。

明治宪法颁布后，获得了朝野的普遍拥赞。

连自由民权派的报纸，也发表言论赞美不已。《朝野新闻》就说，"制定宪法实在是东洋万国生民从来没有过的，而我国则永为其仪表"。自得之情，溢于言表。对这部钦定宪法，植木枝盛也曾评论说，"无论如何，确是诞生了叫作宪法的东西……。而日本人民不失为有宪法之国的人民，日本不失为世界列国中一个立宪国的成员"。他甚至建议，"应将宪法公布日定为国家纪念日"。向来标榜平民主义的《国民之友》则发表《拜读宪法》，称赞明治宪法"超乎预想的完美"。为什么呢？国民的基本人权有了明文规定就是理由。该文甚至认为，只要这部宪法"不失其生命，不麻痹其威力，则我国民将永为自由民"。

不论好歹，《大日本帝国宪法》总算是东亚的第一部宪法。在明治宪法发布7年后，《明治政史》在"绪言"里劈头就说："东亚之天地，建国者不一而足，举立宪之政者，可谓绝无矣。算其嚆矢者，其唯我日本乎？"欧美人士，也是好评不少。美国驻日公使向本国报告说："宪法是这个贤明、自由的政府取得进步的最好证明。这种进步不是一时的试验，也不是这个充满活力的东洋政治体制模仿西方文明的装饰品，而是对日本过去历史的坚定、永远的胜利。这个胜利向各国宣告了日本新时代的到来。"甚至像英国的赫伯特·斯宾塞和美国的奥利弗·霍姆斯（1841—1935）这样大名鼎鼎的学者，对明治宪法也是不吝赞许。

可是，高兴者不仅是高兴得太早了，而且更是一厢情愿的高兴。1889年2月15日，在向全国府县会议长所作的说明里，伊藤博文就明确地讲："无论将来发生何种事变，……上保元首之地位，决不把主权下让予民众。"这离宪法颁布才几天呀？

不过，也不是谁都容易被忽悠住。和许多人的兴奋之情溢于言表不同，中江兆民悲叹国民的"愚狂"。他对明治宪法的反应是："通读一遍，唯有苦笑耳。"他甚至骂明治宪法是一部"毫无价值的宪法"。日后，文部省在 1946 年 5 月的《新教育方针》中也曾这样总结这段历史的教训："明治维新以来，日本匆忙摄取了西洋文化而实现了现代化，而没有充分摄取其实质。……引进了宪法政治和议会制度，但其实质，即反映尊重人权和自由意志的政治却未能真正实现。"

惹不起的儿子

纳粹德国之所以在二战中"挨打",并非因为它"落后"。这和德意志第二帝国、日本帝国相似。

希特勒上台之后,可谓是一心一意谋强盛,要为德国拓展疆土,为日尔曼民族争生存空间。短短几年间,第三帝国一跃而成令世界瞩目,让欧洲胆颤的军事强国。然而,国家强大,百姓并不见得就幸运。德国人民一度为之欢欣鼓舞的煊赫国力,只不过是希特勒冒险的雄厚赌本。

希特勒将强大的第三帝国推向战争的漩涡后,德国难以自拔,进而难以自保,沦落为饱尝战争之苦的挨打国家,人民饱尝战火之苦。

"那双神奇的手!"

如果说希特勒是一个人间恶魔的话,那也是一个颇具个人魅力的人间恶魔。尤其是他辩才无碍,让许多人如痴如醉。

德国名将古德里安就说,"希特勒的讲演天才可以说是高人一等,无论是对于一般的群众,或是受过高等教育的人们,都同样能够发生奇效"。据德国女导演里芬施塔尔回忆,1932 年 2 月,因为在柏林体育场听了希特勒演讲,结果"精神完全麻木了",两个小时后,她站在波茨坦大街上浑身发抖，甚至连拦一辆出租车回家的力气都没有了。这个日后以《意志的胜利》和《奥林匹亚》而闻名于世的女子，当时完全被希特勒的演讲所征服。

跟曾为纳粹政权效过力的里芬施塔尔和卖过命的古德里安不一样，出生在德国的美国政治学家摩根索，作为一个犹太人，跟纳粹党并不曾站在同一战壕。1922 年 10 月，18 岁的摩根索在科堡见到过希特勒。几十年后忆及往事，他还在说："我永远不会忘记当我听到这个人演讲时，我被吸引和沉醉得几乎瘫痪的感觉。"

不过，希特勒的舌灿莲花，也让有的人觉得，他只是个擅长耍嘴皮子的角色。

1933 年 1 月 30 日，希特勒出任德意志共和国总理。那天，凯泰尔正在捷克的一家诊所。听到这个消息犹如晴天霹雳。在他看来，希特勒"只不过是个无名小卒"，这个人之所以"在一群头脑简单的人们当中大获全胜，只是靠他那口若悬河的辩才"，至于是否真适合当总理，这位日后的陆军元帅当时认为，"大有值得存疑的余地"。

凯泰尔有这种感受，并不奇怪。因为在魏玛共和国走过的十余个年头里，总理如走马灯般地你方唱罢我登台，其中不乏资历、学识过人之辈，而现在上台的希特勒，此前连个绿豆芝麻官也没当过，总理是他担任的第一份官职，没有一点治国理政的历练，他们的态度高度保留，也是人之常情。

对希特勒不看好的，不只是凯泰尔这样的军界人士。听到希特勒被任命为总理的消息，托马斯·曼预言："这样更好，他维持不了八个月。"他等着看希特勒的笑话。第二年，希特勒在柏林克罗尔歌剧院接见外国记者，他留给意大利记者巴尔齐尼的印象，"仅仅是个演技拙劣的滑稽角色，一个阴险的小丑，比墨索里尼更荒谬和愚蠢"，"无需认真对待"，"模样就不像个历史上的伟人"。巴尔齐尼认为，"希特勒的兔子尾巴长不了，无需大惊小怪，只是个昙花一现的无名小卒，很快被历史遗忘"。据他的观察，希特勒"根本没有成功的希望"。

但也有不少人寄望于希特勒。

1933 年 5 月，海德格尔最后一次去看望雅斯贝尔斯。这是两个杰出智者的会晤。雅斯贝尔斯问两眼发直的海德格尔："像希特勒这样一个没有教养的人怎么能够治理德国？"他得到的回答是："教养是无所谓的，……您只须仔细看看他那双神奇的手！"这次见面，让斯贝尔斯觉得"海德格尔好像变了一个人"，"国家社会主义使整个民族都晕了"。

希特勒上台时，德国人面临的一道紧迫难题，就是工作和面包。1933 年 1 月，德国失业人数高达 600 万，失业率为 34.4%。古德里安推算，如果算上他们的家属，德国 6600 万总人口中，起码有 2500 万人在挨饿。1933 年 2 月 1 日，也就是希特勒宣誓就任总理的第二天，就在广播电台发表《告德意志国民书》，宣布政府要"拯救德意志的农民，维持给养和生存基础！拯救德意志的工人，向失业展开一场大规模的全面进攻！"

无论原因为何，事态的发展似乎证明希特勒之手的神奇。

在世界性经济衰退的阴影中，纳粹德国却让人看起来异彩纷呈。

1932 年，德国国民生产总值为 580 亿马克，1938 年达到 1050 亿马克。国民收入也从 1932 年到 1937 年增加了一倍。成千上万的德国人饱受经济萧条时的失业之苦后，至少在二战爆发之前，得到了或多或少这样那样的"实惠"。一位当代的德国历史学家说，"阿道夫·希特勒是世界历史上可怕的人物"，但希特勒的统治并不只靠让德国人怕他。

在战后所写的回忆录里，古德里安历数第三帝国的耀眼成就，其中一项就是"失业现象消灭了"。通过纳粹当局的努力，到1938年德国平均失业率仅1.3%，而当时美国为18.9%，英国为8.1%，比利时为8.7%，荷兰为9.9%，加拿大为11.4%。在二战爆发前两年，德国甚至劳动力供不应求。用纳粹党自己的话来说，就是创造了"消灭失业的经济奇迹"。

从1933年到1939年，德国工人收入总额由136亿马克增加到了294亿马克。曾饱尝过物价飞涨之苦的德国人民，分享着第三帝国经济繁荣的同时，稳定的物价也让他们怡然自得。许多工人的工作环境和劳动条件得到了改善。德国劳动阵线在1940年自豪地宣布，在"劳动之美"纲领范围内，它修建了24000个盥洗室和更衣室、1800个新饭厅、17000座工厂花园和3000个工厂运动场。过去，在企业职工带薪休假的时间只有3天，而劳动阵线通过和企业主协商，将带薪休假日延长成了6—12天，16岁以下的少年休假15天。并且劳动阵线组织的"力量来自欢乐"的休假旅游收费，还挺便宜。在冬天，如果去巴伐利亚的阿尔卑斯山滑雪履行，包括车费、房费、饭钱、租雪履费、滑雪教练费在内，一星期只需11美元。据德国统计局的数据，1936年全部德国工人的平均每星期的收入为6.29美元，而参加劳动阵线的工人的平均收入比这还要高一点。在1934年，享受"力量来自欢乐"休假旅游的人才230万，而到1937年，增至大约1000万人。纳粹的报刊、电台和电影曾大做文章，说过去只有资产阶级才能享受的休假旅游，现在德国的工人也有福消受。而社会保险也在惠及更多的德国人。在希特勒和纳粹党的治下，个体经营者第一次有了社会保险。保障老有所靠，幼有所养的养老金、残疾金、寡妇补助金、孤儿抚育金……则让社会弱势群体领略到了来自纳粹的政策温暖。

　　一个笼罩在战败国阴影中的民族，自然是有理由为身边看得见摸得着的成就感到自豪。1936 年，纳粹德国成功地举办了第十一届奥运会。德国运动员所获奖牌数，世界第一。对德国举办的这届奥运会，希特勒的翻译施密特就说："其节目之精彩，不论此后是敌国还是盟友，凡亲眼目睹者均众口皆碑，永志难忘。"这一年，劳合·乔治访问回国后也发表观感："我从来不曾看见过比德国人更快乐的民族。在我所遇见过的许多伟大人物之中，希特勒要算是最伟大的一个。"

　　在外交上，希特勒兵不血刃地使德国从一个战败国成为了"正常"国家。古德里安说："萨尔地区的收回，军事自主权的建立，莱茵河地区的占领，奥地利的合并——这些事情都能够得到全德国人民的拥护，甚于外国也都不乏表示同情的人。"到入侵波兰时，希特勒仅用短短的几年时间，就使德国的空军力量已经超过英国，陆军力量也超过法国。德国再次崛起成为世界强国。

　　如同其他极权国家领袖一样，希特勒对于自我标榜从不羞于启齿。在 1939 年 4 月 28 日，他在演讲中这样罗列自己的政绩：

　　我克服了德国的混乱，恢复了秩序，极大地提高国民经济各方面的生产。我成功地为 100 万失业者在有意义的生产行业中找到了工作，使大家深受感动。我不仅在政治上统一了德国，而且重新装备了军事力量。我做了更进一步的尝试一页接一页地冲淡了凡尔赛条约的约束，它的 448 条包含了有史以来强加给国家和人类的最无耻的强暴。我重新为帝国夺回了 1919 年从我们手中夺去的省。我带领数百万被强行与我们分离的不幸德国人重新回到祖国。我恢复了千年之久的德国生存空间的历史性统一，我尝试不流一滴血而完成所有这一切……我完成了这一切，而 21 年前我还是我人民中一个毫不起眼的工人和士兵。

　　希特勒还给第三帝国的人民许诺了一个玫瑰色而不是战火纷飞的

未来。1938年夏天，希特勒提出，至少每个德意志职工应拥有一辆小汽车。他下令要为德国职工生产售价才990马克的"大众汽车"。这个价格意味着，对大多数德国工人来说，三年的工资就能够买到一辆小轿车。这个甜蜜的梦境对德国人来说颇具诱惑力。那时，美国人每5个人就有一辆汽车，而德国人每50个人里头才有1辆汽车。

总之，在二战之前，对千千万万的德国人来说，他们所看到的纳粹德国，正处在一个意气风发、凯歌行进的时代。施佩尔在其回忆录中说，"公众把那个时期经济和外交上的成就完全归功于希特勒一人。他们渴望有一个强大、自豪和团结的德国，并且愈益把希特勒看作是实现这种深深扎根在他们心中的渴望的领袖"。德国人沉醉地品味着希特勒的政治甜点，而希特勒则获得了操控整个德国的不受制约的权力。觉得这笔交易不错的德国人，至少在闪击波兰之前不在少数。

"你们总不看积极的东西"

希特勒深谙宣传之道，纳粹当局则善于运用各种手段营造一种舆论氛围，让人们觉得自己生活在一个美好新时代，一个前所未有的美好新时代。

就拿劳动阵线津津乐道的改善居住条件来说，在希特勒上台之前的1928—1930年，建成的房屋平均数为313000幢，而从1933年到1939年，在希特勒当政的这7年里头，有6年的建成房屋数低于这个平均值——1933年建成房屋17800幢，1934年284000幢，1935年241000幢，1936年310000幢，1938年285000幢，1939年206000幢，1937年虽然达到过320000幢，也是所超不多。这也就是说，希特勒上台后，就改善居住条件而言，其实在总体上，做的还不如1928—1930

年这三年中的几任总理。

美国最高法院法官布兰代斯（1916年—1939年在任）曾说过，"经验告诉我们，每当政府广施恩泽，我们就要更加注意保护自由"。可是1933年之后的德国人恰恰反其道而行之。工业化、城市化、中产阶级、市场经济、教育普及等等这些被许多人视为民主政治基础的因素，并没有让德国人表现出更珍惜自由的价值。和18世纪末美国独立时还是农业社会不同，在纳粹德国，若将超过2000人的地区之居民视为城市人口，1933年城市人口占人口总数的67.2%，到了1939年，城市人口增至4844万人，占人口总数的69.9%，而农村人口只占人口总数的30.1%；英国历史学家艾伦·布洛克就说，德国中产阶级的大部分深受希特勒的民族主义吸收，纳粹当局也强调，"保持中产阶级兴旺发达乃是民族社会主义经济政策的一项基本原则"；而在希特勒治下的德国，在二战前是纳粹特色的市场经济，"如果只考察以公司形式出现的国营企业（邮局与铁路部门除外），并把它们的资金同私营股份公司与有限公司的总资金加以比较，人们会看到，1932年国营企业的资金仅相当于该总资金的7.3%，1939年12月底则为8.7%。"希特勒和他的纳粹政权，就是在这样的土壤上扎根。

对于许多人来说，既然失业者有了工作，挨饿者有了饭吃，那么，纳粹搞一党专政，不再有独立工会，不再有劳资集体谈判，不再允许罢工，不再有言论出版自由，不再允许司法独立，不再行地方自治，不再有自由选举……且昨天是犹太人被猎捕，今天是共产党人受监禁，明天是社会民主党人遭放逐……可那又有多大关系呢？人们看到的是，在希特勒当政之后，失业在消失，饥饿在消失，党争在消失，德国的软弱在消失，德国在欧洲再次崛起……这一切，人们自然而然地把它跟希特勒的名字联系在一起。

在真真假假，虚虚实实中，这一切的一切，都使得反驳和怀疑显得可疑，显得别有用心，显得杞人忧天，显得吹毛求疵。就连大量昔日马克思主义的信徒，社会民主主义的拥趸，也转身向希特勒雀跃欢呼。日后，德国历史学家哈夫讷反思这段历史的时候写道："'这个人可能有他的错误，但他给了我们工作与面包'——这是那些年里几百万原社会民主党与共产党的选民心声，他们在1933年还构成了反对希特勒的广大群体。"

希特勒成了万千德国人心醉神迷的政治偶像。1934年秋，希特勒乘坐小轿车去纽伦堡。路上，他受到了热烈的欢迎。用施佩尔的话来说，"在田野上到处见到农民放下手中的农具，妇女们挥手致意"。希特勒也是春风得意，在疾驰的轿车里，他侧身对施佩尔说："以前只有一个德国人受到过这样的热烈欢迎，那是路德。当他骑马走遍全国时，人们从四面八方聚集拢来向他欢呼。就象今天对我这样！"

甚至是非但未沾第三帝国阳光雨露，反而遭受纳粹迫害的人，也未必接受得了对希特勒和第三帝国的猛烈抨击。《安妮日记》里载有这样一个细节：1944年2月3日，对于躲藏在后屋的居住者们的担心，犹太人亨克就说，"你们总是把一切看得太悲观"。当别人说，"在自己亲身感受到之前，没有人看到面临的危险"时，他又说："可是你们总不看积极的东西。"

经济社会发展上一时的成就，有时会让一国人民整体丧失反思的能力，或者说，至少表现得整体丧失了独立思考的能力。据德国历史学家哈夫讷的观察，在当年，"必须具有极为罕见的敏锐与深刻的眼光，才能在希特勒的成绩与成功中看出后来灾难的根源，而且需要极高的人格力量，才能抵抗这些成绩与成就的魔力"。奇迹摆在眼前。希特勒的声望如日中天。他的功业会让怀疑者怀疑自己是否错了。即使是那些偶尔暗自怀疑的人，不少人也会像施佩尔在狱中所写的那样，"以这个政权所取得的成就，以及德国甚至受到了吹毛求疵的外国的尊重等等想法来自慰"。

不过，不应忘记，在取缔了纳粹党之外的其他所有政党之后，再也没有公正、自由的选举来较为准确地衡量德国人民对希特勒和纳粹当局的支持或反对的比率，另外，也不应忽视，哪怕以和平的方式反对希特勒和纳粹党的统治，也不会被党卫军或盖世太保轻易放过。

"我生来是人民的儿子"

在把德国拖进战争之后，希特勒还在演讲中甜言蜜语："我生来是人民的儿子；我这一辈子一直为德国人民进行斗争……"

这不是谦卑，而是狂妄；不是诚恳，而是霸道。

因为在那个时候，全德国也找不出几个敢站出来，公开表示不认这个儿子的"德国人民"，不需要他"一辈子一直为德国人民进行斗争"的"德国人民"。

人们对希特勒统治的不满和牢骚，大多只能是私下里的发泄和嘀咕。在1940年11月9日的日记里，美国记者夏伊勒记载了那些天在德国人中间流行的笑话。其中一则是这样的：

希特勒、戈林和戈培尔乘坐的飞机坠毁了。3个人全死了。谁得救了？

答案是：德国人民。

笑话归笑话，现实中，那些心明眼亮的德国人奈何不了希特勒。"人民"，只不过是纳粹当局玩弄的一个词藻而已。早在1933年2月1日晚，刚上台的希特勒就在广播电台宣读政府声明："现在，德国人民，请给我们四年时间，然后再来评定和判断我们！"

听起来，"人民"的地位好像还蛮重要的，似乎是希特勒和纳粹党干得好坏的裁判。可是，用不着四年，德国人民除了呼喊"万岁，希特勒"之外，已经别无选择，谁说希特勒和纳粹党不合格，谁就会成为党卫军和盖世太保的专政对象。于是乎，谁也无法分辨得清，那万岁声里，有几多是饱含恐惧，有几多是发自内心，有几多是两者兼而有之。

有关"人民"的种种调子，也就成了纳粹党的文字游戏。法律面前人人平等原则，被纳粹的民族社会主义原则所取代，人民又成了挡箭牌："凡是对人民有利的就是合法的"。长刀之夜的杀戮，并非建立在法律的基础之上，戈林在1934年7月12日的解释里又抬出"人民"来为权力的犯罪开脱："我们并不认为法律是第一性的，第一性的是并且始终是人民。"就连1936年新成立的法院，名字也叫"人民法院"。

在纳粹德国，谁算是"人民"？犹太人或共产党领袖台尔曼这样的人是没有发言权的。凡是反对纳粹党、反对希特勒的人，都不属于"德国人民"。谁属于人民，标准和尺度在希特勒和纳粹当局的手里。用党卫军一级突击队中队长阿尔弗雷德·施威德的解释，"有意反人民、反党、反国家的人，今天都是危害国家的敌人"。在第三帝国，包括爱因斯坦在内的所有犹太人不属于人民，共产党人和社会民主党人不属于人民，朔尔兄妹不属于人民，朋霍费尔、托马斯·曼、雷马克也不属于人民……这样一来，希特勒就永远是"人民"的领袖，而纳粹党也是"人民"的党。简言之，希特勒和纳粹党的声音，就是"人民"的声音。

对希特勒这位德国人民的"儿子"，连古德里安也说，"从个人方面来说，他的生活方式是很高尚纯洁，很值得人敬佩的"。他不嗜烟酒，不讲究穿着，并且坚信吃肉是一种恶习。苏德蜜月期间，希特勒有一次在吃午饭时跟莫洛托夫说："现在是战争期间，我不喝咖啡，因为我的人民不喝咖啡。肉我也不吃，只用素食，不抽烟，也不喝酒。"据施佩尔回忆，在战争期间，希特勒甚至晚上不再看电影。之所以舍弃这项心爱的娱乐，希特勒自己的说法是"出于对士兵看不到电影的同情"。

表面上看，希特勒热爱德国"人民"，其实，"人民"不过是他政治豪赌的本钱。他压根儿就瞧不起"人民"，在《我的奋斗》里，"人民"是这种德性："广大人民群众受大谎的骗比受小谎的骗更容易……他们根本想象不到这样大的谎，他们不相信世界上竟会有如此无耻透顶歪曲事实的大骗局，甚至在说破了之后他们还要怀疑犹豫，觉得至少总是无风不起浪吧；所以就是撒最无耻的谎，到头来总可以捞到一些令人将信将疑的东西。"

当然，并非所有的"人民"都容易上当受骗，或者总是上当受骗从不醒悟。对此，希特勒是不惮于用国家和纳粹党的暴力威慑以备不虞。因为集中营里对囚犯残酷虐待，劳施宁曾规劝过希特勒，可希特勒却说："民众需要处于有益的畏惧之中。他们希望有所畏惧……为什么人们要谈论暴行并对酷刑感到愤慨呢？群众希望这种东西。他们希望某种引起他们毛骨悚然的东西。"通常，独裁者在取得政权之前，更需要"人民"的拥戴，而在大权在握之后，更依赖于"人民"的畏惧。

"人民"的精神总会有起有伏，可是德国"人民"能用选票来表达对希特勒和纳粹党的好恶么？不能。德国"人民"能够畅所欲言地表达自己对希特勒和纳粹党的真实感受么？不能。……既然德国"人民"连表达真情实感的自由都没有，希特勒和纳粹党所说德国人民如何如何，不过只是蛮横地、独白一般表达他们自己的意志罢了。1945 年 3 月 3 日，此时的纳粹德国已经日暮途穷，德国人蒙受着战火的煎熬，对这一点，戈培尔也并非全然不知，他在这天的日记里写道："战争，尤其是空袭迄今已经使帝国的大约六百万幢住房完全毁坏。这对 1939 年拥有二千三百万幢住房总数的帝国来讲是个不小的损失。帝国目前总共缺少九百万幢住房。"形势已经严峻到了这等地步，可这位部长大人谈到国内形势时却说："人民的状况良好。"

"德国人民的末日宣判书"

希特勒对波兰的军事冒险，引爆了一场旷日持久的世界大战。其实，这并不符合希特勒自己的如意算盘。

1939 年，当他一心要袭击波兰时，预期自己面临的，只会是一场速战速决的局部战争。希特勒并没有疯狂到自以为德国可以同时对付英、法、俄、美四大强国。并且当时的德国，正如陆军少将梅林津在战后所说的那样，"远远没有做好全面战争的准备"。

可是他希特勒觉得时不我待。

他把自己的政治才能视为解决波兰问题的根本条件。在他看来，也许德国今后再也不会有哪个人像他那样"享有全体德国人民的信任"，并且权威还能超过他。希特勒觉得，天有不测风云，人有旦夕祸福，像自己这样一个有极大价值的人，"随时都有可能被一个罪犯或白痴干掉"。1939 年 8 月 22 日，希特勒在上萨尔斯堡高级军事会议上说："谁也不知道我还会活多久。因此，最好现在就摊牌。"

在"摊牌"到来之前，德国军政大员里并非没有人心明眼亮。

1939 年 5 月 24 日，最高统帅部经济和军备处处长奥格尔格·托马斯将军在外交部的一次讲话中就说，"英国、美国和法国联合在一起的经济力量，归根到底比轴心国的经济力量更强"，一旦双方爆发战争，那战争的结果就要看轴心国能不能迅速给对方以决定性的打击。不过，托马斯直言不讳地告诉他的听众，他"不认为轴心国和西欧国家之间的冲突是一个'闪电战'的问题，即战争是几天或几个星期的事情"。虽然托马斯将军这次讲话是要强调自己"作为国防经济参谋部领导人，我个人认为为长期战争准备好军备工业至关重要"，但他的弦外之音也非常明白，在一场旷日持久的消耗战中，德国不可能赢得战争。

这年的 8 月中旬，托马斯将军又撰写了一份备忘录，核心观点是，速战速决是绝对的幻想。他准备把这份文件呈送最高统帅部参谋长凯泰尔。在托马斯看来，进攻波兰将会不可避免地引起全面冲突，进而演变成一场消耗战，而德国既没有强大的盟国，也没有充足的储备和原料，因此不可能赢得这场战争。可是对于他的意见，凯泰尔根本就没耐心听下去。当然，任何人也没有机会将类似的看法诉诸"人民"来裁断、抉择。

希特勒可以集中力量办一件大事：解决波兰。

这是一场押上国运的豪赌，而"人民"和德国的国力，只不过是希特勒的赌资而已。

对波兰的闪电战虽然非常成功，但是入侵行动招来了英国和法国的宣战。1939 年 8 月 31 日中午十二点半，希特勒签署了只传达到军官的"第 1 号作战指令"。5 点 30 分，命令传到了军事情报局局长卡纳里斯那里。他对吉泽维乌斯说："这是德国的末日。"

到 1943 年，希特勒自己也明白大势已去。有一次，他对陆军元帅隆美尔说，"胜利的希望非常渺茫"。可是，希特勒还要死撑，并不准备主动结束他所挑起的这场已经无望的战争。他完蛋了，也要拉上"人民"垫背。隆美尔感到自己面对的，"已经不再是一个正常人了"。因为在1943年7月底的一个黄昏，两人讨论结束战争的问题时，希特勒对他说："假使普鲁士民族打不赢这场战争，那就让他们腐烂好了。因为优秀分子一定都死光了。一个伟大的民族，应该死得轰轰烈烈——这是历史的要求。"

　　困兽犹斗的希特勒，要德国人民跟他一起垂死挣扎。既然"人民"只不过是希特勒实现宏图大略的工具，如果元首的政治梦想随着第三帝国的崩溃而破灭，那些活下来的德国人民对希特勒来说，又有什么意义呢？1945年3月19日，希特勒下令"必须破坏帝国领土上一切军用的交通、通信、工业和后勤补给设施以及其他重要设施"，以免其落到敌人手里。若全面实施希特勒的这项焦土命令和其他一系列补充指示，意味着德国要进行一次自我摧毁，战败后的德国人民，将因此失去赖以生存的基本条件："在一个难以预测的长时期内，那里将没有电，没有煤气，没有洁净的水，没有煤，没有运输。所有的铁路设备、运河、船闸、船坞、船只和机车都遭到破坏。即使在工业未遭破坏的地方，也由于缺乏电、煤气和水而不可能生产任何东西。没有贮藏设备，没有电讯——总之，德国将变成一个被拖回到中世纪的国家。"正因为这道命令的破坏性如此之大，以至于施佩尔在战后的回忆录里，称之为"德国人民的末日宣判书"。

　　时任军备与战时生产部部长的施佩尔，不想德国落到这步田地。作为追随希特勒多年的部下，他料到希特勒迟早会发布这种野蛮的指令，所以在3月15日就写了一份备忘录，反对这种亡命之举，认为"我们无权在战争的这个阶段上，由我们采取针对人民生存的破坏措施。"在这份22页的文件里，施佩尔大胆地提出："我们必须尽力保持一个基础，哪怕是一种最原始的状态的基础，使这个民族能够继续生存下去。"

在施佩尔来，局势的走向已无悬念，四到八周之内，德国经济将要最后崩溃，此后战争也就无力再继续进行下去。自我破坏显然是无谓的牺牲，除了雪上加霜，给德国未来的生存和复兴制造实实在在的困难之外，一点也挽救不了帝国已成定局的败亡命运。所以他向希特勒建言："如果战争继而推进到帝国领土内，应采取措施保证任何人无权破坏工业设施、煤矿、发电厂和其他设备，以及运输设施和内陆水路。"他直言不讳地告诉希特勒，破坏运输网络"意味着排除德国人民今后生存的任何可能性"。施佩尔拿柏林作例子，说明炸毁桥梁将造成什么样的后果——"按计划炸毁柏林的桥梁，将切断该市的粮食供应，将使该市几年以后都不可能有工业生产和人的生存。这样的破坏意味着柏林的毁灭"。

3月18日，施佩尔把这份备忘录带到了局势讨论会上，交给了希特勒。这天，国防军公报上刊载的一则消息说，因没有及时炸毁雷马根附近的莱茵河大桥，四位军官被处死刑。不过，不知是念及朋友情分，还是别的什么原因，希特勒既没有下令枪毙施佩尔，也没有下令逮捕施佩尔。临走时，他对施佩尔说："这一回，您将得到一份对您的备忘录的书面答复！"接下来的这段冷冰冰的话，预示着他将给出什么样的答复："如果战争打输了，人民也被输掉了。没有必要为德国人民的基本生存将来需要什么而操心了。相反，对我们说来，甚至连这些都破坏掉反倒是上策。因为这个民族已经证明是弱者，而未来惟一地属于更强大的东方民族。不管怎样，在这场斗争之后，只有劣等人会留下来，因为优等人已经被杀死了。"

自诩为人民之子的希特勒，横下心来要使德国变成一片焦土，一方鬼域。倘若这也算是对德国之爱，那也是爱国爱成了魔。3 月 19 日，在一个小村子里，施佩尔接到了希特勒要求在帝国领土上采取破坏措施的密令。希特勒已经不再关心德国人民的未来怎么办。4 月 30 日，希特勒开枪自杀。他赶在第三帝国寿终正寝之前了结了自己的生命。德国的投降书上，没有希特勒的名字；盟军的战俘营里，没有希特勒的身影。早在 1939 年 11 月 23 日，希特勒就在一次高层会议上有言在先："在这场战争中只要一息尚存，我将顽强奋斗。如果我的民族战败，我决不会贪生。对外不准投降，对内不准革命。"希特勒豁出去了，他履行了自己的诺言，没有屈服，没有投降，但他留给德国人民的，却是一片废墟和瓦砾。

之前第三帝国取得的经济成果毁于一旦，不是因为吏治腐败，不是因为两极分化，不是因为文化教育落后，不是因为民不聊生，也不是因为骚乱和革命，而是跟希特勒那双神奇的手不无干系。古德里安在回忆录中就说，希特勒"把这个优秀，忠勇，勤勉，正直的民族，一同拖在一起，跳进火坑"。

美丽的鲜花结出了致命的苦果。20 世纪上半叶，德国在短短几十年的时间里出现两次这样的悲剧。从 1871 年 1 月 18 日俾斯麦在凡尔赛宣布德意志帝国的诞生，不到五十年，1913 年的德国已经是欧洲军事和经济实力最为雄厚的国家。可是一战之后，德国苦心经营所获得的，是崩溃、废墟和死亡，不但没有得到"阳光下的地盘"，还丢掉了东普鲁士和阿尔萨斯、洛林。希特勒又让悲剧重演。他自己可以选择一死了之，而被他拖下水的德国，处境却比签订凡尔赛条约时还糟。德国不仅丧失了征服的成果，就连老本都搭了进去，以前四分之一的国土沦为异域，剩下的领土也一分为二，出现了东西两个德国。人民则苦不堪言。一度从希特勒那神奇之手中蒙受的所有"恩惠"，不止是丧失殆尽。德国山河破碎，庐舍为墟。在希特勒挑起的大战中，650万德国人死于非命，二百余万军人成了严重残疾。原先77万人口的科隆，到战争结束时，只剩下了4万幸存者；埃森则被战火夷为平地。房屋损毁之严重，以至于战事结束五年之后，西德还只有1000万间房屋供1600万户人家居住。

由此可见，权力能够滥用国力，和贪污贿赂一样，是一种腐败，并且是一种极度危险却往往不为人瞩目的政治腐败。彻底抛弃了共和政体的纳粹德国，其崛起，成了一种危险，一种具有世界影响的危险，不仅祸害他国，也令德国自身苦不堪言。

戈培尔的锦囊

希特勒控制第三帝国所依仗的，不仅仅是盖世太保、集中营之类赤裸裸的暴力机器，而且还有国民教育与宣传部之类的软刀子。

软刀子杀人不见血，伤人不喊痛。直到帝国的末日，戈培尔部长还竭尽心力，抓住软刀子不松手。

"灌输纳粹党学说比生产更重要"

希特勒上台之初，德国的收音机普及率还不高。一时间，也没法很快就让家家户户拥有收音机。于是当局从实际出发，创造性地下达了集体收听广播的命令。

这样一来，即使是没有收音机的人，也可以让他们及时聆听元首的重要讲话，了解纳粹党和政府的新路线、新政策。

那么，集体收听广播安排在什么时间点上，才可能灌输效果最佳呢？

上班时间。这是一天之中成年劳力最集中的时候，对于当局来说，在这个时间点组织人们收听广播，事半功倍。播出时，人们必须放下手头的工作，把收听广播当成头号任务。况且大伙在一起收听，有几个人还敢把自己的耳朵塞起来？

即使广播时有些人是在咖啡厅或者餐馆，那也不会成为漏网之鱼。因为像餐厅、咖啡馆之类的所有公共场所，都必须配备收音机。甚至对马路上那些行色匆匆的路人，街头的扬声器，照样会把希特勒和纳粹党的声音传送到他们的耳朵里。

国民们连耳根清静的自由都没了。

纳粹政权得心应手地利用着技术进步带来的政治便利。从1933年起，德国开始成批生产廉价的"大众收音机"，到1939年，全国的收音机已过上千万架，第三帝国拥有当时世界上最密集的无线电覆盖度。加上广播电台又完全是国有垄断，成千上万的德国人只要打开收音机，就会身不由己地成了纳粹灌输的对象。

不过，纳粹当局强行要求人们撂下手头的活不干，毕恭毕敬地听广播，难免会损失大量的工作时间。要命的是，这种广播往往不是一两分钟就能完事，因为希特勒这些人的演说，动不动长达两三个小时。如果把全国的人因此花费的时间累计起来，那会相当于浪费多少个工时？！

可是戈培尔却不这么算账。

在戈培尔看来，"灌输纳粹党学说比工人们的生产更重要"。这可不是他昏了头，连生产的重要性都不知道。毕竟，如果颠倒过来的话，即使德国创造的财富再怎么多，人民再怎么幸福，可要是政权跟纳粹党毫不相干，对戈培尔这些纳粹领袖们来说，还有多大意义呢？！

不过无线电波跟报纸有所不同。依靠国境线上的边防站，就能有效地查禁企图入境的外国报刊，可边防站阻止不了他国的无线电波穿越德国上空。柏林的一台收音机既可以用来收听戈培尔的宣传，也可以调整一下波段，收听来自莫斯科、巴黎或者伦敦的广播。弄不好，柏林官方的消息刚刚发布完，另一种截然不同的消息，就开始通过无线电波送到德国的千家万户。俗话说，不怕不识货，只怕货比货。如果解决不了这个问题，戈培尔的努力就可能事倍功半。

于是，除了针对外国广播设立大量的干扰电台之外，为了让德国人不敢擅自收听外国广播，第三帝国甚至将收听外国电台作为一种严重的刑事犯罪予以打击。在1940年2月的日记里，美国记者夏伊勒就提到过这样一件事：有一天，一名德军飞行员的母亲接到军方通知，说她儿子已经失踪并被认定为死亡。几天后，英国广播公司广播德国战俘名单，其中就有她的这个独生子。第二天，八封朋友的来信告诉了她这个消息。好心被当成了驴肝肺。这位母亲向警察告发给她写信的人收听敌台，于是他们全都被捕了。

无论这位母亲这么做的原因是什么，类似这种行为，都会强化人们的恐惧感，破坏相互之间的信任感。敢于检举揭发自己亲人朋友的"觉悟"，以及纳粹党对这种"觉悟"的利用和褒扬，更让人觉得世道险恶人心难测。俗话说，小心驶得万年船。在这样的政治环境里，还有几个人敢轻易接受和传播戈培尔们不喜欢的信息？在恐惧中自我约束，自己当自己的思想警察，就会自然而然地成为一种生活常态。如此一来，戈培尔用不着怎么担心德国人跳出来公开揭穿他的鬼把戏，他可以肆无忌惮地操纵舆论。

在第三帝国，宣传重于真相。被希特勒轻蔑地称为"小蛆虫"的英国首相张伯伦下台了，丘吉尔1940年5月10日接任首相。戈培尔给部属定的宣传调子是："在口头上和图画中，应该把丘吉尔介绍成是英国人民的典型：一个品行不端、龇牙咧嘴的家伙，长着类人猿一样的前额，是制造谎言的嗜酒狂，总是与有钱人、犹太人、布尔什维克人为伍，将工人踩在脚下……"依此标准炮制和筛选出来的信息，除遂了当局之意可以误导德国人，还有什么用呢？

至于丘吉尔到底是个什么样的人，并不重要，如何介绍丘吉尔才符合纳粹政权的政治需要，那才是关键。戈培尔要在德国与世界之间，筑起一道防阻资讯自由传播的万里长城。1940 年 11 月 11 日是停战日。可是德国媒体闭口不提这事。纳粹当局也严禁播放罗斯福总统的停战日演说。这一天，夏伊勒在日记里写道："希特勒说的每一句话我们都会在全美国播放，但是罗斯福的讲话德国人却一个字也听不到。"

蒙骗、说谎，是戈培尔的工作。英国驻柏林大使内维尔·安德森爵士曾这样评价戈培尔："对他来说，没有什么胆汁是太苦的，没有什么谎言是太过于明目张胆的。"这话说得没错。1938 年 11 月的水晶之夜是德国犹太人的噩梦，可是过后，戈培尔却信誓旦旦地声称："关于所谓洗劫和捣毁犹太人财产的一切说法，都是令人厌恶的谎言，我们没有动过犹太人的一根汗毛。"

也许有人会说，世上哪有什么诚实的政客？天下政客一般黑。难道丘吉尔说的就句句是实话么？其实，问题的关键不在于有没有不说谎的政客，而在于对任何政客的话公民是否可以自由公开地反驳。在英美，罗斯福、丘吉尔的一句话无论好坏，都可能招来一万句反驳，而在第三帝国则是不容异见，哪怕希特勒和戈培尔就是睁着眼睛说瞎话，一般也没有哪家德国报纸电台敢斗胆唱反调戳穿它。

正因为这样，明知第三帝国已到穷途末路，戈培尔依旧把人民当猴耍，继续坚守他的宣传王国。在 1945 年 3 月 27 日的日记里，他这样写道："晚上放映每周新闻。电影里的西线情景真令人吃惊。我们根本不能让公众知道。"这自然是从纳粹统治不可动摇的大局出发，能统治一天是一天。此时的德国，许多人在准备将卐字旗换成白旗。可这些信息并没有妨碍戈培尔昂扬的宣传劲头。他在 1945 年 4 月 1 日的日记里还在说"打算大大强化我们整个宣传通讯政策。在目前的战争阶段，调子最高的语言即是最好的语言"。

　　谎言重复一千遍，其实并不会成为真理。但宣传部长戈培尔懂得，谎言如果重复一千遍，甚至天天讲，月月讲，年年讲，而别人又不能戳穿的话，许多人就会把它当成真理。中国不也有"三人成虎"这样的古话？因为谎言的陷阱到处都是，人们不掉进这个陷阱，就会掉进那个陷阱。

　　至于第三帝国宣传部的忽悠，到底真正征服了多少德国人的内心世界，只有天知道。因为在纳粹党和政府欺骗人民的地方，人民往往也会用欺骗纳粹党和政府来保全自己。假装被党国骗得心悦诚服，是一种被广泛运用的生存技巧。在极权国家，装孙子，是一种最基本的国民素质。就这样，极权政治破坏了一个社会的正常交流，不过害人也害己。

　　1943 年 2 月 8 日，戈培尔在柏林体育馆发表激情洋溢的演讲，听众报之以一阵阵雷鸣般的掌声。当戈培尔问他们："你们愿意打一场总体战吗？如果有必要的话，你们愿意打一场比我们今天所能想象得到的更为全民化更为极端化的总体战吗？"得到的是狂吼出来的回应："愿意！"在这种场合，对戈培尔来说，这自然是他愿意听到的标准答案，而不是被嘘声和臭鸡蛋轰下台去。对听众来说，如果不想进集中营，也不会说"不愿意"自找晦气。领导这么问，群众那么答，在第三帝国已是习以为常的现象。可是戈培尔过后却在背地里骂这些听众是一群白痴："假如我对这帮家伙发问，是否愿意从哥伦布大厦的楼顶上往下跳的话，他们也同样会吼'愿意'的。"这可真是一语道破了第三帝国的天机。

　　形式主义的"万众一心""异口同声"，是极权统治不可缺少的象征。其实，在戈培尔视听众为白痴的时候，对他那装腔作势的演说，何尝就不可能也有听众会心里讥笑他：真是个白痴！我们一鼓掌他就以为我们真的支持他！

在极权国家，有时候你很难分清到底是谁在骗谁。骗，是极权统治得以维系的纽带，也是群众对极权统治表示驯顺的白旗。

当然，并不是说就一定没人会"真诚"地相信戈培尔的宣传。毕竟，宣传陷阱无处不在。在纳粹德国这样的极权国家，不存在对官方的宣传灌输百毒不侵之人。更何况，纳粹当局控制舆论的某些冠冕堂皇的说辞，也还是挺能迷惑人的。比如，在有些事情上为什么要隐瞒和掩盖真相呢？因为如实披露会损害国家的威望，为英法等西方国家提供攻击德国的口实。所以得以国家利益为重，家丑不可外扬，也不准外扬。如果碰到外国人，即便满肚子的委屈和怨气，也要堆起笑脸讲第三帝国的幸福生活。

人们乐于接受这种论调的原因，既有"爱国感情"的因素起作用，恐怕也有希望自己什么都不知道的心理在作祟，因为这样就可以免去了良心上的不安，免去了真相所带来的心理压力。

对于纳粹当局来说，人们一旦主动或被动地接受了家丑不可外扬之类的说辞，就达到了它所需要的控制舆论的目的。因为家丑不准外扬的另一面，一定是家丑也不准内扬，通过实行严厉的新闻出版管制，尽可能把更多国民蒙在鼓里。要不然，《柏林日报》可以自由报道和评论的话，外国人不也照样可以获知，从而家丑不就外扬了么？

至于境外那些希特勒鞭长莫及的批评德国的声音，纳粹的行话称之为"恶意宣传"。这一招还挺管用。于是，就连有些并不是纳粹分子的德国人，也起劲地捍卫纳粹的言行，反对别人的批评。因为他们认为，对纳粹的批评就是对德国的抨击。作为一个德国人，他们"感情"上接受不了，揭露和批评德国这样那样的问题就是伤害他们的"感情"。结果，不知不觉之中，自以为真诚的"爱国"就转化成了维护纳粹政权。

当时的许多德国人，就像是着魔一样，变成了擅长胡搅蛮缠、强词夺理的诡辩家。对这种怪异现象，美国历史学家克雷格还是个大学生的时候，就曾在美丽的慕尼黑领教过。1935年的慕尼黑街头，极端的反犹标语，随处可见。在饭店或小酒馆里，克雷格偶尔跟人攀谈，对方在言谈之中，也可能会暗示自己并不赞同反犹政策。可就是这样的人，也会做出诸如希特勒毕竟解决了失业问题、希特勒的对外政策恢复了德国的自尊、过火的反犹措施都是希特勒的下属所为，而希特勒并不知道之类的辩白。如果克雷格这个初来乍到的美国毛头小伙子要加以反驳的话，话题可能就会转到美国也有私刑，或者美国也没有真正的文明等等上去。

这个出过康德、黑格尔和歌德的国度，似乎整个民族都不会讲道理了。极权统治下的宣传，能够有效地破坏甚至摧毁人们正常的思维能力。

"宣传只有一个目标：征服群众"

戈培尔有句名言："宣传只有一个目标：征服群众。所有一切为这个目标服务的手段都是好的。"这也就是说，只要有利于征服群众，宣传可以不择手段。那么，一个生活在第三帝国的德国人，会被这个宣传部长"征服"成啥样呢？

美国记者夏伊勒的日记里，就记录了一个发生在1940年的生动案例。

8月28日晚，英国轰炸机空袭柏林，在格利茨车站的居民区炸死

10 人，炸伤 28 人。这是空袭首次在柏林炸死了德国人。战火殃及平民，自然是件不幸的事情。戈培尔借此大做文章。第二天，他命令报纸声讨英国战机"攻击手无寸铁的柏林妇孺的'野蛮暴行'"。于是，8 月 29 日德国报纸的头条标题惊人地一致："英国的怯懦攻击"。

媒体秉承戈培尔的旨意向德国人灌输，"英国海盗"根据"丘吉尔本人的命令"，专挑德国的非军事性目标攻击，而德国战机只攻击英国的军事目标。当然，柏林人既不知道希特勒 8 月 1 日秘密下达的对英国实施空中打击的指令，也不知道德国空军在伦敦的"屠杀式轰炸"。

戈培尔的宣传立竿见影。

8 月 31 日，护士就问得了流感的夏伊勒："为什么他们要这样做？"夏伊勒告诉她："因为你们轰炸了伦敦。"可这位护士小姐却反驳说："是的，但是我们攻击的是军事目标，而英国人却轰炸我们的房子。"

戈培尔宣传的效果怎么样，用夏伊勒的话来说，这位工人家庭出身的普通妇女就是一个"活广告"。

不过，这位护士之所以会这样看问题，不能只归为戈培尔的宣传之功。在戈培尔上任宣传部长伊始，他就声称，宣传者的背后应该竖着一把剑。这是一位极权主义者的深刻洞见。当年，一位《纽约时报》驻柏林记者说过这样一句俏皮话："如果希特勒完全受人欢迎，戈培尔就会失业；如果戈培尔完全成功，希姆莱就会失业。"

希姆莱是何许人？第三帝国的秘密警察头子。虽然戈培尔这些人深谙人性的弱点，懂得"宣传必须简单和反复"这个手法的功效，明白谎言被人信奉，只需"即使是一个简单的谎话，一旦你开始说了，就要说到底"，但是，并不是所有的人在所有的时刻都是傻子。因此，宣传的成功有赖于暴力的配合。

在谎言重复一千遍也不管用的时候，还有集中营、死刑和流放等专政工具发挥作用。对于德国人民，得两手抓，两手都要硬，不仅文攻心，还武攻身。软刀子和钢刀子，相辅相成。谁敢公开不跟纳粹党一条心，就没有好果子吃。可以监控，可以秘密抓捕，可以关押，可以驱逐，可以不让回国，可以判处死刑，可以劫持，可以谋杀……大名鼎鼎的卡尔·施密特教授曾振振有词地为第三帝国的司法恐怖辩护："在判决政治犯罪时，规范和程序的运用只能意味着束缚元首的手脚，有利于反抗者。"

纳粹当局在运用专政机器消除杂音、剪除异己时，一点也不含糊、手软。托马斯·曼是 1929 年诺贝尔文学奖得主，但他不是纳粹的支持者或同路人——1930 年在柏林就作过题为《告德国人》的演讲，剑锋直指法西斯主义。1936 年 12 月，纳粹当局不仅没收了他的财产，而且还剥夺了他的国籍，波恩大学甚至取消了他 1919 年获得的名誉博士头衔。雷马克也是一位享有世界声誉的德国作家，纳粹上台后，他的书被清除出了书店和图书馆，人也上了政府的黑名单。不过，当局还是希望流亡国外的雷马克能够归顺，为纳粹效力。戈培尔曾通过特工劝他回国，要他把《西线无战事》的责任推给出版商，但雷马克拒绝了。不肯低头就是敌人。对待敌人，纳粹可不在乎他们国际影响的大小。1937 年，纳粹德国褫夺了雷马克的德国公民权。

杀鸡可以儆猴。一个普普通通的德国平民，不会自认为面对纳粹的专政机器，他比托马斯·曼或雷马克更有力量。虽然在大多数情况下，大多数人没有受过纳粹专政手段的直接迫害，但只要生活在德国，就会心里明白马王爷几只眼。毕竟专政的达摩克利斯之剑是悬在所有德国人的头上。

不过，这并不是说纳粹统治就把德国弄成了真空一样。就像 1972

年获得过诺贝尔文学奖的伯尔所说："在像纳粹这样的专制制度下并非一切都运转得完美无缺。说不定哪里有本书，于是便可前往借来，将其搞来，就像将一件珍玩带走，阅读，归还。"他在青年时代还可以读到法国作家莫里亚克等人的优秀作品。但是，这只是表明极权统治也有缝隙。仅此而已。事实上，到了四十年代初，上中学的孩子们，就会大部分人不知晓托马斯·曼或雷马克的作品了。

　　和之前的专制国家所不同，极权国家的一个特点，就是有一个庞大且又强大的宣传机器。一个篱笆三个桩。如果只靠戈培尔一个人，就是天大的本事，也没法把德国人民耍得团团转，他得有喽啰。在这个意义上来说，极权国家的宣传必定是一种"文化人"的集体犯罪。并且在宣传征服群众之前，得先征服宣传者。1933 年 9 月 22 日，成立了总部设在柏林的德国文化协会，戈培尔亲任协会主席。之所以成立德国文化协会，目的就是"使各方面的创造性艺术家都集合在国家领导下的一个统一的组织中"，便于纳粹文化政策的推行。该协会下设德国美术协会、德国音乐协会、德国戏剧协会、德国文学协会、德国新闻协会、德国广播协会、德国电影协会。担任各协会主席的，不是宣传部的高官，就是亲纳粹的文化人。

　　会员资格与从业资格挂钩，无会员资格即无从事文化行业的资格。犹太人被排斥在协会的大门之外。即使是纯雅利安血统，如果"政治上不可靠"，协会照样有权拒绝接受他们为会员，已经取得会员资格的，有权开除他们。协会的决定和指示具有法律效力。如果一个美术家不加入美术协会，或者被美术协会开除了，他连购买油彩的票证都得不到。不听话者不得食。画家施密特-罗特卢夫和诺尔德就被开除出德国美术协会，并被禁止以美术为业。纳粹这种试图通过控制饭碗来操纵大脑的做法相当成功。到 1939 年的时候，德国文化协会就已经拥有 6.5 万名会员了。这支被组织起来的庞大队伍，是第三帝国宣传事业的马前卒，纳粹宣传的主力军。作为一个半官方的文化控制机构，德国文化协会靠什么维持？政府的财政资助。这也意味着，德国人民用自己的血汗，滋养着一个力图控制德国人心灵的怪物。

　　拒绝为纳粹的宣传事业效力是危险的。1936 年，希特勒要指挥家富特文格勒帮纳粹做些宣传，开始他拒绝了，可盛怒的希特勒威胁他，如果不听话就可能进集中营。沉默一会之后，富特文格勒答复说："如果那样的话，帝国总理先生，我会好好合作的。"

　　文化艺术成了权力的婢女。几千万德国人在美术馆里能够欣赏到什么美术作品，在电影院里能够看到什么电影，打开收音机能够听到什么节目，买张报纸能够读什么报道，等等这一切，取决于纳粹当局的好恶。在第三帝国，出版自由已经成为历史记忆。手稿必须通过宣传部审查把关，认可了，书才能出版，剧本才能上演。文化艺术的创作得看宣传部的脸色。一个德国人心里琢磨什么，背地里研究什么，私下里写什么，也许戈培尔鞭长莫及，但是只要你待在第三帝国，要想公开与人分享自己的思想成果又不惹麻烦，更不愿被纳粹当局砸锅要命，那就得老老实实遵循纳粹当局规定好了的游戏规则：发表有禁区。所以任何从事文艺创作的人，只要想自己的作品在德国出版，就得考虑什么是戈培尔的宣传部能够容忍的、喜欢的，什么是戈培尔的宣传部打击的、厌恶的。内心一旦压上了这样一块磨石，你就不由自主地自己成了自己的思想警察，自己成了审查自己的宣传部。

　　就拿文学创作来说，也许你会觉得写现实题材的东西容易触雷，既然惹不起或不敢惹，那就想法子躲呗，现实不好谈那谈历史总不会招惹戈培尔这种人吧？第三帝国一个有趣的现象就是，历史题材的作品一枝独秀。不过，这并不意味在历史的领域里，作家就有创作自由，学者就有学术自由。俗话说，太阳底下无新事。历史题材的作品照样会触犯纳粹的禁区。在 1933 年臭名昭著的柏林焚书事件中，纳粹分子就打着"反对伪造我们的历史，玷污历史伟人，捍卫我们往昔的尊严"的旗号，把艾米尔·路德维格和沃纳·黑格曼的著作当作反面典型，付之一炬。当第三帝国文艺人士秉承的首要原则是与戈培尔的宣传部保持一致时，人的创造力就会不可避免地受到遏制和扭曲。

一旦文化艺术沦为政权的附庸和工具，退化也就不可避免。不过，希特勒、戈培尔们并不是笨蛋，他们也不想德国的文化艺术"退化"得无人问津。相反，他们希望艺术性和纳粹化能完美结合，不仅德国人喜闻乐见，就是全世界也喝彩。元首亲自邀请女导演里芬施塔尔出马，为纳粹党代会拍摄电影，就是一个著名的例子。为了拍好片子，希特勒跟里芬施塔尔说，"我不希望把党代会拍成一部索然无味的影片，也不是纯粹的电影新闻，而是一部富有艺术性的纪录片"，甚至许诺"党绝对不会干涉您的工作"。里芬施塔尔没有辜负元首的厚望，《意志的胜利》这部褐色经典成功地将纳粹政治艺术化。戈培尔称赞它"成功地摆脱了陷入简单宣传的危险"，将伟大时代的激越旋律"提升到了前所未有的艺术高度"。

对人民而言，极权国家的里芬施塔尔式的文艺创新，依然是一种宣传，一种灌输，一种征服群众的工具。

"各家报纸都受到指示"

在纳粹德国权力无所不管，一切事务都要以权力意志为转移。

不过，就媒体而言，纳粹政权的无所不管，并不意味着第三帝国的文化事业都是国营或党有。恰恰相反，报刊电影等等，可以私人经营。它留给后世的一条教训就是，不准许媒体私有肯定意味着没有自由，但准许媒体私有不见得就等于自由。

　　在第二次世界大战爆发前，纳粹党或党内个人拥有或控制的报纸，占全部报纸销量 2500 万份中的三分之二。到了 1944 年，纳粹党掌握的报纸，拥有德国报纸读者的 82.5%。在纳粹德国，并非《人民观察家报》之类的纳粹党报党刊独占天下。尽管如此，女作家里卡达·胡赫在宣布退出普鲁士艺术学院时的勇敢批评，并非无中生有："我无法找到一种反映反对派意见的报纸或刊物。"

　　事实上，纳粹控制媒体，操纵舆论，并不需要所有的报刊都是党办或国有。纳粹政权也可以利用私人资本为自己的事业服务。让投资者规规矩矩地在商言商，并不困难。办法多的很。戈培尔用不着太担心投资者会前仆后继地铤而走险。

　　因为在第三帝国，只有政治条件和种族条件合格的人，才有资格当编辑。当局试图通过控制编辑记者的饭碗和人身安全来实现对舆论的控制。如果编辑听从老板的差遣无视第三帝国的国法，那会吃不了兜着走。1933 年 10 月颁布的报刊法明令编辑"要使报纸上不得有任何误导群众、假公济私、削弱德国的外在或内在力量……或者有损德国的荣誉和尊严的东西"。所谓误导群众云云，不过是一条纳粹当局可以按照自己的意志随意收拾编辑和报刊的棍子。

　　更要命的是，德国文化协会不仅控制着"文化工作者"，就连参加"生产、复制、在思想上或技术上加工、传布、保护、推销以及协助推销文化财富"的所有职业和经济部门，也得参加德国文化协会及美术、文学等专业协会。在如此环环相扣的控制网里，遏制异端邪说的传布，岂不是易如反掌？！

　　再说了，对于私人创办的报刊，还可以通过购买、清洗、控制股份、审查、停刊等手段，都可以有效地达到操控的目的。对于纳粹党中的某些人来说，通过购买等方式将党的出版公司做大做强，既是一个强化媒体控制的手法，也是一个聚敛钱财的机会。埃耶出版社社长马克斯·阿曼，作为德国新闻协会的主席，有权任意勒令出版物停刊，然后以极低的价格收购。于是，他所掌控的这家纳粹党出版社，很快就变成了德国出版业中的巨无霸。纳粹党控制舆论和赚钱两不误。阿曼自己的收入也水涨船高，1934 年才 10.8 万马克，到 1942 年就有 380万马克了。

应该说，纳粹统治的十二年里，在"消灭一切跟党对立的报刊"这一点上，戈培尔、阿曼这些人做得非常成功。《伏斯日报》创刊于 1704 年，它在德国报界的地位，有如《泰晤士报》之于英国，《纽约时报》之于美国，就连腓特烈大帝当年都曾给它写过稿。可是在 1934 年 4 月 1 日，这家连续发行了 230 年的自由主义报纸，被迫停刊。

而另一份世界驰名的自由主义报纸《柏林日报》，虽然不像《伏斯日报》那样被直接要了老命，可是它的老板却在 1933 年春被迫出让自己在这家报纸的股份。《法兰克福日报》是德国第三大自由主义报纸，与前两家报纸的境遇有所不同，它在清除了犹太老板和编辑后还能继续出版。躯壳尚在，魂魄已殁。

那些在纳粹淫威中幸存下来的报纸，知道小命捏在纳粹当局手里，它们为纳粹党服务的忠心程度，甚至比纳粹党自有的报纸都有过之而无不及。这样一来，纳粹党不用大包大揽把所有的报刊都一手统到自己的名下，无须为所有的报纸的亏盈付费，就能够做到，所有的编辑记者都得先当纳粹党的文奴，所有的报刊都得跟纳粹党保持一致，否则编辑记者没法在新闻出版这个行当干下去，报刊就没法存活。

实际上，戈培尔才是德国媒体真正的总编辑。这位新闻屠夫的管制手段，可谓是细致入微。对此，当过驻德记者的夏伊勒曾这样描述：
"每天早晨，柏林各日报的编辑以及德国其他地方的报纸的记者，都聚
集在宣传部里，由戈培尔博士或者他的一个助手告诉他们：什么新闻
该发布，什么新闻要扣下，什么新闻怎么写和怎么拟标题，什么运动
该取消，什么运动要开展，当天需要什么样的社论。为了防止误解，
除了口头训令外，每天还有一篇书面指示。对于小地方的报纸和期刊，
则用电报或信件发出指示。"

　　其实，纳粹当局自己也心知肚明，这种龌龊的指令见不得人。于
是，第三帝国宣传部这样一个堂堂的政府机构，把每天规定的这也不能
报道那也不能评论的指令，当成纳粹党国的秘密，并用暴力来维护。按
照纳粹德国刑法典的规定，"着手泄露国家机密者，处死刑"；"以泄露
为目的，而着手取得国家机密者，处死刑或无期重惩役"。

　　纳粹当局的这两项规定，可不是两个虚张声势地吓唬人。1936年
1月，夏伊勒在日记里就提到，因为偶尔把戈培尔每天向新闻界下达
的一些密令副本给过外国记者，德国《波森日报》的一位先生被判处
死刑，后来又被减为无期徒刑。其实，泄漏的密令内容，不过是宣传
部指示怎样用谎言代替真相罢了。

　　在这样严厉的新闻管制之下，一份份报纸势必在舆论一律中变得
索然寡味。1934年，戈培尔和德国新闻协会主席阿曼曾要求，步步紧
跟的编辑们不要把报纸编得那么单调划一。他们是希望看到德国奇迹：
编辑记者们戴着镣铐也能够跳出世界上最美的舞蹈。阿曼对"目前报
刊完全单调划一"的现象深表遗憾，可他说，这既不是政府的措施造
成的，也不符合政府的意愿。

　　那是谁之过呢？埃姆·韦尔克是《格鲁恩邮报》的编辑，他指责
说，报刊之所以变得那么干巴巴，是因为宣传部的官僚主义和高压手

段。韦尔克这下是摸了老虎屁股。这份周刊受到停刊三个月的处罚，而韦尔克自己不仅被戈培尔撤了职，还被送进了集中营。

也正因为戈培尔能够让媒体异口同声，所以德国媒体在沦落为权力的传声筒时，也成为了纳粹统治者制造恐怖氛围的工具和对人民进行心理震慑的法宝。1945 年，在第三帝国末日将临之际，德国人民的生活也因连年的战火而难以为继。有一天，200 人冲进两个面包铺，抢走了面包，戈培尔立即决定采取"严酷的措施"镇压。当天下午，人民法院就从重从快地判处了一男两女死刑。其中一个女的，因为戈培尔认为她案情要轻一些，才没进阎王殿。对于这事，戈培尔在 1945 年 4 月 8 日的日记里写道："……关于审判和处决这两个首恶分子一事我打算张榜公布……我还打算用有线广播加上适当的评论，将这件事通报柏林居民。我相信这是一帖清醒剂。总而言之，我以为在近期内柏林不会再发生面包铺被抢的事件。"换言之，戈培尔自信柏林的群众就会这么被他征服住。

希特勒的军队

和日本帝国苦于军人干政不同，纳粹德国的国防军始终受文职当局的统辖，自军人宣誓效忠希特勒个人之后，始终唯希特勒马首是瞻。理解的要执行，不理解的也要执行。惟命是从的国防军成了希特勒和纳粹党追逐霸权的工具，成了权力不受制约的希特勒豪赌的本钱。最后，第三帝国完了，国防军也完了。

"将来会闯下滔天大祸"

在纽伦堡军事法庭，陈述起诉理由时说到了"党控制军队"。不过，希特勒并非一上台就能"用国家社会主义思想教育军队"，"对武装部队灌输国家社会主义思想"，"要求所有的军官无条件地忠于国家社会主义"。

希特勒出任总理时，连军权都没有。因为按照魏玛宪法的规定，"联邦大总统掌握联邦一切国防军之最高命令权。"兴登堡不仅独自挑选了过去担任东普鲁士军区司令的布隆贝格中将为新任国防部长，陆海军中最主要的司令官人选也是他独自决定。

而希特勒在1933年1月30日就职时也宣誓："我将为德国人民的幸福尽力，维护国家的宪法和法律，认真完成赋予我的职责，对任何人都公正和合理地执行我的职务。"然而，希特勒非但不准备维护宪法，反而是要摧毁宪法。只有摧毁魏玛宪法，希特勒才能攫取军权。

希特勒摧毁宪法的动作，狡黠、凶狠、快捷，直指要害。

1933 年 2 月 27 日深夜，国会失火，次日便乘机借题发挥颁布《保护人民和国家紧急法》，暂停执行魏玛宪法中保障公民权利和自由的七项条款："除了另有规定的法律限制以外，限制个人自由，限制自由表达意见的权利，包括出版自由；限制集会和结社的权利；对邮件、电报、电话进行检查；对搜查住宅发给许可证件；发出没收以及限制财产的命令。"这项法令被说成是"防止共产党的暴力行为的防御措施"。而此前，国会大厦在纳粹党人嘴里只不过就是一"废话屋"而已，并不是什么值得高看一眼的神圣殿堂。

黑红金三色旗是魏玛共和国的象征。魏玛宪法第三条明确规定，"联邦旗色为黑红金三色，商旗为黑白红三色，其上内角镶国旗"。可是希特勒上台不到一个半个月，就在 3 月 12 日广播宣布废除魏玛共和国的黑红金三色旗，从此黑白红三色旗和"卐"字旗将共同构成德国的标志。

随后在 3 月 23 日通过的授权法，对宪法更是致命一击。在希特勒就任总理的第三天，也就是 1933 年 2 月 1 日，兴登堡签署解散国会的命令，可是在 3 月 5 日的国会选举中，纳粹党只获得了 43.9% 的选票，连过半的选民都未能赢得，议席自然还是未到三分之二。于是希特勒在 1933 年 3 月 7 日主持召开内阁会议，讨论如何让新国会通过授权法。希特勒会上说：

我把 3 月 5 日的国会选举看作是一次革命，马克思主义将不再存在于德国。

由三分之二多数通过一项授予政府权力的法令是极为必要。我，国家总理坚信国会将会通过这项法令。因为德国共产党议员都已关进监狱，他们不能出席国会会议……

3月23日，新国会在柏林克罗尔歌剧院开会，以444票对社会民主党人的全部94票通过"消除人民和国家痛苦法"，规定"德国政府除宪法规定的立法程序外，又被授予制定法律的权力"；"德国政府所制定的法律，由国家总理制定，并在政府公报上公布。凡经公布的法律，若无其他说明，均于法律公布之次日起生效"，并且"德国政府所制定的国家法律，可与宪法不同"；"德国同外国签订涉及立法事务的条约，无需获得参与立法团体之同意"。该授权法"自公布之日起生效，有效期到1937年4月1日；如果现政府为另一个政府所取代，本法律也即无效"。

《人民观察家报》欢呼"这是一个具有历史意义的日子，议会主义体制向这个新德国投降了"，宣称"第三帝国的时代已经到来"。授权法确实意味着共和国的末日，埋葬了宪法，埋葬了议会民主制，它给希特勒的独裁披上了一件"合法"外衣，用法律的形式摧毁了法治。因为魏玛宪法规定："宪法得用立法手续修改之，但联邦国会欲议决修改宪法，必须有法定人数三分之二之出席及出席议员之三分之二之赞成，其决议案始得成立。……"

战后，古德里安在回忆录里说："在当时，很少人能够认识这个法案在将来会闯下滔天大祸。那些投票赞成的政客们对于以后所发生的灾难是绝对不能辞其咎的。"

授权法是希特勒摧毁魏玛宪法的特洛伊木马。利用授权法，希特勒得以颁行一项项"可与宪法不同"的"由国家总理制定"的"国家法律"了。比如，魏玛宪法规定，"德国人民，其目的若不违背刑法，有组织社团及法团之权。此项权利不得以预防方法限制之"，而纳粹政权 1933 年 5 月 2 日取缔全德工会联合会，宣布成立德国劳工阵线，作为惟一的工会组织，6 月 22 日颁布对社会民主党的禁令，7 月 14 日的法律进而规定"德国惟一的政党是满足社会主义德国工人党"；魏玛宪法规定，"官吏为全国之公仆，非一党一派之佣役"，"官吏之政治志向自由及结社自由，应保障之"，而 1933 年 7 月 30 日的一项附加法令规定，属于从事共产主义、马克思主义和社会民主主义目标的任何政党和组织的行政人员将给予辞退；魏玛宪法明确规定，"德意志联邦为共和政体"，联邦和各邦分权，而 1934 年 1 月 30 日关于"重建国家"的法律，宣布了联邦制的终结——"取消各邦的人民代表机构"，"各邦主权移交国家"，"各邦政府受全国政府的领导"，"国家的地方长官受国家内政部长的监督"……

在希特勒摧毁共和政体，建立独裁统治的过程中，国防军袖手旁观。国防军这种态度，决定了共和政体在德国的命运。

"一生中最黑暗的一天"

1934 年 8 月 2 日早上，总统兴登堡去世。之前一天，德国政府颁布了"自德国总统冯·兴登堡逝世之日起生效"的《德国国家元首法》，规定"德国总统职务和国家总理职务合而为一。总统现有的职权因此移交给元首和国家总理阿道夫·希特勒。他将挑选其副总理"。

兴登堡去世这天，在装甲兵司令部任参谋长的古德里安写信告诉妻子："明天我们就要宣誓效忠于希特勒。这个誓词将具有严重的后果！祷祝上帝，希望双方为了德国的福利都能信守不渝。陆军是惯于遵守誓约的，希望这一次陆军也能够光荣地遵守。"古德里安在回忆录里说：

在八月二日那一天，希特勒同时做了国家的元首和三军的大元帅。因为他又还是继续兼任内阁总理，所以全国的一切政权就都完全抓在他的手里。从此，他的独裁权就再没有限制。

8月3日，在国防部长布隆贝格主持下，全体国防军官兵宣誓："我在上帝面前作此神圣的宣誓，我将无条件地服从德意志国家和人民的元首、武装部队最高统帅阿道夫·希特勒；作为一名勇敢的军人，我愿在任何时候为履行誓言而不惜牺牲。"正在巴黎的美国记者夏伊勒在这一天的日记里感叹："希特勒使军队宣誓无条件效忠于他个人。此人真是诡计多端。"

在1933年12月2日向宪法宣誓的仪式被废除，代之以简单的入伍宣誓以前，军官和士兵是宣誓效忠共和国宪法。因为魏玛宪法明文规定："一切公务人员及国防军人，应对本宪法宣誓。"国防军向希特勒宣誓效忠，直接践踏了宪法。对这种做法的危害，军人们并非都是毫无意识。时任军队办公室主任的贝克将军就将这一天称为他"一生中最黑暗的一天"。但是并没有军官站出来反对。军人们眼睁睁地看着宪法死去，共和国死去。

1934年8月20日，因为国防军向自己效忠宣誓，希特勒给国防部长布隆贝格上将亲笔写信表示感谢："国防军的官兵既然效忠于我所领导的新国家，我当随时负责保证国防军的存在与不可侵犯，以实践刚刚逝世的元帅的遗嘱，并且不违背保证军队为国家惟一武力的诺言。"

"柏林出了大事"

1936年，布隆贝格晋升为元帅。

但是，此时的国防军高级将领对希特勒还不是一呼百应。

1936 年 3 月，在希特勒下令国防军开进莱茵非军事区时，布隆贝格提出了警告。1937 年 11 月 5 日，希特勒向布隆贝格元帅、雷德尔海军上将、戈林空军元帅、弗里奇陆军上将等人宣布想要占领奥地利和捷克斯洛伐克。时任希特勒的军事副官的霍斯巴赫上校在记录里写道："只要元首还活着，他那不可更变的决心是，最迟在 1943 至 1945 年之间解决德国的空间问题。"这一次，在陆军总司令弗里奇的支持下，布隆贝格又提出了恐遭英国和法国干涉的警告。

希特勒决心清掉军中的挡道者。

1938 年 1 月 12 日，希特勒和戈林为布隆贝格的婚礼做了证婚人。没过几天，说战争部长的新婚妻子从前是个妓女的流言开始散布。1 月 21 日，一个匿名电话打到陆军最高统帅部，要求接转弗里奇将军："陆军元帅冯·布隆贝格娶了一个婊子！"深陷丑闻的布隆贝格在 1 月 27 日被迫辞职。

而弗里奇则被精心炮制的同性恋丑事所中伤。荣誉法庭还没判决，希特勒 1938 年 1 月 29 日就任命劳希奇接替弗里奇为陆军总司令。六天之后，希特勒担任三军最高统帅，自称陆海空军总司令。1938 年 2 月 4 日，纳粹机关报《人民观察家报》称这一天是"国家社会主义具有历史意义的一天和里程碑"。而希特勒曾向德国军民宣告："从现在起，整个国防军的指挥权都直接掌握在本人手中了！"在维也纳，获悉德国军界异动的美国记者夏伊勒敏锐地意识到："柏林出了大事。"

最后法庭证明弗里奇清白无辜。希特勒只是给弗里奇写信祝贺，假装痛心疾首，却不顺理成章地提平反，并且弗里奇的辩护人要求提审希姆莱和海德里希的请求也没有得到批准。直到 1938 年 6 月 13 日的一次讲话中，希特勒才对将军们发了一个为弗里奇恢复名誉的声明。

这位独裁者声泪俱下，说自己是上了当，可惜出于"理所当然的国家理智的原因，不允许把这种骇人听闻的内在联系公诸于世"。他呼吁将军们不要离开军旗，还保证向弗里奇彻底赔罪。希特勒此后任命弗里奇为炮兵头头。弗里奇本人没有拒绝这个职务，而军官团没有团结起来以辞职相威胁，要求希特勒对弗里奇官复原职。布劳希奇也是选择接任而非要求给弗里奇平反。没有人挺身而出。

堂堂陆军上将弗里奇自己又干了些什么呢？他不仅没有采取什么行动向国防军军官团充分说明情况，不愿国防军因为他的缘故采取行动，而且显得很顾全"大局"，竟然还劝军官们不要再计较。统治者喜欢别人不斤斤计较，喜欢别人以"大局为重"。其实，面对权力没有私事。纵容权力就是纵容邪恶，而受害者不再只是弗里奇自己。

1938年5月30日，希特勒给国防军的指令中称，"在不久的将来以军事行动粉碎捷克斯洛伐克乃是我不可变更的决心"。他给陆军下达的任务就是，以闪电行动"迅速占领波希米亚和摩拉维亚……向捷克斯洛伐克心脏地带挺进"。下手时间定在1938年10月1日。

陆军总参谋长路德维希·贝克并不认同这项计划。1938年8月4日，贝克上将在柏林召集陆军将领举行了一次会议。在布劳希奇上将陈述了希特勒的军事和政治企图后，贝克在会上宣读了他的意见书："今天，我们要对国家的存亡作最后的决定。如果今日的领袖们违背了自己的政治常识和良知而轻举妄动，历史就将为他们记下一笔血债。当你们的知识、你们的良心和责任禁止你们执行一项命令的时候，那你们就应该意识到：军人服从到此为止。如果你们的建议和警告在这种情况下不被采纳，为了民族和历史你们就应该辞去职务。如果你们团结一心，行动一致，战争就不会爆发。这样，你们就可以在不幸和危亡中挽救祖国……"

这位陆军总参谋长的结论是：“德国开始一次战争，必将立即挑起其他国家作为受攻击的国家群起应战。在一次反对世界大联合的战争中，德国必败，最后必将受其摆布。”这位炮兵将军强调指出，在未来的战争里，全世界都要起来对抗德国，而追随德国的只会有无足轻重的国家，而这注定了未来战争一开始德国就要失败。这位上将告诫说：“一个身居高位的军人，如果此时只知道在其军事任务的有限范围内尽职尽责，而忽略了对于全民族所负的崇高职责，那么他对于自己职责的认识就不够全面和深刻。”除了赖歇瑙和布施外，所有的将领都赞同贝克的意见。

1938 年 8 月 18 日，贝克被免职。陆军上将哈尔德接任了贝克的参谋总长职务。可他和其他一些人准备发动反希特勒的政变。如果希特勒发动战争，柏林驻军就把他抓起来。柏林卫戍司令冯·维茨勒本将军等人负责执行这个计划。可是慕尼黑协定却使陆军可能的政变失去了基础。希特勒的冒险再一次获得了成功，而贝克的反对则显得是危言耸听。张伯伦和达拉第在慕尼黑给希特勒长足了脸。陆军有什么理由推翻一个给德国带来巨大外交成就的人呢？

在听说希特勒前往慕尼黑的消息时，维茨勒本将军对其他密谋者说：“事到如今，如果我们还要再采取什么行动，那么历史，而且不仅是德国的历史，对我们就不会留下别的什么记录：正当这个最伟大的德意志人处于最伟大的时刻而且全世界都承认他的伟大的时候，我们却声明拒绝对他服从。”在慕尼黑协定签字那天晚上，约德尔在日记中写道：“由于元首的英明睿智，由于他那甚至世界大战都决不回避的决心，我们再一次不用武力就取得了胜利。现在希望的是，那些怀疑成性、意志薄弱而犹豫观望的人也许已经转变过来了，并且希望他们今后这样保持下去。”希特勒不损一兵一卒就完成了征服，给第三帝国平添了有着一千万人口的大片土地。确实许多犹豫观望的人转变了。贝克、哈尔德他们眼睁睁地看着希特勒的威望空前提高。

就连德国历史学家费斯特在战后都说，"如果1938年底希特勒被刺杀而死，多数人会毫不迟疑地把他称之为德国最伟大的领导人之一，历史的完成者。"而他那些"富于侵略性的演说和我的奋斗、反犹主义和称霸世界的宏图也许会当成早年异想天开的事业被人遗忘。"

"我不是南美洲的一个叛乱将军"

在二战之前，德国政治家劳希宁在国外出版的《虚无主义的革命》里，诚恳地警告德国将军们，不要堕落成为党效劳的匪帮头子。无论国防军的将军们抱着什么样的想法，他们在忠诚誓言的紧箍咒下，实际上沦落为了实现希特勒和纳粹党意志的家丁。

在一战中，德国损失了二百万军人，但其中只有十位将军。而在二战中，自下而上，直到集团军一级，每一位德国陆军将领都亲临战场，不是乘坐飞机、坦克或装甲车亲自指挥战斗，就是与士兵一道摸爬滚打。英国历史学家戴维·欧文在他的一部书中这样写道："实事求是地说，有数以百计的将军就是由于他们盲目地服从自己的誓言，不顾显然无望的局势而在战斗中送命的。"德国军人因为这种忠诚，不仅令德国陷入火坑，其自身也付出了沉重的代价。德国在二战中损失士兵376万人。这些战死疆场的人里头，有的还是将帅之子。任西线C集团军总司令的勒布陆军上将，其子在1939年战死沙场；国防军统帅部参谋长、陆军元帅凯泰尔的小儿子阵亡在了俄国战场。而他们为之卖命的纳粹德国，最后却在战火中变成了一片废墟。

希特勒在邪路上能够走得如此之远，离不开德国军人那种不问青红皂白的忠诚。1940 年 7 月 19 日晋升为元帅的博克，他并不是纳粹党员，可他拒绝加入到"反抗运动"中去。在他眼里，反抗运动就是叛乱。在一次跟自己的首席参谋官特雷斯考上校的谈话里，他很生气地拒绝使用任何武力来和希特勒对抗。他说"我不是南美洲的一个叛乱将军"，而且还警告说，"我绝不允许使领袖遭受攻击。谁敢攻击领袖，我就要为维护领袖而惩办谁！"

约德尔上将是帝国最高统帅部作战厅厅长。在纽伦堡监狱，美国心理学家吉尔伯特问他，高尚的人怎么会签署那些残酷的命令。他说，他和凯泰尔元帅只是把命令记录在纸上而不是命令的创始人。他们不过是供人差遣的仆人而已。如果一名中尉接到一道命令，他能有权力和责任这样说——"等一等，上尉，我得查查《海牙公约》有关陆战方面的规定，看我能否执行。"在他看来，他们和希特勒的关系，跟这个例子没有什么不同。这位后来被送上了绞刑架的战犯说："如果我们不服从，我们早就被逮捕起来，而且事实正是如此。"

吉尔伯特争辩说，如果没有将军们的默许，希特勒绝不可能发动战争。对这一点，约德尔表示同意，可他又说了，同样正确的是，如果步兵不前进，如果武器制造商不提供武器，如果厨师不做饭，那也就没有战争。战士、制枪工匠和厨师因此就对发动战争有罪吗？约德尔说："我不明白你们这些人怎么不能承认一个简单的事实，军人的义务是服从命令，这是我一辈子恪守的准则。"约德尔的话不应简单地视为洗刷之词或推卸罪责的狡辩。

不仅高级将领表现出非同一般的忠诚，就是下级军官也一样。日后成为西德著名政治家的斯特劳斯，就是一名第三帝国的军官。斯特劳斯在第一次短暂休假中，遇到了强烈反对纳粹的莱因费尔德教授。他劝斯特劳斯："斯特劳斯，投敌是您道义上的责任，一接触上敌人，您必须立即掉转枪口。这是良知的召唤。"教授得到的回答说："教授先生，我不能这样做。"他在回忆录里写道，"虽然我在一个罪犯手下当兵（我一向把希特勒视为罪犯），但对我来说，逃跑不是出路。我深感可悲，明知希特勒不可能赢得战争，还要参加这样的战争，并指挥他人去打仗，也许是去送死。这是一种巨大的心灵负担，我真不希望任何人处于这种境地。"前德国总理密特朗，在第三帝国的国防军里当过八年兵。他曾这样写道："我们在夜里诅咒希特勒和战争，而在白天又在尽我们作为士兵的义务。"

二战后，在第三帝国的暴政下幸存下来的法学家拉德布鲁赫意识到，"民族社会主义懂得通过两条原则来约束它的追随者，一方面是对军人，'命令就是命令'；另一方面是对法学人士，'法律就是法律'"。恪守"命令就是命令""法律就是法律"的口号，使得德国的法律职业人和整个民族面对极权统治时，都丧失了自卫的能力，"来反对如此专制，还如此残暴、如此罪恶的法律"，"它最终把法律与强权等同起来：哪里有强权，哪里就有法"。在无条件地守法与遵命中，人们成了纳粹德国的驯顺工具。对这段历史有切肤之痛的拉德布鲁赫所以就说："对于军人而言，命令就是命令……但是如果军人知道，一个命令是以犯罪或违法为目的的，他就有义务和权利拒绝服从这个命令。"舍此，共和政体和法治在一国将难以生根、立足。

法西斯的名声

力量固然不等于正义，但正义的维护和实现，绝然离不开力量的拱卫。1940年12月29日的"炉边谈话"中，罗斯福总统就说："任何人都不能靠抚摸来把老虎驯服成小猫。不能姑息残忍的行为。对于燃烧弹是不能讲道理的。"没有足够的力量相护，正义就只能是一种美好的愿望。

谋求国家间正义的实现，也就是一个聚集力量和运用力量的过程。在现实世界里，不分青红皂白地鄙视力量，无异于放弃正义。

戈林到死也不服罪

1945年5月，第三帝国覆亡。8月12日，烜赫一时的空军元帅戈林，被关进了纽伦堡监狱。10月19日，戈林收到起诉书，他被指控破坏和平罪、战争罪、违反人道罪，以及"参与制定与执行犯这些罪的共同计划或阴谋"。指控的依据，是《欧洲国际军事法庭宪章》第六条之规定。

纽伦堡国际军事法庭是根据苏、美、英、法四国1945年8月8日签订的《关于控诉和惩处欧洲轴心国主要战犯的协定》及其附件《欧洲国际军事法庭宪章》设立的，"以审判那些罪行没有特殊地理位置的战犯"，总共四名法官和四名检察官，均由英、美、法、苏各自指派。法庭，是胜利者的组织。被告席，只为战败者而设。

1946年10月1日，纽伦堡国际军事法庭上午判决，"被告戈林就起诉书的全部（共四项）罪名而论都是有罪的"，下午宣告判处戈林绞刑。

可是戈林，这位被判决书称为"纳粹政权中在希特勒之下的最重要的人物"，却拒不认罪。身处非死不可的境地，即便是死，他也要竭力寻求一种自认为有尊严的死法，而不甘脖子被套进敌手的绞索。10月11日，戈林在信纸上写下，"我没有义务服从我的敌人的判决。因此，我选择了汉尼拔将军的自尽方式"。

10月15日晚，戈林服毒身亡。

他所效仿的迦太基名将汉尼拔（前247—前183），在西方世界有着"战略之父"的美誉，据说九岁时就在祭坛前对天发誓："我决不与罗马为友。"这位罗马共和国的克星，足智多谋，骁勇善战，以至罗马人视其为"罗马民族最不共戴天之仇敌"。他逃离迦太基之后，哪怕已届风烛残年，罗马人也还是放不下对这位流亡者的恐惧，欲除之而后快。公元前183年，汉尼拔在罗马人抓到自己之前，服毒自尽，留下的临终遗言依然不失英雄本色："既然罗马人连等待一位老者咽气也觉得度日如年，久不可耐，那么就让我来帮他们去除这块多年的心病吧。"

带着罪孽，也带着不服与不屈之心离开人世的戈林，是强权逻辑的忠实信徒，人性弱点的驯顺俘虏。在纽伦堡狱里，他这样写道："胜利者永远是法官，战败者永远是被告。"对于发动"侵略战争"的指控，他辩称，英国、美国和苏联也不例外，"但当德国人这样做的时候就成了罪行！"

在他看来，"历史上著名的征服者并不被看成是谋杀者——成吉思汗、彼得大帝、腓特烈大帝！"不幸的是，戈林的这种看法，并非只是他作困兽之斗时的狡辩或自我安慰。事实上，人间的法庭，从来都不审判带刀的胜利者，即使他们被时人千诅万咒，真的是丧尽天良，恶贯满盈。他们现世或身后所受到的，顶多只是唾沫和笔墨的攻击。纽伦堡审判之前如此，纽伦堡审判之后亦然。

掠夺，或被掠夺；杀戮，或被杀戮；践踏，或被践踏，是希特勒、戈林他们踏入政治丛林之前，世界历史中时隐时现的一条主脉，而芸芸众生里，总有一些人想冲到主脉之巅，俯视宇内。亚历山大大帝曾扬言要"直捣世界的尽头"；彼得一世则在遗嘱里嘱咐，"俄罗斯人民负有使命在将来成为欧洲的统治民族"，"能够征服欧洲，也应当征服欧洲"；而叶卡特琳娜二世的宠臣祖波夫制定称霸雄图，未来的俄罗斯帝国将拥有六个都城——彼得堡、莫斯科、柏林、维也纳、君士坦丁堡、阿斯特拉罕；即使从未能像他们那样拥有一个庞大帝国的腓特烈大帝也说，"假如你喜欢别人的领土，那你就先发动战争把它拿过来，而替你进行辩护的法律家总是可以找到的"。七月王朝时期（1830—1848）的法国，并没有拿破仑时代那种称雄欧洲的气象，但这并不妨碍它的中学教科书向年青人灌输："法国还没有占有她的自然疆界；她还没有占有整个法国地区。……法国疆域实际包括尼斯和萨瓦地区，瑞士（即日内瓦、洛桑、弗里堡和纽夫夏特），莱茵区的巴伐利亚，普鲁士的莱茵地区，卢森堡大公国和比利时……她的自然边界是从河口到河源的整个莱茵河流域；阿尔卑斯山从莱茵河源的大圣哥特哈山口到科尔·得·卡的邦。"

而对那些图谋霸业的狂人，现世与历史，常常赤裸裸地展露着它们势利、功利的一面。匹夫谋杀一人，有司当凶犯，统帅戮人百万，举世称名将；抢邻人尺寸之地，指作恶霸，掠他国千里之疆，尊为大帝。而且凶犯恶霸籍籍无名，名将大帝则青史永载，世人乐道。历史神坛的这种偏好，无疑也激发和滋养了希特勒、戈林这类人的雄心。哪怕已沦为胜利者的阶下囚，戈林依然还在梦想不朽英名。1946年2月14日，在谈到"马来之虎"山下奉文因战争罪被绞死的下场时，他跟汉斯·弗兰克说的话言辞激昂："那又怎样？你应该振作起来，带着尊严去面对死亡。我们将是烈士，即使过五十年，德国人民也会承认我们是英雄的。他们会把我们的骨头用大理石盒子装着，安放在巨大的国家神殿之中。"戈林这番慷慨陈词，与其说是精神病的表征，毋宁说更像是绵延不绝的历史回声。

希特勒心中的榜样

对于彼得一世的好战，俄国历史学家克柳切夫斯基有过这样一段描写："彼得几乎没有经历过和平时期，一生总在同谁搏斗，一会儿同姐姐，一会儿同土耳其、瑞典，甚至同波斯。从1689年秋天索菲娅的统治垮台起，彼得在位的35年中，只有1724年这一年和平度过，而在其他的年份里总共不超过13个月没打仗。"彼得攫取了里海西岸、南岸地区，获得了波罗的海出海口和沿岸地区，虽然吞并之地的幅员，远不如叶卡特琳娜二世和斯大林所得那样堪称辽阔，但他为俄国抢到了梦寐以求的出海口。俄国人尊之为"大帝"。

如果说被尊称为"大帝"的彼得一世和腓特烈大帝对外扩张所造成的人员伤亡，山河残破，其罪之重，其孽之深，恐不及希特勒，那么成吉思汗（1162—1227）则可谓有过之而无不及了。《元史》称，成吉思汗"灭国四十，遂平西夏"。至于蒙古大军过后的破坏性，依照吉本（1737—1794）的描写，"从里海到印度河数百英里广袤的地区遭到摧毁，过去装点着人类勤奋和努力的成果，经过四年的蹂躏，在尔后五个世纪都无法恢复。"

在成吉思汗成就霸业的过程中，杀戮之凶残，千古罕见。中国史家屠寄（1856—1921）在《蒙兀儿史记》中用的说法是，"军锋所至，屠列生民如鹿豕，何其暴也"；法国史家格鲁塞在《草原帝国》里则称，"成吉思汗被看成人类的灾难之一"，"他使恐怖成为一种政体，使屠杀成为一种蓄意的有条理的制度"。大屠杀，是蒙元军队的一种习惯性的思路和做法。《元史》中就提到，"国家为制，城拔必屠"。

这种屠杀，不仅视人如鹿豕，而且带有灭绝性。它给波斯史家志费尼（1226—1283）留下的总体印象是，"凡抗拒他的帝王、君主、城镇长官，成吉思汗统统予以消灭，连他的家人、部下、族属和百姓亦无豁免；因此，毫不夸张地说，原有十万人口的地方，所余的活人不足一百"。成吉思汗的征服之血腥，仅仅1221年的几则事例，就可见一斑：攻占忒耳迷后，"男女居民都被赶到城外，按照惯例，有比例地分给军士；然后，他们悉数被杀，无一获免"。"蒙古人屠杀完毕，看见一妇人，妇人对他们说：'饶我的命，我把一颗大珠子献给你们。'但当他们索取珠子时，她说：'我吞下肚了。'因此，他们剖她的肚子，找到好几颗珠。由于这个缘故，成吉思汗教把所有死者的肚子都剖开。"

屠拜勒寒城时，"尽杀其男子，女子则辱而后杀，刳孕妇，戕其胎"。

而一番殊死抵抗后陷落的花剌子模旧都玉龙赤杰，被抢光、杀光、烧光，残暴程度之令人难以置信，连志费尼都说，"听说死者如此之多，以致我不敢相信传闻，因此没有记下数目"。不过，另一位波斯史家拉施特（1247—1318）主编的《史集》中，留有记载：

他们将居民一下子全部驱到野外，从他们中间将十万名左右的工匠分出来，[押]送到东方去。青年妇女和孩子们也驱入了俘虏队，剩下的人则分配给军队屠杀。据人们确定地说，五万多蒙古兵每人分配二十四人。简单地说来，[蒙古]军将所有的人杀死后，便川流不息地入城任意洗劫。剩下的房屋和街区一下子全被毁掉了。

若依此说，屠杀人数高达 120 万。

这还不是史书所载的最高纪录。日本历史学家桑原骘藏在《东洋史说苑》一书中说："据说，在花剌子模的旧都玉龙杰赤，共有 240 万人被杀，这在伊斯兰教记录上可以看到。尽管有些夸张，但一定是杀害了许多人。还有，在海拉特地区，160 万的居民中仅有 16 人幸免于难。真是杀害了不少人呀，简直就像割草一样。"

而在马鲁投诚之后，据志费尼所述：

蒙古人下令：除了从百姓中挑选的四百名工匠，及掠走为奴的部分童男童女外，其余所有居民，包括妇女、儿童，统统杀掉，不管是男是女，一个不留。

接着，把马鲁的居民分配给军士和签军，简言之，每名军士要杀三百或四百人。

依照格鲁塞引用的数据，成吉思汗的儿子拖雷指挥的这次屠杀，"在马鲁的周围，死者计达七十万人"。而志费尼则说：

赛夷也速丁·纳撒巴……和其他几个人，用十三昼夜来计算城内受害者的数目，抛开那些在沟洞和郊野中被杀的人不算，仅点一点一眼得见的尸体，他们就得到一百三十多万的数字。

希特勒把这样一个征服者当作自己的榜样。

1939 年 8 月 22 日，在上萨尔斯堡高级军事会议上，希特勒叫嚣要"毫不留情地、无需怜悯地将波兰血统的以及说波兰语的男人、妇女和小孩统统打发到地狱里去",他说:"谁强就是谁对,大国没有怜悯。""成吉思汗带着兴奋的心情,有意识地将数百万妇女和儿童驱赶到地狱。历史只会承认他是一位伟大的国家缔造者。软弱的西欧文明对我作些什么评价,那无关紧要。"如果希特勒的征伐像成吉思汗一样成功,九死一生的敌国,即使在苟延残喘中能建立起国际法庭,难道审判得了他和他的文官武将吗?此时的正义,恐怕不会比吐一口唾沫更有力量。而后世的一些政客文人,且会讴歌希特勒"统一"欧洲的丰功伟业。

用铅笔杀人

在纽伦堡审判中,有一个小插曲。1946年2月14日,苏联人指控德国人欠下了卡廷森林的血债。为表轻蔑,戈林和"希特勒最亲密的心腹"鲁道夫·赫斯,故意扯掉耳机,希特勒青年团头子席拉赫则报之以咯咯笑声。

对被关押的波兰军官和平民进行大屠杀,是苏共中央政治局集体一致决策。1940年3月初,《贝利亚就枪毙3个专门战俘营及乌克兰和白俄罗斯西部地区监狱中的波兰军官、宪兵、警察和民团分子等给斯大林的报告》提出,对"战俘营中14700名原波兰军官、官员、地主、警察、情报人员、宪兵、民团分子和监狱看守的案情","以及对逮捕并关押在乌克兰和白俄罗斯西部地区监狱中的11000名各种反革命间谍和破坏组织成员、原地主、工厂主、波兰军官、官员和越境分子的案情","以特别程序进行审理,对他们采取最高惩处措施——枪毙"。对这份屠杀报告,斯大林批示:"政治局决定。"3月5日,苏共中央政治局会议作出了"枪毙3个专门战俘营及乌克兰和白俄罗斯西部地区监狱中的波兰军官、宪兵、警察、民团分子及其他人的决定"。

在贝利亚报送的生死簿上的个人签名，斯大林、伏罗希洛夫、米高扬用的是蓝铅笔，莫洛托夫用的是普通铅笔，而写在边空处的"加里宁同意""卡冈诺维奇同意"，则显然是斯大林秘书的笔迹。

乌克兰苏维埃社会主义共和国内务人民委员伊凡·亚历山德罗维奇·谢洛夫领导的卡廷秘密屠杀，做得干净利落。上世纪五十年代，有一次谈到斯摩棱斯克的契卡人员时，正在气头上的谢洛夫，忍不住跟赫鲁晓夫的儿子和女婿说："连这种事情都应付不了，我在乌克兰的时候，那他们才叫多呢。可是，我做得人不知鬼不觉，连影子也发现不了……"对执行这次秘密屠杀，不仅谢洛夫自我感觉良好，而且上级也很满意。沾血者获得了奖赏。1940 年 10 月 26 日，苏联内务人民委员贝利亚签发第 001365 号命令，嘉奖了 125 个"出色地完成了专门任务"的工作人员，其中 44 人涨了工资，81 人获得 800 卢布的一次性奖励。

1941 年 6 月 22 日，希特勒闪击苏联，红军一路西溃，同年，卡廷地区即落入德军之手。于是，卡廷屠杀得以浮出水面。

1943 年 4 月 13 日，德国无线电广播公开指责苏联政府制造了这起大屠杀，并提出搞一次现场的国际调查。国际红十字会声称，除非接到苏联政府相应的要求，否则不能为了德国人的臆断而举行任何调查。而苏联政府做贼心虚，哪敢硬着头皮同意搞国际调查以表清白？于是德国人自己组织了调查，并发表了白皮书。

苏联不仅矢口否认大屠杀是自己干的，而且还反咬一口，说那些波兰人是纳粹杀的，德国人是在嫁祸于它。在收复斯摩棱斯克后，苏联当局组织了一个完全由苏联人组成的调查委员会，名字叫"确定和调查德国法西斯侵略者在卡廷森林枪杀波兰战俘军官情况特别委员会"。这个委员会经过一番装模作样的调查，在 1944 年 1 月发表了一份特别报告，把卡廷屠杀说成是纳粹德国的罪孽。

苏联人的栽赃，误导了不少人；而纳粹坏事干得太多，也使得这种误导易于为人所信。弗朗茨·约瑟夫·斯特劳斯（1815—1988）二战时是纳粹德国的一名炮兵军官，自从目睹了党卫军的一次血腥屠杀，他说，"从那时候起，我觉得，凡是我听说的事情都可能是真的。甚而，起初我相信俄国人在卡廷枪杀 4000 波兰军官的惨案也是纳粹干的，以为是党卫军的行刑队杀害了波兰军官，用戈培尔惯用的宣传伎俩，加罪俄国人"。

早在 1943 年初，波兰流亡政府总理西科尔斯基到唐宁街十号进午餐时，就跟丘吉尔说，他有证据表明苏联政府制造了卡廷惨剧。可丘吉尔劝他："如果他们已经死去，你无论如何也不能起死回生。"而面对英吉利海峡对岸虎视眈眈的纳粹大军，打败希特勒，才是英国的首要战略目标。而此时的波兰只是一个名词，它在现实的政治版图上，已不复存在，残余的力量，在大国角逐的欧洲棋局中，其作用无法与苏联相提并论。对英国来说，去较真卡廷问题，只会让苏英关系横生枝节。英国也要生存，它不能不掂量权衡，抉择取舍。

1941 年 6 月 21 日，德国进攻苏联的前一天，晚餐时丘吉尔说，德国进攻俄国，现在已经是确定不移的事了，英国应全力帮助俄国。饭后，秘书科尔维尔问他，对他这位头号反共人物来说，这样一来是不是就同流合污了。丘吉尔回答道：

完全不是这样。我只有一个目的，就是打倒希特勒，我的一生这样一来就变得简单多了。如果希特勒攻打地狱，我至少也会在下院为魔鬼说几句好话。

希特勒袭击苏联之时，大不列颠空战已接近尾声，英国的灭顶之险暂告解除。但丘吉尔明白，燃眉之急是打败希特勒，一旦苏德撕破脸，斯大林将是盟国可以联手的、极具战略意义的合作伙伴——哪怕只是个临时的伙伴。在 6 月 22 日晚间的广播中，他说：

> 我在几分钟前谈到迫使或诱使希特勒对俄国进行冒险所表现出来的嗜杀和贪欲时，我曾指出在他的暴行后面还存在着一个更深的动机。他想摧毁俄国的力量，因为，他希望，如果他能得逞，就可以把他的陆空军主力从东欧调回，再大举进攻这个岛国。……他进攻俄国，只不过是企图进攻不列颠诸岛的前奏。

寄人篱下的波兰流亡政府，为揭示卡廷事件真相所做的一切，惹得苏联当局恼羞成怒。1943 年 4 月，斯大林给丘吉尔去信威胁说，既然波兰政府发表并支持那项指控苏联屠杀波兰军官的可恶指责，就要立即废止 1941 年的协定。不止如此，斯大林还说："现今滑到和希特勒政府勾结道路上的波兰政府实际上停止了和苏联的同盟国关系，开始站到和苏联敌对关系的立场上。"

本来在 1941 年 7 月 30 日，苏联驻英国大使麦斯基和西科尔斯基签订条约，承诺"1939 年签订的关于波兰领土变化的苏德条约""失去效力"，两国恢复外交关系。这下，苏联又借机毁约了。1943 年 4 月 25 日，苏联不顾丘吉尔和罗斯福的调停，中断了和西科尔斯基政府的关系，并且在照会里还说得振振有词："波兰政府进行反苏的敌对活动，其目的是通过利用德国法西斯分子造谣中伤的伪造文件的方式，对苏联政府施加压力，使它在领土问题上让步而牺牲苏维埃国家乌克兰、白俄罗斯和立陶宛的利益。"

此后几近半个世纪，苏联当局都是死死捍卫自己编造的卡廷谎言。直到 1988 年，苏联才首次正式承认由贝利亚领导的内务人民委员会对卡廷事件负全部责任。此时距纽伦堡军事法庭宣布党卫军为

"犯罪组织"，判处卡登勃伦纳等首要战犯绞刑，已经过去了42年。

斯大林和希特勒的蜜月

1939年8月23日，苏德签署互不侵犯条约和秘密议定书。里宾特洛甫和莫洛托夫签约这天，跟英法谈判的代表团团长伏罗希洛夫元帅，和赫鲁晓夫一伙人去扎维多瓦猎场打野鸭了，把呆在莫斯科的英法代表团晾在一边。第二天，伏罗希洛夫冷笑着对英法代表团说："鉴于形势发生变化，继续谈判已经没有意义。"之前，莫斯科公开和英法谈判，无非是增加自己跟柏林密谈的筹码，让希特勒的开价更令人满意。这个对欧洲和平意味着灾难的密约一签，过去口诛笔伐的对象，转眼间，又成了朋友。

对当时正在莫斯科读大学，日后一度担任德国统一社会党秘书长的沃尔夫冈·莱昂哈德（1921—2014），留下的直观印象是：8月23日晚，电影院已停映反法西斯电影《卡门教授》和《奥本海姆家族》；"'法西斯主义'这个词在苏联报刊中根本不再出现了"。

对这种反复无常，斯大林自有一套解释。在部队里画了两个三角形。一个三角形叫"张伯伦想干什么？"三角形的上方写着"伦敦"，下方写着"莫斯科和柏林"。注释是："张伯伦想让我们与德国人发生冲突，而他则坐山观虎斗。"还有一个三角形叫"斯大林同志做了什么？"三角形上方写着"莫斯科"。注释是："斯大林让柏林与伦敦发生了冲突，而我们则坐山观虎斗。"

苏联和纳粹德国进入蜜月期。1939年12月31日，斯大林六十岁生日。在回复柏林的贺电时，这位寿星说起了"德国人民和苏联人民用鲜血凝成的友谊"。

1939 年 8 月 23 日签订的秘密议定书约定，"一旦需要对于……芬兰、爱沙尼亚、拉脱维亚和立陶宛所属的土地进行领土和政治上的重新安排，立陶宛的北部边界应成为德国和苏联势力范围的边界……如果对于属于波兰的土地进行领土和政治上的重新安排，德国和苏联的势力范围大体上应以纳雷夫河、维斯瓦河以及桑河一线为界"。9 月 28 日，莫洛托夫和里宾特洛甫又签订了瓜分立陶宛的秘密补充协定书。

当希特勒在欧洲飞扬跋扈时，莫斯科也没闲着。仅 1940 年，苏联的版图上就增加了五个共和国：卡雷列-芬兰苏维埃社会主义共和国、摩尔达维亚苏维埃社会主义共和国、立陶宛苏维埃社会主义共和国、拉脱维亚苏维埃社会主义共和国、爱沙尼亚苏维埃社会主义共和国。

苏联甚至一度谋求成为德意日三国公约里的第四个伙伴，也就是轴心国的一员。1940 年 11 月 12 日，苏联外交部长莫洛托夫按照斯大林的绝密指示，前往柏林会晤希特勒，苏联提出了它愿意加入德、意、日三国公约的条件：保加利亚和土耳其海峡归苏联控制；沙俄在中国北部占领的领土归苏联；承认波斯湾和阿拉伯海为苏联的势力范围。英、中等国跟德、意、日阵营殊死搏斗之际，斯大林正盘算着如何跟轴心国瓜分世界。这次，苏德没有谈拢。一个多月后，希特勒签署的第 21 号指令，要求"德国国防军必须准备在对英国的战争结束之前即以一次快速的远征将苏俄击败"。

1941 年 6 月 22 日，希特勒先跟斯大林翻脸了。在当天的广播讲话里，莫洛托夫谴责德国"对我国的这一空前进攻是文明民族历史上没有先例的背信弃义行为"。7 月 3 日，斯大林广播演说里又一次责难"法西斯德国背信弃义地撕毁条约"。这是一个强权对另一个强权出乎意料之举的抱怨。

其实，斯大林的内心，也许笃定希特勒不敢冒两线作战的危险，贸然袭击有着数量优势的苏军。据朱可夫回忆，在 1941 年 6 月 15 日，他和铁木辛哥"请求必须使部队进入一级战备状态"，但斯大林说："我们同德国签订有互不侵犯条约，德国完全陷入了在西方的战争，我相信希特勒不会冒险进攻苏联，给自己形成第二条战线。希特勒不是傻瓜，不致于不明白苏联不是波兰、不是法国、也不是英国这个道理。"并且斯大林自己其实也没有把这个"互不侵犯"当天条。签订苏德互不侵犯条约之后，赫鲁晓夫就亲耳听到斯大林说过："当然这完全是看谁能愚弄谁的一场赌博。我知道希特勒想干什么。他以为他给我上当，但实际上倒是我愚弄了他。"斯大林也有西进袭击希特勒的"大雷雨"计划，只是没想到让希特勒先下了死手。

二战是"反法西斯战争"？

第二次世界大战，人们又称之为"世界反法西斯战争"。其实，那段历史本身，并非像这个词表述的那样黑白分明。就纽伦堡法庭判处戈林等人破坏和平罪、战争罪、违反人道罪而论，在第二次世界大战期间，犯下过这些罪行的国家、组织和个人，并不单属于轴心国阵营。更何况，那也并不是一场在世界范围内逢法西斯必反的战争，或者说并不是以消灭、摧毁全世界的法西斯政权为目的的意识形态之战……

1930 年到末，在弱肉强食的欧洲政治餐桌上，正如丘吉尔所说的那样，"抢吃死人肉的兀鹰还不限于德国"。在签订慕尼黑协定之后，波兰立即向捷克斯洛伐克发出最后通牒，以二十四小时为限，要求割让特申边区。趁火打劫的波兰如愿以偿，得到了大约 650 平方英里的土地。

一年后，德国在 1939 年 9 月 1 日对波兰发动闪电战。在希特勒的大军长驱直入之际，苏联红军也在磨刀霍霍。

1939 年 9 月 7 日，斯大林在克里姆林宫跟莫洛托夫、共产国际执委会总书记季米特洛夫等人说，波兰"现在这个法西斯国家压迫乌克兰人、白俄罗斯人等。消灭这个国家在现在的条件下就意味着减少了一个资产阶级法西斯国家！如果由于消灭了波兰，我们把社会主义制度推广到新的领土和居民中去，这有什么不好呢。"就对战争态度问题，他与季米特洛夫经过讨论，形成了共产国际执委会给各国共产党的指示，认为"当前的战争是帝国主义的、非正义的战争"，"并不像张伯伦和社会民主党首领们所断言的那样是为了反对法西斯"，要求"国际无产阶级在任何情况下都不能保卫法西斯的波兰"。

9 月 8 日，德军进抵华沙郊区。9 月 9 日，苏联外交人民委员莫洛托夫给德国大使发电报道贺："我收到了您有关德国军队进入华沙的通报。请向德意志帝国政府转达我的祝贺和致意。"

1939 年 9 月 14 日，苏联国防人民委员伏罗希洛夫元帅和总参谋长沙波什尼科夫给白俄罗斯特别军事委员会发出绝密的第 16633 号训令，命令"在 1939 年 9 月 16 日日终前隐蔽集结并做好发动决定性进攻的准备，以进行闪电般突击粉碎敌人当面部队"。

1939 年 9 月 17 日，苏军在波兰背后捅刀。1921 年的里加和约、1932 年的苏波互不侵犯条约，被苏联撕毁。斯大林向全世界宣布："鉴于波兰这个国家已不存在，为了保护白俄罗斯和乌克兰少数民族的权益，苏联军队进入了波兰。"中国驻法大使顾维钧在 9 月 18 日的日记里感慨不已："似乎已经没有任何东西可以看作是确定可靠的了，一切条约，谅解，诺言，官方声明全都意味着是对真正意图的伪装。"

1939 年 9 月 27 日，波兰投降。这次，苏联分赃得到了波兰 51.4% 的领土和 37.1% 的居民。一个三千万人口的国家，在不到一个月的时间里，就从欧洲的政治地图上消失了。得手之后，苏德两国一起，倒打了英法一把。9月28日，里宾特洛甫和莫洛托夫在莫斯科发表共同宣言，声称"结束目前存在于德国与英法之间的战争状态符合所有国家的利益"，苏联和德国将集中精力共同致力于实现这一目标，"如果两国政府的努力仍然不能取得成功，则英法应为战争的持续进行负责"。10月6日，希特勒在国会发表和平呼吁，他说："为什么要在西方打这场战争呢？是为了恢复波兰这个国家吗？凡尔赛和约的波兰是不会再现了……重建波兰国家的问题不能通过西方的战争来解决，而只能由俄国和德国来解决"。希特勒的"和平倡议"，在10月10日、12日先后遭到法英两国的拒绝。

如果按照莫洛托夫1939年10月31日在苏联最高苏维埃第五次非常会议上的报告，破坏欧洲和平的罪魁祸首，是可恶的英国和法国："现在，如果谈论欧洲大国的话，德国正处于渴望尽快结束战争，实现和平的国家的地位，而昨天还鼓吹反对侵略的英国和法国，则主张继续战争，反对缔结和约。大家看到，双方的地位变了。""打着为'民主'而斗争的幌子去进行'消灭希特勒主义'的战争，不仅毫无意义，而且是犯罪。"斯大林11月29日接见《真理报》记者时的所言，说得更简明直接："不是德国进攻了法国和英国，而是英国和法国进攻了德国。"换言之，希特勒袭击波兰，英法万万不该对德宣战。1940年1月29日的《真理报》又进一步发挥："不是德国、而是英国和法国拒绝了（德国的）和平方案……英法两国帝国主义者想把这场战争变成世界大战。他们要把全人类淹死在痛苦和匮乏的海洋之中……"

尽管如此，英、法隐忍着，谁也没有向跟德国一起瓜分波兰的苏联宣战，反而是不断向它伸出橄榄枝。在苏联遭到德国进攻当晚，丘吉尔在广播中说，"任何对纳粹帝国作战的个人或国家，都将得到我们的援助。……我们将要对俄国和俄国人民进行我们能够给与的一切援助"，"俄国的危难就是我们的危难"，尽管他仍然也说，"纳粹制度同共产主义最坏的特征相比较，并没有什么区别。……在过去二十五年中，没有一个人像我这样始终一贯地反对共产主义。我并不想收回我说过的话。"换言之，是友是敌，并不以对方是否法西斯国家为衡量标准。利害计算重于意识形态分歧。也正因为这样，佛朗哥统治的西班牙和萨拉查统治的葡萄牙，虽被视为法西斯国家，可同盟国谁也没有向它去宣战，反而是一再向它们示好，合作之门一直敞开着，防止它们一头扎进希特勒的怀抱。葡萄牙在二战期间奉行中立政策，避免因意识形态接近而站到德意一边投入战争。美国参战后，葡萄牙把亚速尔群岛具有战略意义的基地提供给了盟国。美军 1942 年 11 月 8 日在北非登陆。佛朗哥得到罗斯福总统的亲自保证：西班牙不必对盟军有什么畏惧。美国国务卿赫尔说："如果没有西班牙的中立，我们攻入非洲是不可能的。"即便是墨索里尼，如果他不是铁了心要跟希特勒并肩作战，同盟国谁也不会对他发动"反法西斯战争"。丘吉尔在其回忆录里这样评价墨索里尼："他的最重大的错误，就是他在希特勒于 1940 年 6 月获胜以后，对法、英两国的宣战。如果他不采取这种行动，他很可以使意大利保持一个举足轻重的地位，受到双方的奉承和酬报，并且可以从其他国家的相互斗争中，取得巨大的财富与繁荣。即使在战争的结局已经明确无疑的时候，墨索里尼也仍然会受到盟国的欢迎。他对于缩短战争的过程，可以作出很多的贡献。他本可以机智而又慎重地选择恰当的时机向希特勒宣战。相反地，他却走上了错误的道路。他永远不能理解英国的力量，以及岛国抵抗外侮的持久性和海军的威力。因此，他走向了毁灭。"

而对于苏联，原本是和希特勒按照事先的约定瓜分波兰，蜜月时，是一种说法，翻脸后，又是一种说法。曾经率哥萨克骑兵第 6 军宰割波兰的叶廖缅科，把希特勒 1939 年 9 月 1 日的军事行动称为"侵略波兰"，而他却把自己的行为说成是"我作为哥萨克骑兵第 6 军军长，有幸参加了西白俄罗斯的解放进军"。

如果说纳粹德国是法西斯国家的核心成员，那么，在 1941 年 6 月 22 日德苏两国撕破脸皮之前，苏联与它的关系，至少可以说是携手并肩。1940 年 4、5 月间，对纳粹德国在挪威、丹麦、比利时、荷兰和卢森堡的成功入侵，莫洛托夫都没有忘祝贺。6 月 17 日，法国总理贝当宣布"停止战斗"，法国当局认输。次日，莫洛托夫召见德国大使舒伦堡，向他"表示苏联政府最热烈地祝贺德国武装部队取得辉煌成就"。当大半个欧洲都在希特勒的铁蹄之下，斯大林在 7 月 1 日会见英国大使克里普斯时却说："看不出存在着一个国家称霸欧洲的危险，更看不出德国可能鲸吞欧洲的危险。"

等到苏联自己也遭到德国进袭，"非正义战争""第二次帝国主义战争"之类的说法骤变。斯大林在 7 月 3 日的广播演说里又开始跟"同志们、公民们、兄弟姊妹们"讲"同法西斯德国的战争"，讲"英国首相邱吉尔先生关于支援苏联的历史性的演说和美国政府关于准备援助我国的宣言……苏联各族人民对此只能表示衷心的感谢"。

但是，即便在苏联遭受希特勒的雷霆一击之后，似乎清晰的阵营，依然有些模糊。1941 年 4 月 13 日，也就是中日打得天昏地暗之际，苏联和日本在莫斯科签订"有效期为五年"的《苏日中立条约》，规定"缔约双方保证维持他们之间和平友好关系，并相互尊重缔约另一方的领土完整和不可侵犯"；"如果缔约一方成为第三者的一国或几国的战争对象时，缔约另一方在整个冲突过程中将保持中立"。这意味着，轴心国阵营中的重要成员日本无论侵略谁，苏联将"在整个冲突过程中"

和日本保持"和平友好关系"，只作壁上观。直到1945年4月5日苏联在二战即将落幕之际才向日本声明废除此条约。更有甚者，苏联在和日本发表的联合声明中把中国的利益给卖了："苏联保证尊重满洲国的领土完整和不可侵犯，日本保证尊重蒙古人民共和国的领土完整和不可侵犯。"当日本外相松冈洋右离开莫斯科时，从来不送客人的斯大林，破例亲往火车站送行。可苏联仍然信誓旦旦地对中国说，不牺牲友邦利益。

在反败为胜的进程中，斯大林也没有忘记攫取和扩张。1944年12月14日晚，斯大林和美国驻苏联大使哈里曼谈话时，拿出一幅地图，开出了参加对日作战的四个政治条件——"千岛群岛和萨哈林南部应归还俄国"；斯大林在包括旅顺港和大连在内的辽东半岛南部画了一个圈说，"希望再次租借这些港口及其周围地区"；"租借中东铁路"，即"从大连到哈尔滨，再向西北到满洲里，向东到符拉迪沃斯托克这条铁路"；"承认外蒙古的现状——保持外蒙古共和国作为一个独立的实体"。

1945年2月8日下午在雅尔塔的会晤中，斯大林跟罗斯福讨论了苏联参加对日作战的价码。斯大林对罗斯福说，"如果这些条件不能得到满足，他和莫洛托夫就难于向苏联人民解释，为什么俄国要参加对日作战。他们清楚地理解到，对德作战是由于德国威胁到苏联本身的生存，但他们不能理解为什么俄国要同一个同它没有重大纠纷的国家作战。……如果这些政治条件能得到满足，人民就会理解这是涉及到国家的利益，而且非常容易将这项决定向最高苏维埃解释。"

面对德国进攻的危险，法国政府要求波兰同意苏军过境，可是在1939年8月18日的答复中，波兰外长贝克却说，波兰政府在任何场合下都决不允许苏军通过自己的领土。因为在波兰政府看来，国土暂时被德国占领并不是永久的沦陷，以后还会有机会光复，可要是苏军过境，那就可能是万劫不复了。

　　用这种眼光看待苏联的，并非只有波兰。保加利亚在 1940 年拒绝了苏联签订互助条约等建议，国王鲍里斯说："我不会让羊舍之门为狼而开。"罗马尼亚国王卡罗尔二世甚至说得更绝："宁可在我的国家看到作为敌人的德国人，也不愿看到作为朋友的俄国人。"

联邦德国的奇迹

逝者已矣。

1918 年，德意志第二帝国在欧洲政治版图上消失；1945 年，第三帝国又烟消云散。从此，联邦德国的人民不再拥有一个强大的祖国；从此，也没有多少西德人卧薪尝胆再做军事强国之梦。

在昔日滋生过专制、极权政体的土地上，一个汲取了魏玛共和国教训的联邦共和国，应运而生，并迅速崛起成为经济大国。虽不再军威煊赫，但也不再有党卫军、集中营。繁荣富足的联邦德国，对内，对外，都不再是一种威胁。

"有良心的资本主义"

纳粹败亡之际，德国一片狼藉。在给夫人的信中，艾森豪威尔这样描述当时的景象："这个国家已成为一片瓦砾……满目凄凉。"在柏林，四分之三的住宅化为废墟。英国工党政府提交给下议院的一份报告中甚至估计，即使每天清掉 1000 吨瓦砾，30 年才能清理干净。

断垣残壁间，饥饿的幽灵在游荡。食品只能定量供应。寒冷也威胁着德国人的生存。1946 年末到 1947 年初的那个寒冬，百姓的取暖用煤极度匮乏，以至于生存的需要压倒了"不可偷盗"的训诫。西德一位天主教高级神职人员正式宣布，在任何有煤的地方偷煤不再是犯罪。

穷愁破败的德国，前景也堪忧。1946 年的产值只及 1936 年的三分之一。1948 年 3 月路德维希·艾哈德出任法兰克福经济委员会主席，可谓是临危受命。在 1954 年 5 月的一次演讲中，他曾这样描述出任主席之初时的德国境况："在这个时期，人们在德国预计每个德国人每 5 年会得到一个碟子，每 12 年得到一双鞋，每 50 年才能得到一件西装，所以只有五分之一的婴儿才能睡在褓褓中，三分之一的德国人有可能安葬在棺木中。"

就在这种物质严重匮乏的形势下，艾哈德断然废除了粮食和其他必需品的配给制，取消了对工资和物价的一切管制措施。

在很多人看来，艾哈德下的是一步险棋，一步不会成功的险棋。

法兰克福经济委员会中的社会民主党人预言：如果现在让德国经济经受"自由价格的磨练，犹如把一个生命垂危的病人投入冰冷的水中"。

一位美国陆军上校也责问艾哈德："在到处都缺少粮食的情况下，你怎么竟敢放松我们的配给制？"艾哈德告诉他："我并没有放松配给制。我取消了配给制！今后人们需要的惟一的配给证将是马克。他们将努力工作来获得这些马克。等着瞧吧。"

事态的发展正如艾哈德在 1957 年所写的那样，"胜利为我说了话"。

从 1950 年到 1960 年，联邦德国国民生产总值的年平均实际增长率高达 8.6%，增速居西方工业化国家之首。如果扣除价格波动因素，以 1954 年价格为准，联邦德国 1950 的国民生产总值为 1129 亿马克，1962 年就已经增加到了 2803 亿马克。人均国民收入从 1950 年的 1602 马克增长到 1960 年的 4252 马克。

灰姑娘变成了白雪公主。正因为表现如此出色，联邦德国战后的复兴被人称为"奇迹"，艾哈德本人也被誉为德国经济奇迹之父。

可是艾哈德却说，他不倾向于采用"德国奇迹"这个说法。

在《大众的福利》一书里，艾哈德有自己的解释："德国在过去9年中所取得的一切都不是什么奇迹，而是全体国民根据自由的原则能够重新发挥个人的积极性和能力而辛勤劳动的结果。如果说德国的例子对其他国家还有价值的话，那么也仅仅在于向全世界证实了个人自由与经济自由的威力。"

这是艾哈德的德国经验之谈。

他相信自由的力量。在艾哈德看来，"一旦一个民族重新懂得了自由的价值和尊贵，就会迸发出巨大的力量"。他所推崇的社会市场经济，其核心就是经济自由化和竞争。

何谓"社会市场经济"？曾任《华尔街日报》驻西德首席记者的哈特里奇的解释，简明贴切。他说，这个字眼也可以翻译成"在社会上容易得到响应的自由市场经济"，换句话说就是"有良心的资本主义"。

这并不只是一个辞令上的讨巧说法。

从这个提法本身可以看出，这种社会市场经济是以社会自愿认同而非暴力强制为基础的市场经济。

选票里的乾坤

社会市场经济是在共和政体下付诸实践的。

按照1949年5月生效的《德意志联邦共和国基本法》，"德意志联邦共和国是一个社会的和民主的联邦国家"，"主权属于人民"，联邦议院的议员由普遍、直接、自由、平等和秘密的选举产生。凡是年满21岁（1971年改为18岁），在联邦德国境内居住不少于3个月的公民，就有选举联邦议院议员的选举权。联邦政府由联邦总理和联邦各部部长组成。总理经总统提名，由联邦议院不经讨论而进行选举，得到联邦议院议员的多数票者当选。联邦政府的各部部长，则由总统根据总理的提名任免。

这意味着，德国在共和政体的基础上往何处去，四千五百万西德人需要什么，将由数千万年满21岁有选举权的人投票定乾坤。

基于历史的经验和现实的挑战，1947年2月，基督教民主联盟的阿伦纲领提出，"德国人民应该享有一种经济和社会福利法，主要符合正义和人的尊严，有利于我国人民的精神与物质建设和确保国内外的和平……私人资本主义肆无忌惮统治时代一去不复返必须成为德国经济新结构的前提。但同时，又必须避免出现国家资本主义取代私人资本主义，前者会对个人的政治与经济自由构成更大的危害。"

可是用什么衡量社会对这个纲领响应的程度呢？毕竟，还有社会民主党人在用另一套纲领召唤德国人民。

1946年5月10日，在德国社会民主党第一次代表大会上，党的领袖舒马赫说："我们作为社会民主主义者，根本没有理由全面指责和抛弃马克思主义……就其经济史观和阶级斗争史观这两项最重要的结构来说，马克思主义丝毫没有过时。"对于经济政策，舒马赫称："计划乃是使德国避免灾难的首要前提，而我们已经遇到了不要计划经济的资产阶级反对派。要么我们得以在德国实现经济上社会主义化和政治上民主化，要么我们不再作为德国民族而存在……"

这种立场并没有给德国社会民主党在1949年的联邦议院选举中带来好运。早在1948年夏，社会民主党人要求煤矿国有化的提案就在北莱茵－威斯特伐利亚州落了空。对于社会民主党来说，这是一个不祥之兆。1949年8月14日第一届联邦议院选举，德国社会民主党得票

29.2%，自由民主党得票 11.9%，德国共产党得票 5.6%，基督教民主联盟－基督教社会联盟得票 31%。这届联邦议院总共 402 个议席，其中联盟党获得 139 席，德国社会民主党 131 席，自由民主党 52 席，德意志党 17 席，巴伐利亚党 17 席，德国共产党 15 席。没有一个政党占了联邦议院过半的席位。

此时，摆在联盟党面前的问题是，组成什么样的联合政府？是同社会民主党组成一个大联合政府，还是同自由民主党加上另一个党组成一个小联合政府呢？当时许多联盟党成员认为，携手社会民主党是上策。不仅如此，各占领国，特别是英国人也欢迎这么做。不过他们自己并不出面插手。而对于德国社会民主党来说，如果在新政府中能够获得经济部长一职，它也是打算跟联盟党合作的。在选举后发表的声明中，德国社会民主党直截了当地提出，社会民主党必须掌握经济部是他们参加大联合的必要条件。用斯特劳斯的话来说，社会民主党"不顾一切地反对艾哈德担任经济部长"。

可是在竞选中的争论却显示，联盟党跟社会民主党的经济主张有水火不容之势。联盟党主张社会市场经济，而社会民主党则力推计划经济。如果让社会民主党人职掌经济部，阿登纳认为，那无异于放弃了联盟党"最基本纲领中的一项任务"，"这样做将使投票赞成基督教民主联盟—基督教社会联盟的选民感到上当受骗，这会使我们年幼的党受到致命的打击"。于是，基督教民主联盟主席阿登纳邀请基督教民主联盟和基督教社会联盟的领导成员于 1949 年 8 月 21 日在其寓所召开了著名的伦多夫会议。

这次会议上核心的问题是：是建立大联合政府还是小联合政府？

阿登纳和艾哈德坚决反对与社会民主党合作。阿登纳说："……选举结果非常清楚地表明了绝大多数德国人根本不想与闻任何形式的社会主义。……法兰克福经济委员会的政策现在既已受到选民们如此拥护，那么无论如何就得继续执行。我把社会民主党人和共产党人的票数加在一起，共有八百万选民投票赞成社会主义经济形态。如果我们把自由民主党和其他非社会主义政党和基督教民主联盟和基督教社会联盟加在一起，投票赞成社会市场经济的选民，则共有一千三百万。对于选民们表达得如此明确的意愿，我们必须听从，要是另搞一套，那就是不民主。"他告诉与会的政治家们："按照基督教教义的原则，我们和社会民主党人之间存在着重大的矛盾。此外，我们和社会民主党之间在经济形态问题上是水火不相容的对立，要么搞计划经济，要么搞社会市场经济，搞调和是不可能的。"

基督教社会联盟总书记、第一届联邦议会议员施特劳斯也主张根本就不应让社会民主党入阁。他的理由是："如果市场经济的拥护者和反对者同在一个政府里，那么，基督教民主联盟和基督教社会联盟对市场经济的信任在公众中将会受到极度的动摇。因为，在这样一个政府里可以说是水火相遇。"此外，搞大联合在政治上也对联盟党不利，"如果大联合政府取得了经济成就，联盟党说是市场经济的胜利，社会民主党则称是他们相反的路线成功地制止了市场经济的恶劣影响"，况且"市场经济必须经过一个艰苦的阶段才能显示出成果来"，而社会民主党则可能"在最困难的时候撂挑子，要求重新选举，并借机欺骗选民说，你们看到了，他们不行，选我们吧！"

这是一个历史性的星期天。伦多夫会议采纳了阿登纳的建立小联合政府的意见，它发布的新闻公报称："……选举不仅有力证明了承认基督教民主主义社会观的基本路线，而且有力地证明了确凿不移地拥护市场经济，反对社会主义计划经济。因此，有义务继续坚持这一整个政策，并在组织联邦政府时，得出明确的结论。"这意味着，马克思的社会主义梦想，在大半个世界绽放异彩之时，他的故土却将其冷落一旁。

9月15日，阿登纳当选为联邦总理。联盟党与自由民主党、德意志党组成了联合政府。德国社会民主党成了反对党。多年之后，阿登纳在回忆录里还说："过去和现在我都认为，对于国家来说反对党是非有不可的，它必须完成一项国家的政治使命，只有通过多数派政府和反对党之间彼此对立，才能真正取得进步和养成民主习惯。"

阿登纳分析的没错。在经济政策的道路上，社会民主党与联盟党确实是没法调和的。它一直劲头十足地反对市场经济。这从社会民主党激烈地反对艾哈德的问题上可见一斑。1951年3月的联邦议院辩论预算，社会民主党要求砍掉路德维希·艾哈德的薪水，因为他"不配"拿这份钱。

选战中败落的社会民主党抱怨选民无知，责怪没把票投给社会民主党的个人违背了其"最切身的利益"。然而，多数选民并没有因为德国社会民主党"立场坚定"而对它亲睐有加。舒马赫大谈的重工业的国有化、社会计划经济、拒绝马歇尔计划，只能是一种响亮的却只能是在野的声音。

1953年10月的联邦议院选举社会民主党又输了。在第二届（1953-1957）联邦议院487个席位中，社会民主党虽然增加到了151席，而联盟党则上升到了244席。一些社会民主党新党员意识到，飘扬的红旗，阶级斗争的歌曲，"同志"的称呼，让许多德国人感到恐惧，社会民主党若想赢得选举的胜利，必须扔掉这些象征符号。可是他们改革的愿望落空了。1953年11月，德国社会民主党主席埃里希·奥伦豪尔说："一个没有红旗这一象征符号的社会民主党将是一个没有心脏的政党。没有了歌谣和战斗歌曲——90年来，它们已经长入我们

的心中，也许、但愿明天能得到新的和及时的补充；没有了同志般的
'你'；没有了有联系的、约束性的'同志'的称呼，这样一个政党就
是没有血液的政党。"

失败没有让社会民主党改弦易辙。1954 年 7 月，德国社会民主党
第六次代表大会通过的《行动纲领序言》依然坚称："十九世纪之际，
马克思和恩格斯曾为社会主义奠定了科学的基础。""在进行奋斗中，
社会民主将决不抛弃它的特点和传统。""我党必须经常记住那些斗
争中的无数牺牲者，以及他们的伟大导师——马克思、恩格斯、拉萨
尔、倍倍尔和舒马赫。""共产党人无权宣称他们是社会主义传统的继
承人。"当然，没有人有权利强迫社民主党改道前行。

社会民主党依然可以走自以为是的独木桥，但是这种我行我素并
没有让它赢得更多的选民支持。相反，在 1948-1954 年，德国社会民
主党不仅失去了 30 多万名党员，而且党还面临着老龄化的威胁。与此
同时，联邦德国在社会民主党的唱衰声中走向繁荣，德国工人的境况
日益改善。世界在谈论"德国奇迹"。可是德国社会民主党人不愿承认
这一切。在他们眼里，经济奇迹只是"所谓的"，穷人日益陷入极度贫
困之中，而即将到来的灾难性危机不可避免。

然而，自 1949 年阿登纳当上联邦总理起，在联邦德国连续 20 年
都是基督教民主联盟的人担任此职。这种地位不是自封的。1955 年 9
月，阿登纳应邀访问苏联。赫鲁晓夫回忆起当时的情形时就说："我记
得他曾问过我：'赫鲁晓夫先生，你认为德国工人会投社会民主党的票
吗？不。他们中的大多数投我的票。'不幸的是，那是事实。"在 1957
年的联邦议院选举中，联盟党获得了超过 50% 的选票，这在德国议会
选举史上算是破了纪录。第三届联邦议院 497 席中，联盟党占 270 席，
整整多了社会民主党 101 席。联盟党头一次在联邦议院成了绝对的多

数派。

在基民盟执政的这前 20 年里，不仅仅是像艾哈德期望的那样，蛋糕做大了。毕竟，蛋糕做大也可以跟巧取豪夺，跟公义缺失联系在一起。圣奥古斯丁说过：没有公义的王国就像一个强盗团伙。保守的基督教民主联盟–基督教社会联盟政府并不只是两眼盯着如何做大蛋糕，它也关心工人的奖金福利。阿登纳的新政府在德国恢复了医疗保险、事故保险、养老金保险、矿工社会保险和失业保险。在 1953 年、1957 年和 1961 年全国选举之前，阿登纳政府每次都使议会同意大增社会保险支出。以致于反对党社会民主党实际上只能说："我们将做同样的事情，不过我们将做得更好。"

社会民主党的转折

孤芳自赏没有出路。毕竟，在联邦德国不是拳头里面出政权，少数人可以通过暴力控制多数人民来获得和维持统治地位，而是点人头数选票，选票里出总理、出联邦议院议员、出总统。在一个社会已经发生分化，选民中工人不占多数的民主国家里，如果不考虑各阶层的利益，德国社会民主党依然固守以工人阶级为对象的社会主义纲领，坚决反对资本主义、反对市场经济，硬要实现生产资料公有制，是没有执政希望的。道理很简单，你不"贴近人民"，"人民"也不会把选票投给你，而你也不能说"人民"觉悟低，用刺刀、警棍和监狱强迫他们跟你走。1957 年大选的失败，促使德国社会民主党迈出了决定性的一步。10 年的冷板凳，社会民主党终于扛不住了。它不想再坐冷板凳了。

1959 年 11 月，社会民主党通过哥德斯堡纲领，340 名代表中只有

16 人投了反对票，它放弃了最初的社会主义目标，决心"使工人党变成全民党"。在这个纲领中，德国社会民主党声称，"自由选择消费和自由选择就业岗位是社会民主党经济政策的决定性基础，自由竞争和雇主自由地发挥其主动性是社会民主党经济政策的重要因素"，此外还提出"生产资料的私人占有制有权得到保护和促进"，"农民对土地的私人占有应予以肯定"。

哥德斯堡纲领提出，社会民主党是"一个思想自由的党"，"是由具有不同信仰和思想的人组成的一个共同体"，"反对任何专政，反对任何极权的和权威的统治"，表示"信奉民主，即国家权力来自人民，政府随时对议会负责并且意识到必须得到议会的不断信任"，"希望在平等的条件下同其他民主政党进行竞争，以赢得大多数人民的支持"，认同"立法、行政和司法三权必须分立"，"拥护包括市民自治在内的地方自治的原则"，报刊、广播、电视和电影，"必须能够自由地、独立地随意到各处收集资料，并进行加工和传播，并且在自己负责的前提下形成和表达自己的意见"，"法官需要保持外部和内部的独立性，以便以人民的名义只为法律服务"，"大学的自由和独立不应受到侵犯"。

倘若对照德国社会民主党 1925 年的《海德堡纲领》，读读其中诸如此类的表述——"无产者的数量愈来愈多，剥削者与被剥削者之间的矛盾越来越尖锐，资本主义经济的统治者与被统治者之间的阶级斗争越来越残酷"；"工人阶级的目标只有通过把资本主义的生产资料私有制转变成社会所有制才能实现"，这哪里只是一星半点的修正，更像是脱胎换骨的根本决裂。此时的德国社会民主党，与其说跟倍倍尔或舒马赫时代的德国社会民主党血脉相连，不如说与基督教民主联盟显得更面目相似。以致于激进的"左派"认为，《哥德斯堡纲领》是对社会主义传统的背叛。对这个一百八十度的大转弯，德国社民党主席奥伦豪尔是这么自圆其说的："把马克思和恩格斯的思想作为我们1959年原则性声明的基础，那是最反马克思主义不过的了……假如我们还坚持这些观点，用不了多久我们便成了一个必将消亡的宗派。"

对社会民主党来说，这一转变是革命性的，以至于观察家俏皮地讽刺社会民主党这是"极力想成为前所未有的最好的基督教民主联盟"。这话不无道理。社会民党与基督教民主联盟两党之间的差异，更多是具体政策上的分歧，而不是制度认同上的水火不容。他们所依托的，是同一种宪政框架，同一种政体。

没有这一框架，就不可能有"讲良心的资本主义"。倘若大名鼎鼎的西门子公司污染了河流，它给艾哈德打声招呼，这位联邦政府的经济部长一个电话，就可以让记者封口，媒体噤声，法官枉法，这样的资本主义会"讲良心"么？同样地，征收遗产税、实行累进税制等，可以是促进社会公平的一种手段，但也完全可能是借社会福利或社会公平之名，行横征暴敛之实。

哥德斯堡纲领之后又是10年。1969年，社会民主党人才首次出任德国总理。虽说在战后，联邦德国不仅社会的贫富差距在发达国家里头最小，而且是最为发达的社会福利国家，但要因此就说德国实行的是民主社会主义或社会民主主义制度，并不准确，而是陷入了主义思维的怪圈。其实，包括勃兰特在内的社会民主党人的上台，并不意味着"有良心的资本主义"的终结。所谓民主社会主义，只不过是德国社会民主党一党的目标而已。比如，在1959年的纲领中提出，"建立一个符合民主社会主义基本要求的社会和国家"。

所谓"社会民主党人成功地创造了在发达资本主义国家的民主框架内和平过渡到社会主义的道路"，这种说法至少在德国是不成立的。它有悖于一个共和国的政党政治的经验，夸大了社会民主党的影响力。

无论社会民主党人执政还是在野，联邦德国都不是，并且也不可能是完全按照一党的愿景前行。从 1949 年到 1969 年，联邦德国通过的 2395 项法律，其中由联邦政府提出的法律草案占了 76%。虽说不能低估社会民主党作为反对党对这些法律的影响，但是更不能否定执政的联盟党的作用，更何况，即使社会民主党人勃兰特当了总理，也不可能全都推倒重来。即便是施密特从 1974 至 1982 年连任八年德国总理，他既不会，也不可能让全德国人民万众一心地坚持民主社会主义。

事实上，不仅社会民主党在战后相当长的时间里跟总理职位无缘，而且社会民主党人迄今为止担任总理的时间，也远没有基督教民主联盟那么长。勃兰特、施密特和施罗德三个人加起来，总共只有 20 年。其余时间都是基督教民主联盟的人当总理。总不能说基督教民主联盟也是民主社会主义的应声虫或傀儡吧？

其实，社会民主党 1959 年哥德斯堡纲领中的那句"社会主义只有通过民主才能实现"，已经道出了问题的要害，即要"通过民主"。至于整个德国"通过民主"具体变成了什么样子，不是某个人或某个政党的意志所能够主宰得了的。在这样一种"民主"框架下，一个国家的方方面面会演变成什么样子，那是这种"民主"运行的自然结果。作为联邦总理，艾哈德可以在 1963 年 10 月 18 日的施政演说里讲："作为联邦总理，我保证将社会市场经济政策进行到底。"但是他无法夸口坚持社会市场经济政策一百年不动摇。

在这种环境里，你认为国民"先进"也好，"落后"也罢，要想上台，得尊重选票的力量。自封为先知先觉，如果选民不理睬，那也只能是自娱自乐，曲高和寡。当青年社会民主党人依旧信奉社会主义的传统信条，主张把重工业、大银行和保险公司收归国有。总理施密特就在汉堡对他们说："你们的布道差不多把教堂里的人都赶跑了。"

这从制度上遏制了极端主义的生存空间，使得一个人或一个政党的极端教条或信念，不足以演变成对整个国家的祸害。正如德国社会民主党人托玛斯·迈尔所言："民主使每一次社会改革的程度都能与多数人的觉悟水平和经验水平相适应。它保证改革步骤能与有关的人们的意愿保持一致。民主防止违背人们意愿的倒行逆施。"从这个意义上来说，这种环境里，只要大多数人没有疯狂，无论"不讲良心的资本主义"，还是不讲良心的别的什么主义，都难以大行其道。

英国的两次分家

在光荣革命之后的英国历史上，即便是在面对国家分分合合这类"大是大非"的问题，也从来不是举国一心，总是存在不同意见的交锋。这既是英国的"软弱性"之所在，使得它在对待美国独立或印度分离这种事务上不能万众一心，但同时也更是它的力量所在，使得英国具有很强的自我调适能力，而不是固执一端耗竭国力。

也正因为这样，这个现今大国之中最古老的共和国，虽然并不总是像维多利亚时代那样独领风骚，但它的强盛不是昙花一现，三百年来，英国一直是作为举足轻重的世界性大国活跃在国际舞台。

"血浓于水"的魔力有限

北美十三个殖民地的白人居民，大部分是有英格兰血统的移民及其后裔。独立战争时期，殖民地人口大约有 250 万，其中 200 万是英国移民。英国血统的人在马萨诸塞、弗吉尼亚、纽约、宾夕法尼亚，分别占当地总人口的 95%、85%、近 80%、60%。

套用中国人习惯的说法，殖民地人民大都跟大不列颠的人民本是同根生。华盛顿的曾祖父是一位英国教士的儿子；杰斐逊的父系祖先来自英国斯诺登山附近，而他的母亲还有着英格兰贵族血统；约翰·亚当斯的祖先是 1638 年从英格兰移居马萨诸塞；麦迪逊的祖先约翰·麦迪逊是个来自英格兰的造船木工；富兰克林的父亲来自英格兰的北安普顿郡。

这些美国国父们，并非天生的分离者，英帝国统一的克星。华盛顿年轻时称英国为"祖国"，他的梦想就是穿上红色军装，成为英国正规军中的一名职业军人。而富兰克林则"一向爱好搜集有关祖上的一切珍闻轶事"，他像美国大多数政治领袖一样，在很长时间中是反对北美各殖民地脱离英国的。在谈到弗吉尼亚代表会议时，杰斐逊就说："在 1775 年 7 月，任何人都还没有脱离英国和建立共和政府的念头。"

即使已经兵戎相见，直到 1776 年 1 月，大陆军总司令华盛顿和他的军官们在餐厅里，每晚要为英国国王的健康干杯，而大陆军每天早晨也要为英王祈祷。1775 年 12 月 3 日，大陆海军"艾尔弗雷德号"舰艇上升起的第一面旗帜上，左上角仍然是英国的米字旗，一直到 1776 年 6 月才为星条旗所取代。就连杰斐逊这位日后《独立宣言》的起草者，在 1775 年底以前也觉得独立是最坏的解决办法。

一些大英帝国的政要，也正因为大西洋两岸这种同文同种，血脉相连的关系，就自以为拥有对北美十三个殖民地天经地义的统治权。然而道理谁都会讲，就如同夫妻一样，一旦反目，势必各执一端，公说公有理，婆说婆有理。在 1774 年出版的《英属美利坚权利概观》中，杰斐逊就驳斥说，英国人要求对英属北美殖民地人民享有的权利，和德国的萨克森要求对英国的盎格鲁—撒克逊人民享有的权利一样，毫无道理：

我们的祖先在移居美洲之前，是英国在欧洲领地的自由居民，享有大自然赋予一切人的权利：离开那个是机缘而不是选择使他们置身其中的国家，去寻找新的住所，并在那里按照在他们看来最有可能促进公众幸福的法律和规章建立新社会。他们的撒克逊祖先，按照这个普遍规律，当年也以同样方式离开了他们在北欧的荒野和丛林，占有了当时人口稀少的大不列颠岛，在那儿建立起了长久以来一直是那个国家的光荣和保护的法律系统。他们从那儿移出的那个母国从未对他们提出过任何比他们优越或要求他们依附的要求，真要是提出这种要求，陛下的英国臣民具有他们的祖先遗传给他们的强烈的权利感，决不会让他们国家的主权向如此狂妄的要求低头。我们认为，没有一种情况使英国移民和撒克逊移民有很大的不同。

在杰斐逊发表这个小册子之前，富兰克林于1773年9月也在《普鲁士国王的敕令》一文中，以幽默的口吻，讽刺过母国狂妄的统治欲。这个精心编造的腓特烈大帝的敕令声称，不列颠是由德国殖民者最早定居，至今仍未获得合法的独立，但是几乎没有向"我们庄严的朝廷"交纳过任何贡赋，"鉴于不列颠人民是我们的古代臣民的后裔，因此仍属我们的治下之民，理应交纳赋税，充实我们的皇家财库，一如他们的祖先如果一直生活在王国本土现在他们也会这样做一样"。

这也可见，分离的理由和联合的根据一样容易找到。对于这些理由和根据，信，则觉得无可辩驳，理直气壮，疑，则以为信口雌黄，胡说八道。既然殖民地的人不乖乖依从大不列颠的统治，在伦敦看来，教训他们一下，不也名正言顺？可富兰克林却不这么看。在1773年9月11日发表的《如何把一个大帝国建成一个小国家》里，他影射攻击英国内阁的美洲政策：

把你们的部队派驻在那里，这些部队将会因为自己的专横跋扈而激起平民百姓的起义，然后再利用这些部队的枪弹和刺刀把这些起义镇压下去。借助这些手段，就像一个由于怀疑而虐待自己的妻子的丈夫一样，随着时间的推移，你们就有可能使你们的怀疑变成现实。

地理上的悬隔，历史的旧怨，新人的成长等等这些因素，都使得"血浓于水"的纽带变得脆弱易断。美国经济史家福克讷在1960年版的《美国经济史》中曾写道：

自从第一个英国人移植到美洲以来，到现在已有一百五十年。美洲与母国之间隔有三千英哩的海洋和几个星期的令人疲乏的航行。在这种情况下，如果国家里的人口增多，在第一代以后，就很难期望人们仍然会忠实于母国。……某个当代的历史学家曾说，甚至于祖先是英国人的新英格兰的人们，大多数"都不太知道祖国，只听说它是一个远方的王国，它的统治者在前一个世纪时迫害了他们的祖先，并且把他们的祖先充军到美洲的森林里来。

捆绑不成夫妻，蛮横只会加深相互的敌意和反感。伟大"祖国"的强硬举措，在殖民地人民眼里，成了暴政的象征。所谓血浓于水，其实魔力有限。1775年11月，一份呼吁跟英国和解的请愿书传到了约翰·亚当斯的家里，号召大家签名支持。约翰·亚当斯的妻子阿比盖尔写道："我今天不能参加请愿……为这个由暴君统治的已经不再是我们祖国的国家和殖民地和解。让我们分裂，他们不值得做我们的同胞。"

最后，北美十三个殖民地决定不再依偎在大英帝国这个伟大、强盛的祖国的怀抱。虽说在战争期间，可能有三万殖民地人在英军中为母国效命，但这一切并不能最终阻挡住北美殖民地独立的诉求。在独立宣言上签字的56人里，有38人是英国人的后裔。美国最初的五位总统，其祖先都来自大不列颠。最后一位参加过独立战争的总统詹姆斯·门罗，还是英王爱德华三世的后人。从这个意义上来说，美国革命其实就是一场旷日持久的同室操戈。情形如一个康涅狄格的亲英分子所抱怨的那样："邻居反对邻居，老子反对儿子，儿子反对老子，谁要是不肯把自己的剑捅进亲兄弟的心窝，他就会被称为大坏蛋。"富兰克林和他的儿子、新泽西总督威廉就分属不同的阵营。

为分家大打出手，在世界史上，这不是第一回，也不是最后一次。

"必须用战斗来决定"

1764 年，在首相兼财政大臣乔治·格伦维尔的提议下，英国议会通过了《糖税法》。在格伦维尔看来，殖民者是"英国播洒的种子，是故国的恩泽雨露使他们得以苗壮成长"。既然如此，收点税有什么不可以的呢？对于征税的目的，《糖税法》的序言说得很清楚："在国王陛下的美洲领地征取税收，以支付各该领地之防卫、保护与安全费用。"

正是伦敦自以为合情合理的《糖税法》，让原本还沉浸在"七年战争"胜利喜悦中的殖民地人民，转而去思考自己作为英国人的权利和自由。律师、商人、立法议会和城镇会议，纷纷表示不同意《糖税法》。纽约殖民地议会给英国议会的请愿书提出，"蠲免未经许可和非自愿的纳税负担，必须成为每一个自由领地的重大原则"。

自此以后，美洲殖民地和母国的摩擦不断。

1765 年，英国议会又通过了《印花税法》。老皮特在英国下院指出，"未得北美平民的同意，英国无权去掏他们的腰包"，曾在北美殖民地服役过的艾萨克·巴雷就印花税征收前景也发出过警告：美洲人会反抗。可他们的声音在下院没有足够的支持者。

殖民地并没有因为伦敦的强硬而准备低头。弗吉尼亚议会通过决议，否认没有殖民地代表参加的英国议会有权向他们征税。来自马萨诸塞、纽约等 9 个殖民地的代表通过的一项决议声称，"除由各地议会自行决定者以外，从来不曾有、亦不可能有任何合宪法的课税"，他们要求取消《糖税法》和《印花税法》，宣布将抵制英货。

在这种情势下，英国于 1766 年 3 月 17 日撤消了《印花税法》。可是第二天英国议会又通过了《公告令》，宣称英国议会"在任何情况下……均对各殖民地具有约束力"。这实际上是跟殖民地说英国议会无权向他们征税针锋相对。

1773 年 12 月波士顿倾茶事件的消息传到伦敦，英国政府震怒了。伦敦决意采取强硬政策。1774 年 3 月到 6 月，英国议会通过了《波士顿港口法》《马萨诸塞政府法》《司法法》《驻营法》和《魁北克法》。乔治三世在 1774 年 9 月致信诺思勋爵："局面现已无可转圜，殖民地不是投降，就是胜利。"

可是殖民地不吃这一套。它们将这五项法律称为"不可容忍的法令"。原本松散的殖民地，为了自己的权利和自由，走向了联合。1774 年 9 月 5 日到 10 月 26 日，第一届大陆会议在费城召开。不过，此时的代表们出席会议还不是想谋求独立，他们只是决定进行"经济战"——抵制英货，停止输入茶叶和酒类，即使激进如塞缪尔·亚当斯，也没有想到要与英国决裂，但他们保卫殖民地的权利和自由的决心，却坚定而不可动摇。

在大西洋另一边，英国国会的大部分议员认为，殖民地在朝独立的方向滑行，需要霹雳手段阻止事态的恶化。1774 年 11 月，乔治三世对首相诺思说："新英格兰的那些政府现在处于叛乱状态，必须用战斗来决定他们是隶属于这个国家还是独立。"国王和首相以为，北美殖民地问题不过是小菜一碟。诺思曾向议会保证："不需要派军队，只需要四五艘武装快速帆船，就可以完成任务。"最后英国议会只给报告需要派 2 万兵力的驻美洲英军总司令、马萨诸塞总督盖奇派去 3500 人马。

只有少数英国政治家看到了强硬政策潜在的危险。1775 年 1 月 20

日，威廉·皮特在卡姆登的支持下，向议会提出撤消强制法令和撤军的动议，他说："再也不能耽误时间了，每一分钟都充满了很多的危险。不，就在我现在讲话的这个时刻，决定性的一击可能已经发生，结果将会使数百万人卷入其中。"但是，他的动议遭到失败。

于是，最后的法官就只能是子弹和刺刀了。1775年4月19日，列克星敦的枪声，终于使得任何和解的企盼都变得不再现实。历史就在不知道谁先放的这一枪里拐弯。1776年7月4日，大陆会议通过了《独立宣言》。英国和北美殖民地，就像一对夫妻，从相互猜忌，演变成大打出手，最后走向了闹离婚。

"争取从欧洲列强得到援助"

在美国宣布独立之时，英国是世界最强大的国家。相对于宗主国而言，北美殖民地的经济和军事实力都脆弱得多，军队简直有如乌合之众，如果没有外援，孤军奋战，自然是凶多吉少。富兰克林就认为"我们暂时不能离开国外的援助"。而在大陆会议的领导层看来，如果不利用英国与其敌国的矛盾，得到会从英国战败中获益的那些国家的军事援助，这场战争就打不赢。

1775年11月，成立了一个秘密联络委员会，在英国的敌国中进行试探，进行关于在境外获取武器和贷款的谈判。1776年6月7日，弗吉尼亚代表理查德·亨利·李向大陆会议提出三项动议，其中一条是，委派代表，争取与法国、西班牙结盟，共同对付英国。7月2日，大会通过了李的动议。

富兰克林作为大陆会议1776—1779年派驻法国的三名代表之一，把"争取从欧洲列强得到援助"看着自己在法国的主要任务。自从

1763 年以来，法国一直伺机报复英国。北美局势的动荡，无疑给法国提供了报一箭之仇的机会。不过，对法国来说，倘若仅仅因为对英国的深深怨恨，跟一个注定要失败的国家结盟，对抗世界上最强大的国家，那就太冒失了。法国不会为美国冒这样的风险。如何援助美国，法国有自己的算计。

本来，一得到美国宣布独立的消息，法国就建议西班牙一起承认美国，并在军事上共同对付英国。可是美军在纽约失利的消息，又让法国撤回了向西班牙的建议。在看不到北美胜利的希望时，法国只是暗中帮助。在萨拉托加这一决定性的战役中，美军十分之九的武器来源于法国。1777 年 12 月 4 日，美国驻巴黎的使团获知萨拉托加大捷的消息。法国的政策从暗助转向明帮。1778 年 2 月，法国和美国正式签订同盟条约，承认美国独立，接着法国向英国宣战，并战斗到英国承认美国独立为止。在签约那天，富兰克林兴奋地说"我哪能敢指望在我这样年龄中体验到这样的幸福呢？"法国和西班牙各自向美国贷款100 万两白银，法国还向美国派去成千上万的援军。

也许在英国许多人看来，解决美洲问题，不过是帝国的家务事，但是国际政治的内在逻辑却容不得负责而有远见的政治家去这么看问题。分离运动或者战争，通常都是一场国际较量。古往今来，无论当事者主张什么，而历史的进程本身，往往很难摆脱这一法则。

富兰克林在欧洲竭力所作的一件事，就是宣传给美国军事和财政援助符合欧洲列强利益。1777 年 4 月 26 日，富兰克林写道，在美国反对英国的斗争中援助它，"其结果是美国正在迅速增长的大宗贸易将对列强开放，这种贸易将不像过去那样只由大不列颠垄断"。"如果允许恢复这种垄断的话"，英国的威力将大为增强，以致于变成"一种世界上从来没有见过的可怕的力量"。1779 年 1 月，在富兰克林、亚当斯和阿瑟·李三人签名的信函，递给法国外交大臣维尔热纳，信中称，没有什么比向美国海域"派出一支足够确保海军优势的强大舰队"能更有效地使战争"迅速结束"的了。"这样的海军力量和美国军队一致行动，完全可能攫取并捣毁英国在世界的霸权"。

西班牙在 1779 年，荷兰在 1780 年先后对英国宣战，而俄罗斯、普鲁士、瑞典、丹麦等国则在 1780 年组成武装中立同盟。欧洲大陆的大国最后都站到了美国一边，英国成了孤家寡人。用富兰克林写给儿子信里的话来说，就是"整个欧洲都在支持我们"。不过从国际关系而言，这仍然不是一个简单的得道多助，失道寡助的问题，而是利益格局使然。

无论英国人高兴不高兴，形势比人强。1781 年，美法联军在约克敦获胜。原本扬威海上的英国舰队，也屡遭败绩。伦敦期望的胜利遥遥无期，而待在美洲的三万大军每天甚巨的耗费，实实在在。如果没完没了地持久战下去，北美纠纷就会像慢性病一样，吞噬和消耗着大英帝国的国力。毕竟，大英帝国并非只能在美国问题这跟绳子上吊死。伦敦面临抉择。

"受辱比毁灭好"

起初，在对美洲殖民地问题上，虽然英国主流意见倾向于强硬，但也不是"万众一心"。柏克甚至说："'万众一心'自然是应该，是可喜可贺的，但前提是我们要搞清楚，我们从事的事业是不是有道理。疯病之为病，并不因染上的人多而见小。谬妄与弱智的危害，也不因天下尽是愚妄子而减轻。"

在议会，福克斯穿着大陆军的服饰以示同情美洲，戴维·哈利特和约翰·威尔克斯说武力征服是不可能的，柏克则讲"宁取无战争的独立，也不要有战争的独立"。下院表决时，有 110 位议员投票赞成对美洲让步。

自 1766 年直到 1794 年柏克一直是英国下院的议员。他在美洲问题上表现出的深谋远虑，是人类政治文明中的宝贵财富。早在 1775 年 3 月 22 日，也就是列克星敦枪声大作之前，他就在下院告诫议员们，"美洲不是小菜一碟，不可以小视"，并且呼吁"不是经由战争的途径赢来的和平"。并且他发现，"为了证明美洲人没有自由的权利，我们天天在拼命颠覆自己的自由精神赖以保全的准则。为证明美洲人不该自由，我们被迫去贬低自由本身的价值……"

跟那些自以为美洲"是一件崇高的东西"，"值得我们为之而战斗"的人不同，柏克在下议院明确地指出，"武力是一种无力的办法"。在柏克看来，"最轻率的做法……莫过于帝国的首脑坚持认为：任何违逆它的意愿和行为而申明的特权，都是对它整个权威的否定；于是立即宣布这是暴乱，于是击鼓其镗，踊跃用兵……"在他看来，动辄言战不见得就是国家之福，极力避战未必就是胆小怕事。柏克说："为国家的祸福、安危而怯懦，却是英雄的品格。"

英国在北美殖民地的地位是七年战争中和法国血拼而来的，岂能轻易撒手？1775 年，下院议员斯特拉恩在写给休谟的信中就说，"我完全赞成对这些顽固的疯子采取高压方法。为什么我们不全力以赴阻止帝国遭到肢解呢？……不是我希望奴役殖民地居民……而是主张要使他们服从议会"。这些话说起来振振有词，然而在这个世界上，只要你无法封住别人的嘴，你可能就会发现，不只有你才会讲出符合自己的利益的道理。

政治家如果不能够意识到权力的限度，"主权"很容易从令人敬畏的图腾转变为让人轻蔑的对象、反击的目标。柏克说：

> 万一你愚蠢而卤莽，从无限制的、亦不可限制的无上主权的本性中，演绎出一套虽巧妙、却为你统治的人民所厌恶的推论、结果，那你搅浑了、毒化了你统治的清源，你就是以身做则，教他们以同样的推理，去质疑你主权本身的合法性。野猪被逼急了，会掉头冲向猎人。假如你要的主权，与他们的自由不相容，他们将何去何从呢？他们会把你的主权抛在你的脸上。劝人受奴役，是必不能成功的！

在 1777 年，柏克批评了"对胜利的致命的信心"，抨击有些人"为自己并不去打的战争，高声请战"。可是在当时伦敦政界，柏克这些人势单力薄，强硬派在政府里头占绝对优势。直到约克敦惨败为止，英国舆论大都支持强硬政策。结果，英国陷入了跟大陆军持久战的漩涡。局势的变化证明了柏克富有想象力的预言，美洲确实不是小菜一碟。

可是，乔治三世不撞南墙不回头。英军 1777 年 10 月在萨拉托加吃了大败仗，诺思勋爵就想承认美国独立，可乔治三世不肯，他宣称，宁可失去王冠，也决不放弃战争。不过此时国王的立场，已经不像战争之初那样强硬了，他愿意作出除了独立之外的一切让步。于是，诺思勋爵任命了一个和谈委员会。可是这一切来的太晚了。

1781 年，8000 英军在约克敦投降。当诺思勋爵得悉这个消息，痛苦地喊了声"天哪！一切都完了"。可是，乔治三世在听到约克敦战败的消息时，却宣布他永远不会批准"以北美分裂为代价去谋求和平"。不过，说几句慷慨激昂的硬气话不难，可要真刀真枪地硬来，哪怕是打到海枯石烂也不罢休，却是需要本钱的，更重要的是，国王做不了是战是和的主。仗不是国王或首相想打就打的。诺思勋爵就曾对乔治三世说："王位上的君主不能反对下院审慎的决议。"

当时英国是一种什么样的处境呢？亚当·斯密的传记作者约翰·雷是这样描写的："当时英国处在最黑暗的时刻。我们英国人正在与法国、西班牙、美洲殖民地的联军决一死战。伯戈因在萨拉托加屈辱地投降了敌人，而康沃利斯也在约克敦投降了敌人。埃利奥特被包围在直布罗陀。一方面，爱尔兰日益不稳，正形成一种威胁，另一方面，欧洲的北方诸国（它们被称为武装的中立国家）手握刀柄对英国心怀仇恨，虎视眈眈地伺机采取行动。"

英国该怎么办？面对美国独立这一现实，是战是和，是战个不休还是见坏就收，诸如此类的问题，却不是单凭一通激昂的言辞所能够解决得了的。弄不好，大英帝国连老本都要赔进去。约克敦的投降，使得大不列颠的和平呼声"突然高涨"。英国舆论对武力政策失去了耐心。一天晚上，吉本在布鲁克斯俱乐部说他同意这样的说法："受辱比毁灭好"。

1782 年 2 月，诺思内阁在国内反战的声浪中垮台。英国对分离出去的殖民地没有继续拼杀下去，而是选择了谈判和妥协。1783 年 9 月，英美正式签署巴黎和约，"英王陛下承认合众国"，"放弃对合众国及其每一部分的统治、礼节和领土主权的一切要求"。离七年战争的结束还不到二十年，大英帝国就眼睁睁地看着美利坚合众国永远地离开当时世界上最强大的"祖国母亲"的怀抱。和约签订之时，拥有大约 900 万人口的英国并没有丧失制海权，而且纽约、底特律、查尔斯顿、萨凡纳等城市还在英军之手，北边还控制着加拿大。可英国还是选择了分离。"大英第一帝国"瓦解了。但是天没有塌下来，英国的辉煌并未因此终结，相反，新的"日不落帝国"正在兴起。

发展的道理没那么硬

印度 1939 年铁路网全长 4.1 万英里。

1880 年，印度铁路网全长 7000 英里，到 1939 年，六十年里，增长了近 7 倍。

英国殖民统治时期，印度的发展，不止是铁路里程的增长。

殖民时代的印度文教事业，不乏巨星闪烁的荣耀。加尔各答大学、马德拉斯大学、孟买大学这三所印度历史最悠久的名校，都是在 1857 年仿照伦敦大学建校的。70 多年后，毕业于马德拉斯大学的加尔各答大学教授昌德拉塞卡·温卡塔·拉曼，因发现拉曼效应，荣获了 1930 年诺贝尔物理学奖。因为不朽的《吉檀迦利》，泰戈尔在 1913 年成为获得诺贝尔文学奖的亚洲第一人。就连独立斗士甘地和尼赫鲁，也都是英式教育熏陶出来的。

社会变革同样引人注目。

寡妇殉死是一种印度习俗。1818 年，仅在孟加拉管区，就有 800 个寡妇殉死。这种习俗的根之深，蒂之固，以至于阿姆赫斯特勋爵（1823 年 8 月—1828 年 3 月在任）作为东印度公司治下的印度总督，也不敢伤害印度教徒的宗教感情，担心取消殉死"比实行殉死所引起的灾祸要大得多"。不过，英国殖民统治者对这种残酷的习俗最终还是再也看不下去了。1829 年，总督班廷克勋爵顶着印度社会的压力，取消了寡妇殉死，规定协助寡妇自焚的行为是谋杀。

残酷的习俗还不止于寡妇们被活活烧死。在印度东部的奥里萨山地，盛行着人身祭祀。又是总督哈定勋爵（1844 年 7 月—1848 年 1 月在任）采取强有力的措施去禁止这种可怕的做法。而力图革除诸如禁止寡妇再婚、寡妇殉夫、戮婴等"蒙昧"习俗，热心修铁路，兴水利，建电报网，设学校的总督大贺胥勋爵，甚至在印度独立后，还被印度历史学家称为"非常刻苦的行政官""心肠仁慈的统治者"。

而在英国殖民者到来之前，印度也并非所有印度人的王道乐土。在婆罗门、刹帝利、吠舍、首陀罗这四个森严的等级之外，存在一个称作"不可接触者"的贱民阶层。这些贱民处境最为悲惨，他们甚至连利用道路、渡船、水井、学校等公共设施的权利都没有。因为"马哈尔男孩案"引发的不可接触者子弟入校读书问题，东印度公司董事会在 1858 年裁决，凡是政府资助的学校，大门应向各种姓的人敞开。尽管那时贱民的孩子还是只能坐在教室外面听课，可是这个决定依然遭到了印度教徒的激烈反对。

不过，文明的步伐虽然缓慢但却在坚定地向前迈进。1923 年，孟买当局通过决议，不向拒绝贱民子弟入学的学校拨款。从这个时候开始，贱民学生才获得一些学校的允许，可以坐在教室里上课了。1925 年，马德拉斯管区又通过法令，宣布不可接触者和其他种姓一样，拥有使用道路、水井、池塘等公共设施的权利。

这些社会变革道路上最顽固的阻力，常常来自印度人自己。也正因为这样，在贱民解放运动的领袖、"印度宪法之父"安培德卡尔（1881—1956）看来，英国的殖民统治有恩于印度，它不仅给印度带来了诸如自由、平等、法治之类的观念，而且带来了铁路、邮政等物质方面的进步。对于贱民来说，英国人起了保护作用，如果没有英国人的保护，贱民会被婆罗门为首的种姓印度教徒践踏得更惨。

从这个角度来看，1934 年英国国会联合委员会的报告中，这样总结并非只是自吹自擂："可以肯定地说，自从一八五八年英王取得东印度公司全部领土的最高统治权以后的这个时期以内，印度在教育和物质方面的进步，比它悠久复杂的历史上的任何其他时期，在它能力范围以内所能达到的进步，都要更巨大。"

可这又能怎样呢？就是用一万条证据来表明印度的"进步"，也不足以让甘地、尼赫鲁这样的人太领情，以至于信服英国在印度的统治就该天长地久。

你可以说，印度自从英国统治以来，文盲实际上是越来越少了，可尼赫鲁却不认为这能证明统治的合法性，因为在 19 世纪，由于科学和工业制度的发展，几乎各个国家在教育和物质方面的进步都很巨大，因此对任何这种国家皆可肯定地说，这种进步比"悠久复杂的历史上的任何其他时期，在它能力范围以内所能达到的进步，都要更巨大"。

你可以假定，要是没有英国的统治，印度无论如何也得不到这种技术进步，可尼赫鲁却以为这是强词夺理，因为他同样可以假定，要是没有英国的障碍，印度的进步会更巨大。不错，在南亚次大陆这片古老的土地上，是在英国人来了之后才有了铁路、电报、电话、无线电，等等，可这"并不能算作英国统治的优惠和恩典"。这一切，不过是为了这样一个目的——"加强帝国的控制和夺取英国商品的市场"。在印度平原上那些纵横交错的铁路，或许在英国人心目中代表进步，可是在尼赫鲁的眼里，"几乎像是一条条禁锢印度的铁链"。

英国当局再怎么摆事实讲道理来证明殖民统治的合理合法，尼赫鲁们都不会怎么领情。尼赫鲁们有尼赫鲁们的事实，尼赫鲁们有尼赫鲁们的道理。经济社会的发展并不见得就是硬道理。那些在印度从无到有的电报、电话、铁路、油田、工厂……都不足以让印度人不再离心。退一步讲，如果人家不想通铁路，就像甘地那样对工业文明不以为然，你津津乐道的发展，在他们看来，不就是自以为是的霸道独白？如果英国将"发展"作为可以强力统治印度的依据，那么印度人照样可以用"发展"的名义强力摆脱英国的统治。最后剩下的，就是针尖对麦芒，看谁能够耗到最后一刻了。

是狗，扔块肉骨头，它就不叫唤了。但人不是狗。"发展"笼不住铁了心要独立的印度人。就是天塌下来了，印度人也要英国"退出印度"。你可以说，离开了英国的统治就没有印度的和平和稳定，印度的统一也将被断送，伊斯兰教徒和印度教徒之间的千年鸿沟，将会撕裂得更深、更宽。印度会陷于血雨腥风之中。

不错，印度人是在英国治下享受了百余年的持续和平，可是尼赫鲁对这样的和平并不感激涕零。在 20 世纪 30 年代写的自传里，尼赫鲁写道：

英国在印度拥有的最高统治权替我们带来了和平，而印度莫卧儿帝国崩溃以后所发生的那些骚乱和不幸以后也确实需要和平。和平是宝贵的东西，它对于任何进步都是必要的；当和平实现的时候，我们表示欢迎。但是甚至和平也可以用过高的代价买到，我们能够得到坟墓中的永久和平，和一个鸟笼或监狱里的绝对安全。和平也可能是人们由于陷入无法改善自己的绝望中产生的和平。由外国征服者强加给人们的和平，缺乏真正和平所具有的那种给人安慰和休息的特点。

而这种分离情绪最为淋漓的表现，莫过于圣雄甘地在 1942 年 5 月所说的那段话："把印度交到上帝手里吧，用现代语言说，就是交给无政府状态；那种无政府状态可能导致一个时期互相残杀的战争，或导致无法无天的劫掠。但从这种情况中，一个真正的印度将兴起，以代替我们目前虚假的印度。"

印度正是在这种义无反顾的精神状态下走向独立。1947 年 8 月 15日，它分裂为印度联邦和巴基斯坦。英国治下的统一，没了；英国治下的稳定，也没了。印巴分治的过程中，数以百万计的人惨死于不久前还是同胞的暴力之中。就连甘地自己，也殒命在了印度教狂热分子的枪下。如果回顾印度历史的话，我们会发现一个耐人寻味的现象：即使是在英国人的殖民统治最酷烈之时，也从来没有这么多人在如此短暂的时间里死于英国人的刀枪之下。

　　但是，巴基斯坦和印度并没有因此而掉头回到大英帝国的怀抱。世道如斯，人心如斯。

腰包里的大国特性

现代世界的大国，无一能离开赋税的支撑。财大方能气粗。有什么样的筹款方式，就有什么样的与之相应的一国人民的精、气、神。于此，大国之大，是民大还是权大，强国之强，是民强还是权强，人民是国家的股东还是工具，一目了然。

"为什么我就不能呢"

1603 年 3 月 24 日，七十岁的伊丽莎白撒手人寰。这位终生未嫁的女王留给了继任者高达 36.5 万英镑的债务。家底如此，无论谁继任国王，都得想办法筹钱。

女王去世当天下午，枢密院宣布苏格兰国王詹姆士六世继承王位。拣了顶英格兰王冠的詹姆士，以为天上掉下了个香饽饽。他的一位亲信对人说："我的君主好像在荒地里流浪了四十年的可怜人，终于看到了他所期待的乐园。"7 月 25 日詹姆士加冕成了英王詹姆士一世。

詹姆士一世跟伊丽莎白不同，人家是个一辈子没结婚的女人，上无老，下没小，比起詹姆士屁股后面还有王后王子公主来，王室自然能省一大笔开销。这还不算，詹姆士一世手头紧一点倒也罢了，可他偏偏又不像伊丽莎白女王那样节俭，也没有像女王那样有不少王室土地可卖。这位国王对自己的大手大脚还振振有辞："口虽溃疡，不能不吃。"

新国王酷爱打猎，不仅影响国务，而且让村民大伤脑筋。因为他们得把粮食等物品低价卖给国王，庄稼也常常被毁坏。国王出门打次猎，等于是将所到乡村的村民剥了层皮。1604年，詹姆士一世遭到了村民们一次绵里藏针的幽默抗议。他的猎犬乔勒（Jowler）失踪了一天，回来时，脖子上绑着一封信。信上写道："善良的乔勒先生！我们祈祷你能禀告国王（因为他只听你的话，却不理睬我们），请殿下赶快回伦敦，否则乡村将会毁灭；并且我们的供应品已将耗尽，不能再招待国王了。"看到信函，詹姆士觉得可乐，没当回事，又在邻近地区停留了两个星期。

这封信对于詹姆士来说，其实是不祥之兆，它至少寓示国王在英格兰的权力有限。詹姆士一世没法跟万历皇帝相提并论。要是在大明帝国，哪个小民百姓不因皇上驾临感到三生有幸，反而在皇家猎犬的脖子上挂这么一封阴阳怪气的信，龙颜一怒就可能脑袋搬家。詹姆士一世没有锦衣卫，更没有常备军。可偏偏他心气还挺高。当年，詹姆士一世的大臣对下议院说："英格兰国王的处境不应比和他地位相同的人更坏。"可是凭什么呀？

光下议院的那帮子人，就够让詹姆士一世挠头的了。有一次，他对西班牙大使说："下议院是一群无头之鸟，议员们乱哄哄地发表意见。每次开会时，只听见他们乱喊乱叫。想不到我的祖先竟然允许出现这样的机构。我不是本地人，到这里来的时候它已是客观存在，所以只好容忍这个无法撤消的机构。"

既然国王没本事把议会撤销或弄成橡皮图章，那税收的事，也就没法只由着国王的性子来。手头紧巴的詹姆士一世，也想与国际"接轨"。他曾振振有词地说："既然法国和丹麦国王都能征税，为什么我就不能呢？"饱学的国王理解不了英格兰不是苏格兰。当然，更不是法兰西或大明帝国。英格兰国王不能对人民敲骨吸髓。

不仅詹姆士一世不能，他的儿子查理一世也不能。查理一世是个虔诚的基督教徒，可爱的父亲，忠诚的丈夫，后世史家称他"是位廉洁的国王，统治着一个廉洁的朝廷；贪污受贿和挪用公款的现象被堵住了"。可这并没有使他保住王冠，最后还被送上断头台。

人比人，气死人。路易十三要比他的妹夫查理一世专制，可最后不得好死的，却是查理一世；查理一世的宠臣斯特拉福伯爵被当罪犯处死，国王自己还得忍痛批准死刑判决书，而红衣主教黎塞留却是1642年死在红衣主教府的自家床上，并且备享哀荣。黎塞留有句名言："如果人民太舒适了，就不可能安守本分，……应当把他们当作骡子，加以重负，安逸会把他们宠坏。"劳德大主教哪敢说这种话，又哪里说过这种话？在黎塞留执政期间，捐税一个劲地往上涨。到这个家伙去世的时候，国税已预征了3年。够狠了吧？如果说法国的马扎然红衣主教和英国的劳德大主教之间，必须有一个人该死的话，轮不到劳德。

常备军是专制必备之血本。黎塞留这么干，有枪杆子撑腰。法国朝廷有足够的刺刀镇压人民对苛捐杂税的反抗。1626年法国陆军只有12000人，1635年陆军已达13万。1639年暮春，诺曼底地区的赤脚汉起义，是法国有史以来最严重的一次抗税暴动。这年7月16日，一位古当斯法院的官员，本来跟盐税一事没有一点关系，可他被怀疑是税吏，结果遭处死。不仅他的尸体遭到践踏，就连双眼，也被妇女用纱锭给挖了出来。人们还在他的坟上立碑警告，谁敢来阿富朗什增添新税，就会落这样的下场。可这场大火，朝廷硬是用雷霆手段给扑灭了。枪杆子里面能出钱。可詹姆士一世爷儿俩缺的，就是枪杆子。自1603

年到 1640 年，詹姆士一世和查理一世"在紧急状态下可以召唤到的武装人员，为数只有几十人，而不是上千人"。想像秦皇汉武或路易十四那样征敛，也缺乏本钱。

汉普登抗税

英国历史上大名鼎鼎的约翰·汉普登（1594—1643），出身贵族，在剑桥大学读过书，1621 年年纪轻轻就被选进下议院。可这位有头有脸、邻里敬重的绅士，却是查理一世眼里的刺头。1627 年，因为抵制查理一世的"强制性借款"，就被下过一回大狱。那次，他坐了差不多一年的牢。

后来，在查理一世征船税这事上，约翰·汉普登又挑头和山民们一起抵制，硬是拒绝缴纳区区 20 先令。虽说在 1641 年左右，花大约 20 先令就能买一头菜牛，可汉普登并不是缺那点钱，他每年的收入估计超过 1500 英镑。但他认为，要是乖乖地交了这 20 先令，等于承认国王有撇开议会随意征税的权力。兹事体大，将就不得。

事情越闹越大。面对抗税风潮，查理一世抬出了国家安全的理由。星室法院给国王的意见是："当王国的普遍利益和安全濒临存亡关头，整个国家处于危殆之中的时候，陛下可以下令所有臣民提供相当数量的船舶，连同弹药和给养在内，谁拒绝就对谁强制执行；同样，唯有陛下可以决定这种危殆之存在与否，决定何时以及如何予以防止。"查理一世公布了法官们的这个看法。

其实，这样征收船税也不是查理一世突发奇想。七百多年前，按照阿尔弗雷德大王（849—899 年）时代的一条法律，维持舰队的费用应由全国承担。只是这条法律是老皇历了，内陆各郡不交船税已成惯例。就连西班牙无敌舰队威胁英吉利安全的日子里，伊丽莎白一世也没能破这个例。更何况，查理面前，偏偏又有一个要跟他过不去的国会。丘吉尔就说，"仅就这个要求的正确性来说，如果把它提交一个忠诚的国会，也会得到一致批准的。"

想想也是。海军并不只是沿海城镇的事情，跟整个国家有关，为了在和平时期维持一支海军力量，向全国征税，照理不也说得过去么？可是，过去不是这样做的，现在查理一世没经议会同意就要改规矩了，而议会里的先生们，却又大多来自内陆，本来就对海军没啥兴趣不想掏腰包。

汉普登坚持己见，查理一世又没能力关起门来打狗，让衙门里的人悄悄收拾汉普登。案子1637年由12个法官审理。汉普登的代理人声称："如果对国家的威胁确实是被感受到了的话，如果国王因国家确实处于危殆状态，迫切需要装备船舶的话，事情也必须由国会进行讨论；如果唯有国王可以决定国家是否感受到威胁，那末，他未经国会同意而擅自征税，人们的自由和财产就将遭殃罹难。"他还推论说，"如果陛下……可以未经议会批准就向被告征收××[20]先令……那么基于同样的法律逻辑，这一税额又有什么理由不可能是××英镑呢，甚至于无穷大呢？"这些话，国王听了，可能觉得是悖逆，可那些需要交税的人听了，可能就会觉得言之有理。

最后，高等民事法庭的12名法官以2票多数判汉普登有罪，缴纳罚金。首席法官芬奇（Finch）宣称英国王权是"绝对的"，任何限制国王"支配其臣民身体与财产"的国会立法都是无效的。听到这一判决后，威尼斯大使宣称，这是君主专制主义，也是英国国会的终结。

查理一世赢了官司，输了政治。可他的宠臣、爱尔兰总督托马斯·温特沃斯却不识时务地说："我希望汉普登先生之流，因受到这次鞭击而变得清醒起来。"抗税的汉普登成了英格兰人效仿的英雄，汉普登之流也没有变得如总督希望的那样"清醒"。商人西蒙兹·狄维姆斯还在大声嚷嚷："如果自由人的财产可以被蛮横征税，那么他们与古代的农奴和维兰还有什么区别呢？"1637年，国王收缴到了预定船税额的90%，可到了1639年，只收缴到预定额的20%。公道自在人心。1640年11月，召开新国会时，汉普登又作为白金汉郡的代表出席。

中国有句俗话，好汉不吃眼前亏。就为20先令，堂堂一个贵族，输了官司蹲监狱，值得吗？倘若当时大明王朝的臣民碰巧听说了这事，这汉普登十有八九会被认为是个傻角色，或者是个想出风头唯恐天下不乱的刁民，或者是个爱钻牛角尖的性格偏执之徒。这个刺头难道不能先把钱缴了，有什么意见再好好向政府提么？为什么非要用这种针尖对麦芒的极端方式呢？可是，汉普登计较的，哪里只是20先令？是20先令背后的权利和自由。更何况权力总是倾向于得寸进尺的。这是一个原则问题。自由和权利需要"斤斤计较"。在日后的1642年4月，汉普登一个人就自愿捐了1000英镑给议会作军事开支。他哪里是缺那20先令？

如果只讲妥协，不讲为原则而斗争，就不会获得可靠的权利和自由。早在1215年6月，《大宪章》第十二条就规定，国王除了"余等之长女出嫁时之费用"等三项税金，"设无全国公意许可，将不征收任何免役税与贡金"。虽然国王无权擅自征税的原则是宣告了，可约翰王根本不甘心被逼得"王在法下"。要知道，《大宪章》的产生，可谓是剑刻而非笔写。当贵族和教士们等约翰王在写着《大宪章》的羊皮纸上署印时，随从士兵全副武装地隐藏在不远的灌木丛里呢。所以在1215年8月，羊皮纸上的印迹未干，约翰王又向反对派贵族开战了。可见，英国的宪政历程可不只是写满"妥协"两字。事实上，没有斗争，就没有英国宪政。

等到查理一世君临英格兰的时候，"王在法下"，国王无权擅自征税，已经不是一朝一夕的传统了。事实上，英国在 1640 年之前的税收，相对于许多欧洲大陆国家是相当少的。对英国人来说，交税可不只是钱多钱少的事儿。这是一个事关权利和自由的问题。英国人甚至认为，捐税如果没有议会批准的话，乖乖交税那才真正是可耻可恶，哪会非要被国王逼到卖儿卖女的地步才质疑、才抵制。1629 年 3 月，英国下院通过的决议就称，"不论是谁，要是怂恿或者劝告征收未经国会同意的吨税和磅税，要是充当这种税款的征收者，他就是政治上的谋叛，本王国的重要敌人"；"不论商人或其他人，凡自愿顺从或缴纳未经国会同意的吨税和磅税者，就是本王国的敌人和自由的叛逆者。"离了议会批准，根本没有什么皇粮国税天经地义之类的事。马克思也说过："使查理一世上了断头台的英国革命就是从拒绝纳税开始的"。

正是因为在原则问题上那种不依不饶的精神，绝对王权才没法子在英国立足。据经济学家熊彼特分析，在欧洲大陆和英国，世俗作家在涉及税方面的文献，"表现出明显不同的趋势：大陆作家大都站在官僚机构一边，常常认为出于阶级利益的抵抗是愚蠢的、反社会的，而绝大多数英国作家，特别是在反对查理一世征收造舰税的斗争中，则认为争取自由的立场是值得赞扬的"。1583 年和 1585 年，法国三级会议拒绝给亨利三世（1574—1589 年在位）批准额外的税收，可人家照征不误。博丹还为此辩护："如果急需，君主不应等待等级会议开会或人民同意，因为他们之安全依靠他的预见和勤勉。"这事要是搁在英国，那些平时温文尔雅的绅士，早就有人站出来跟朝廷急眼了。

光荣革命之后，1689 年英国的《权利法案》开宗明义地宣称，制定《权利法案》是为了确保英国人民传统的"权利与自由"。"凡未经国会准许，借口国王特权，为国王而征收，或供国王使用而征收金钱，超出国会准许之时限或方式者，皆为非法"。英国人这么看重他们的权利和自由，可不是中了什么意识形态的邪。他们尊重自由的价值是来自自己的经验。

经验告诉人们，在权力面前不在意自己的权利和自由，就是不在意自己的钱财。中国有句俗话，人为财死，鸟为食亡。不过，为财死和为自由而战是分不开的。权力可以控制谁的自由，也就可以控制谁的钱财。你看查理一世，谁不按照他的意志缴纳船税，就把谁扔进监狱，看你还缴不缴！1790 年 6 月 24 日，马拉写信给德斯莫林说："对于没有面包的人来说，政治自由有什么用处？它只对空谈家和野心勃勃的政客有用。"恰恰相反，说自由无用的政客，是想让人民的自由没有保障，而政府的权力则不受制约。

权力蕴涵匪性。要钱还是要命？这是劫匪勒索的逻辑。同样，这也是权力榨取百姓血汗的逻辑。孟德斯鸠在他的《论法的精神》一书中就曾提到过约翰王（1199—1216 年在位）用监禁手段勒索犹太人的事。1210 年 1 月，英国的犹太人遭到突然监禁，债务记录被没收。为了杀鸡儆猴，一些犹太人被残酷惩罚。坎特伯雷的以撒被绞死，财产进了财政署的腰包；诺维治的以撒向王室专员支付 1 万马克，保住了性命。布里斯托的一位犹太人首领，如今已不知道姓甚名谁，他也遭到了监禁，并被勒令缴纳 1 万马克。刚开始，他一口拒绝。于是，故事的进展就像孟德斯鸠描述的那样：每天被拔掉一颗牙齿，一连拔了七颗，拔到第八颗的时候，他受不了啦，付银 1 万马克。到了这年的 10 月，约翰王向犹太人开征重税，王室专员总共为国王搜刮到了 6.5 万马克。这从另一个角度表明，自由虽和氧气、水、盐一样不能当饭吃，但是自由没有保障的地方，最后一块铜板，最后一粒米，都可能被官府毫不留情地拿走，也像唐朝百姓那样，不得不"竭膏血，鬻亲爱"。对于活活挨饿"没有面包的人"，由于没有自由，处境甚至可能恶劣到不能自谋生路，即便当叫化子也得官府恩准开路条。没有自由，是件要命的事情。

英国人那么在乎国会同意，可他们交的税，并不因此就比别的国家的人要少。就是在汉普登连 20 先令都不肯缴的英格兰，光荣革命后，在威廉三世时代，"税收收入翻了一番，而自此以后英国人承受的税收负担比法国人还重"，可税负轻于英国的法兰西日后却陷入了革命的血海之中。法国人对收税的那些家伙深恶痛绝，大科学家拉瓦锡被革命法庭送上了断头台，就是因为他当过包税人。

税负轻重与否的基本标准

中国古人抨击"横征暴敛"，向往"轻徭薄赋"，可是如何算轻，怎样是重？大清帝国的臣民跟大英帝国的臣民，感受会截然有别。

1761 年 2 月，马萨诸塞的詹姆斯·奥蒂斯在演说中提出，"征税而不准选举代表是虐政"。第二年 9 月，他在马萨诸塞立法机构宣读了向总督提出的抗议书，声称"对于人民来说，他们是臣属于乔治，还是臣属于路易，是臣属于英国国王，还是臣属于法国国王，这是无足轻重的。只要这两者都是专制的（这是必然的），只要这两者能够不通过议会而征税，其结果就没有什么差别"。当他读到这里的时候，来自伍斯特的议员蒂莫西·佩因大叫："叛逆！叛逆！"

不管怎样，美洲殖民地的人民认为"无代表权的赋税是暴政"。换言之，没有代表权就是要求征收一分钱也是暴政。在他们眼里，暴政、虐政、苛政不等于非得是敲骨吸髓，像秦始皇和秦二世父子或汉武帝那样，弄得民不聊生家破人亡。倘如无视了国民的代表权，比如英国下院通过法令向美洲殖民地征税，那就是暴政、苛政，就是不可接受、不可容忍的税痛。《独立宣言》历数英王的罪状之一，就是"未经同意向我们征税"。

这些美洲佬，也像他们的英国祖先一样，死守着"无代议士不纳税"这一原则，不容忍任何其他大道理摧毁这一原则。

1763 年七年战争结束时，英国政府债台高筑，国债高达一亿三千万英镑，光每年利息就得支付 400 万英镑。英国在美洲的军政支出，也从 1748 年的 7 万英镑，猛增到了 1764 年的 35 万英镑以上。在这样的财政背景下，让殖民地居民出点钱，英国当局也觉得理所当然。于是，在首相兼财政大臣的乔治·格伦维尔的提议下，1764 年英国议会通过了《糖税法》，要对外国输入殖民地的食糖和英国或欧洲的奢侈品，如酒、丝和麻等征附加税，撤消了殖民地早先曾享受的某些免税待遇。《糖税法》的序言说得很清楚，"在国王陛下的美洲领地征取税收，以支付各该领地之防卫、保护与安全费用"。

然而，正是这个看似合情合理的《糖税法》，让沉浸在"七年战争"胜利喜悦中的殖民地人民，转而去思考自己作为英国人的权利和自由。律师、商人、立法议会和城镇会议，纷纷表示不同意《糖税法》。纽约殖民地议会给英国议会的请愿书提出，"蠲免未经许可和非自愿的纳税负担，必须成为每一个自由领地的重大原则"，没有这个原则"就不可能有自由、幸福和安全"。

如果说这些做法还算温文尔雅的话，美洲殖民地人民对待印花税就不那么客气了。1765 年 3 月 22 日，英国国王乔治三世授权批准印花税法案。殖民地人抵制印花税法的方式，不仅有严词抨击，抵制英货，还有捣毁税务局，焚烧税票，给税务员涂柏油粘羽毛游街；在波士顿，印花税票代销人的店铺被捣毁，他的模拟草人被处以绞刑。等到 1765 年 11 月 1 日《印花税法》生效时，弄得在殖民地连印花税票和代销印花税票的人都找不到。

美洲殖民地抗税不是税负多少的问题。1766 年 2 月 13 日，在英国下院，有议员问富兰克林："如果适度的话，你不认为美洲人民会顺从交印花税吗？"富兰克林回答说："不，绝不，除非被军队武力强制。"当有人问他："如果《印花税法》被修改，可憎的那些部分拿掉，并且税减少到某些不怎么重要的细项上，你不认为他们会服从《印花税法》吗？"富兰克林这次又回答得很干脆："不；他们永远也不会服从它。"

只要不摧毁英国人久已认可的"无代议士不纳税"原则，就很难证明征收印花税的合理合法。1766 年，英国政治家威廉·皮特在英国下议院发表演说反对《印花税法》，他提醒同事们，"美洲人是英格兰的儿女，而非它的私生子！课税不是统治权或立法权的一部分"，并观点鲜明地指出，"未得北美平民的同意，英国无权去掏他们的腰包"。"印花税必须无条件地、完全地、立即废除"。

事实上，英国议会想征收的印花等税，既非会让殖民地人民倾家荡产，不堪重负，也非在已经苦不堪言的殖民地人民身上再添负担，将逼得他们卖儿卖女或投河上吊。美国历史学家帕尔默就说，"不论从任何角度来比较，这些殖民地实际上一直是免税的"。在 18 世纪 60 年代，英属北美殖民地每人平均纳税还不到 1 先令，而英国本土是每人 26 先令。一个年轻的女仆只需要用收入的二百分之一来交税。据估计，1775 年英国人人均支付的税收相当于殖民地人的 50 倍。倘若照当时沉浸在康乾盛世之中的大清臣民来看，干嘛好好的日子不过，就为这么几个小钱，呼天抢地大动干戈？就这么几个钱，你杰斐逊起草

《独立宣言》就巧舌如簧地叫嚷乔治三世是暴君？

　　但美洲殖民地人民硬是一步步走上造反之路，但为的不只是那几个小钱。华盛顿1774年7月20日回复布赖恩·费尔法克斯的信里就说得明明白白："先生，我们所反对的究竟是什么呢？难道是因为课税过重而反对缴纳每磅三便士的茶税吗？不，不是这样，我们所一直反对的并不是别的，而是英国对我们的课税权。""我认为，不经我同意，大不列颠议会就没有权力把手伸进我的衣袋里随便掏钱，正如不经同意，我没有权力把手伸进你的衣袋里去随便掏钱一样。"美国革命成功之后，美国人要交给联邦政府的税，可比当年大英帝国想要征缴的那点儿多得多。诚如美国学者所言，"殖民地居民并不是因为受压迫和贫困而造反。殖民地居民的生活可能比英国群众的生活更好"。

　　这真是应了孟德斯鸠那段名言："国民所享的自由越多，便越可征较重的赋税，国民所受的奴役越重，便越不能不宽减赋税。这是通则。过去到现在一直是如此；将来也将永远如此。"孟德斯鸠说："大多数共和国可以增加赋税，因为国民相信赋税是缴纳给自己的，因此愿意纳税，而且由于政体性质的作用，通常都有力量纳税。"

　　相比之下，确实像英国政治家柏克所说的那样，"专制的政权，是一个无能的筹款者"。因为在专制国家，会永远困惑于无法确知赋税轻重的界限，永远无法让国民心甘情愿纳税。十七世纪，曾担任过驻海牙大使的英国政治家威廉·坦普尔爵士说过，"西班牙强征于荷兰的赋税，较之荷兰加诸自己的，少十倍不止，荷兰却不接受，而要反抗"。柏克称他"说得没错"。在法国大革命前夕，英国人均税负占人均收入的比率，也差不多是法国的2倍。若仅看税负占人均收入比率的高低来判断一个国家是否横征暴敛，那法国大革命前夕的英国比法国更像是一个横征暴敛的国家。由此可见，单凭税负轻重多少，是无法判断是否属于国民无法接受的苛政，无法承受的税痛。

最为关键的税痛，是对人的自由和权利的伤害，而非税额的多少。在柏克看来，"人在权利上所受的伤害之深，与在钱袋上受到的伤害之大，是可以同样之甚的。一项剥夺人民之全部自由的法案，未必使其财产大受损失。人在大路上被抢了两文钱，使他大为愤恼的，主要不在于这两便士。"苛政、虐政也好，暴政也罢，并非得是把人逼得没有活路，榨干最后一滴油。

一言蔽之，横征暴敛或轻徭薄赋，不是个百分比多少的数字问题。德国哲学家黑格尔在 1821 年出版的《法哲学原理》中就说："……在一个宪政国家，由于人民自己的意识，捐税反而增多了。没有一个国家，其人民应缴纳的的捐税有象英国那样多的。"没有人民的自治，政府摊派征缴，无论多少，都属于暴敛横征。倘若以当年汉普登和他家乡山民的标准，或者以杰斐逊们的观念，中国自秦汉至满清覆亡的赋税，无论数量大小，都属横征暴敛，都是苛政、虐政。这才是最为深重的税痛。没有或者缺乏这样的税痛感，就没有或者缺乏宪政民主的精神和心理基础。换言之，赋税制度影响一国人民的精神面貌，反映一国人民的精神面貌。有什么样的人民，就有什么样的赋税制度；有什么样的赋税制度，就需要什么样的人民。

须小心看待的力量

大国之大，给人最为直观的印象，就是兵强马壮，军力雄厚。而维持给人印象深刻的军力所需滚滚的财源，则是民脂民膏。

如何确保人民血汗维持的军力绝不至于演变为人民的异己力量，沦为任何强人或集团对内对外一逞私欲的冒险资本，是千百年来人们竭力探索的政治难题之一。而探索之路上，难得顺风顺水，有成功的宝贵经验，也有失败的惨痛教训。

"凭刀所予的权力"

哈林顿（1611—1677）是英国革命的见证者。

查理一世被俘后的时光，就是在他的陪伴下度过。平日里两人私谊甚笃，话也投缘，然而只要哈林顿谈大洋国的共和国理想，查理一世一听就烦。

不过，通往共和国之路上的障碍，并非只是查理一世这样的君王。等到砍掉国王的头颅，共和的绚丽霞光，依旧没有照临大不列颠。克伦威尔成了终身护国公。用跟他同时代的克拉伦顿（1609—1674）的话来说，"尽管没有国王的头衔，然而他拥有的权力和威望使任何一位国王都望尘莫及。"克伦威尔照样对哈林顿的共和国理想不感兴趣。

在 1649 年，也就是查理一世被送上断头台那年，哈林顿开始写他的《大洋国》。这部政治小说里，主人公奥尔佛斯·麦加利托在革命成功之后，辞却执政官一职，退隐乡间。一看便知，是想假借这个虚构的大洋国执政官，讽谏克伦威尔也功成身退。克伦威尔不齿这一套。他说："人家以刀剑打下的江山，岂能因一粒纸弹的攻击而轻易放弃？"还下令扣留哈林顿的书稿，不准出版发行。

克伦威尔不是辛辛那图斯。共和主义者心目中高贵的政治美德，在恋栈的政治家眼里则是不谙世事的政治幼稚。

不过，哈林顿的运气不算太糟。通过疏通克伦威尔的女儿，被扣押的《大洋国》书稿又物归原主，并在 1656 年秋得以印行。虽说克伦威尔也是个狠角色，权势甚于昔日的查理一世父子，但英国毕竟不是明清帝国，无论是查理一世还是克伦威尔，都不可与中国制度下秦皇汉武的威势同日而语。所以今天全世界的读者还能有幸读到如此浅直而又精彩的段落：

如果有两三千人对于祖国抱着满腔热忱，但是赤手空拳地遇到了一批雇佣兵，试问这些人又能算什么呢？如果那些雇佣兵走到场地来说道，"先生们，你们最好选某某人，"试问你们还有自由吗？他们要是说，"先生们，议会诚然是非常之好，但你们应当少安毋躁，因为现在不适于他们行事，"试问你们的共和国还能存在吗？

事实上，克伦威尔就是用这样的手法对付议会。

1648 年 12 月 6 日，回到伦敦的克伦威尔，派普莱德上校带着龙骑兵，把住议会大厦的各个道口，驱逐了大约 140 名长老会议员。其中 41 人遭到逮捕。查理一世何尝有过"普莱德大清洗"这样的大手笔？当几个议员问腰挎佩刀的休·彼得，凭什么拘捕他们，得到的回答是："凭刀所予的权力。"

通过这场政变，"长期议会"被它自己创建的那支骁勇善战的军队弄成了"残阙议会"。后来，克伦威尔对这个"残阙议会"也不满意了："除非军队扯着这些人的耳朵把他们从宝座上揪下来，他们是不会离开的。"1653 年 4 月 20 日，克伦威尔带着 30 个火枪手赶到议会。火枪手留在门口，克伦威尔只身走进议会。

听了一会儿辩论后，克伦威尔发言谴责议会，甚至骂某些个议员是"肥头大耳的淫棍""酒鬼"。彼·温得渥斯议员站起来回敬克伦威尔，说他是破天荒第一次听到这类有辱议会的话云云，惹得克伦威尔走到大厅中央高喊："够了，够了，我要制止你们的废话。"

克伦威尔在大厅里走来走去，跺着脚嚷嚷："我要取缔你们的会议。"并随即命令哈里逊："叫兵士们到这里来。"魏尔西中校带了两列火枪兵走进议会大厅。亨利·温议员见状，大声斥责："这是欺骗，这是缺德。"可克伦威尔是有备而来，手里有枪，心里不慌，冲着他大叫一声："上帝啊，让亨利·温先生见鬼去吧！"

这回，所有议员被克伦威尔赶出了下院。"残阙议会"咽了气。这天晚上，议会选出的国务会议也走到了尽头。国务会议主席布拉德肖警告克伦威尔，一旦全国知道了他所干的坏事，会引起严重后果。可事实上什么也没有发生。用克伦威尔的话来说："连一只狗都没有叫。"

当年，查理一世在威斯敏斯特要带走 5 个议员，闹得沸反盈天，如今克伦威尔连锅端，也没起什么波澜。有刀把子在手，情势大异。当此后捣腾出来的"小议会"再一次让克伦威尔大失所望时，他就故伎重演。1653 年 12 月 12 日这天，大约有 27 名议员拒绝离开议会，又被数十名火枪兵给赶了出来。紧接着，克伦威尔被正式宣布为英格兰、苏格兰和爱尔兰终身护国公。

吃一堑长一智

克伦威尔靠军队掀翻了查理一世的王座，同样地，又靠武力确立了自己的军事独裁地位。至于英国国民到底有多少人不乐意，不是什么头号问题。只要奈何不了军队，也就奈何不了控制军权的克伦威尔。有枪就有权。所谓得民心者得天下，调过来，就是得天下者也就一定得民心了。其实没那么简单。在一个并非靠数选票点人头来衡量民心的具体向背的时代，任何政权及其统治者，都可以把自己说成是民心所向的总代表。毕竟，任何政权及其统治者，都会有自己真心或假意的支持者。

有一次，一个人告诉克伦威尔，在英国10个人里头有9个反对他。克伦威尔很是不以为然："我剥夺这9人的一切防卫工具，而把刀子交到第10个人的手里，看他们怎样？"

克伦威尔的话说得没错。军队这架有组织的暴力机器，足以粉碎一切抵抗的力量。而人类的天性一再表明，即使是天底下最为酷虐的暴政，也不可能是所有的身受其害者都愿豁出性命去反对。任何时代的任何国家，在暴政面前敢于豁命抗争的，永远只是少数人，或者说"一小撮"。控制住了这少数人，也就控制住了"人民"。"人民"，一般而论，是敢怒不敢言。

就所作所为而言，掌握着军事机器的克伦威尔，不过是拥有护国公名号的英国头号暴徒而已。

1655年，克伦威尔听了两位将军的劝告，把英国划为11个区，每个区由一个带领五百精选骑兵的少将统治。啤酒店给护国公关闭了，斗鸡也不许玩了。就连发誓，都要受处罚。有个人因为说了句"以我的生命担保"，就挨了罚。英国人总算领教了军事独裁是什么滋味。

不仅保王派人士对克伦威尔政权怨恨在心，就连许多不是保王党的人，也对克伦威尔的行径深感不满。在处死查理一世的命令上，爱德华·勒德洛（1617—1692）是签字人之一。1655 年，当有人问他为什么不承认克伦威尔的政府合法时，得到的回答是："这个政府在本质上似乎是恢复了我们大家原来都反对的、花费了很多钱财、流了许多血才废除的那个政府。"

勒德洛一语中的。

即使查理一世和他的父亲，也没有嚣张到克伦威尔那样的地步，敢动不动就让军人收拾议会。人们可以举出查理一世有这样那样的横暴言行，其实，他有些听起来很专制的话，也不过是过过嘴瘾罢了，因为他心有余而力不足。

和克伦威尔、路易十四这些人有一点极大不同，查理一世没有一支在平时和战时贯彻其个人意志的常备军。世道诡谲，有时候，罪恶之所以受到惩罚，不是因为罪恶本身如何深重，而是因为罪恶者拱卫自己的力量不足。如果说查理一世可以因为革命前的那些行径被处死的话，克伦威尔和法国的路易十四就是被处死十次也不为过。可是，被处死的人，不是克伦威尔，不是路易十四，而是查理一世。强者不受现世的审判。就拿法国来说，从 1614 年起，之后一百多年就没有开过国会。路易十四甚至扬言"朕即国家"。可那又怎样？强大常备军的存在，使得贵族和平民的反抗能力相比之下不足挂齿。

而查理一世腰杆不硬。直到内战爆发，英国也没有常备军。就是在紧急状态下，从 1603 至 1640 年，查理一世父子可以召唤的武装人员，也只有区区几十人，没有成百上千武装到牙齿的人供他们驱使。也正因为这样，哪怕是有满脑子专制念头的君王，因为手里没有足够的军事力量，也就失去了对臣民和议会最有效威压的力量。他们王座的稳固，很大程度上依赖于臣民的意愿。

没有足够的军事力量在手倒也罢了，俗话说，有钱能使鬼推磨，可是查理一世腰包也不鼓。他控制不了英国的钱袋子。因为征税权在国会手里，而他也没有什么过硬的办法夺过来。从这个角度来说，查理一世不过是一只时不时张牙舞爪地想向臣民显露虎威的猫。而到了克伦威尔那里，因为军权在握，直到寿终正寝，也没有哪股力量能跟他分庭抗礼，更不用说像对付查理一世那样对付他了。他狠一点，恶一点，邪一点，谁又能把他怎么着了？

克伦威尔的军事独裁，是英国人付出的昂贵的政治学费。吃一堑，长一智。当机会来临的时候，英国人充分吸取惨痛的历史教训。这是英国光荣革命的真正"光荣"之处，否则，如果仅仅是没有流血，政权从一个独裁王朝转移到另一个独裁王朝手里，换汤不换药，一如西晋取代曹魏，又何来"光荣"可言？而美国革命则流血经年，就不"光荣"了？

尽管海外的敌人虎视眈眈，流亡法国的詹姆士二世企图东山再起，可是为了确保英国人民传统的"权利与自由"，议会没有把奥伦治亲王威廉迎立为军政大权集于一身的统治者。英国人不想驱狼迎虎。为了保险起见，奥伦治亲王威廉是在接受议会提出的《权利法案》之后才被宣布为英王的。

君主还在，王冠依旧，但王权已经被拔去了尖牙利爪。国会牢牢地抓住了钱袋子和军权。1689年的《权利法案》第4条规定，"凡未经国会准许，借口国王特权，为国王而征收，或供国王使用而征收金钱，超出国会准许之时限或方式者，皆为非法"，第6条规定，"除经国会同意外，平时在本王国内征募或维持常备军，皆属违法"。同年，《兵变法》里又进一步规定，国王要是征召一支常备军，只能维持半年左右，否则不拨款。

在 1697 年到 1699 年间，威廉三世被迫把荷兰卫队遣送回国，将 6 万人的军队削减为 7000 人。在遣散军队之前，威廉提醒议会，一场新的战争迫在眉睫，在这种形势下解散军队于国不利。可议会没有理会他的告诫，惹得威廉三世骂议会"把他当作一只狗来使用"，而且还扬言过要退位，回荷兰老家。可议会根本就不吃这一套。这样一来，常备军成为王权专制工具的可能性，就从源头上堵死了。随着岁月的流逝，防止常备军危害人民的自由和权利的意识深入人心，机制也与时俱进地更加完善。

英国人这种防止常备军危害人民的自由和权利的传统，也随着移民一道，传到了北美殖民地，并落地生根，枝繁叶茂。

"对这样一支力量必须小心看待"

1775 年 4 月 19 日，在列克星敦的枪声中，美国独立战争序幕初启。6 月 14 日，大陆会议第一次以自己的名义授权组建军队。第二天，大陆会议选举华盛顿为大陆军总司令。尽管是全票赞成，可代表们没有忘记前车之鉴。约翰·亚当斯就担心，树立创建独立国家这一事业的象征人物时，风险非同一般："凡强者无一不竭力攫取一切他们可能获得的权力。"

当年克伦威尔在英国实行军事独裁，成了没有君王之名的君王，可谓殷鉴不远。因此，虽说大敌当前，大陆会议的当务之急是对付英军，可是也不能自乱方寸，病急乱投医，以致落得个按下葫芦起了瓢的麻烦。毕竟此前的历史中反复出现的一个悲剧，就是人们起来武装反抗暴政的努力，最终往往演变成为新暴政奠基，革命路上抛头颅洒热血的死难者，成了为新独裁者抢夺桂冠的炮灰。无论初衷多么美好，结局事与愿违。

大陆会议创建大陆军之时，对军队文职控制的传统，在北美殖民地已经形成。新英格兰自治领建立之前，马萨诸塞湾的议会就把民兵指挥权授予一名选举产生的"军务总监"。在其他殖民地，议会把指挥权授予总督，但由议会决定军事款项，监督军费开支，有权调查任何军事行动。自然而然，北美殖民地在追求独立和自由的过程中，也始终伴随着对专制危险的警惕，即使有人想乘虚而入，也不是那么容易。

大陆会议在作出第一批军事决定的时候，就留神要大陆会议控制枪杆子，而不能反过来变成枪杆子支配大陆会议。它指令华盛顿必须服从大陆会议，定期向大陆会议报告，主要指挥军官和参谋军官，也是由大陆会议任命。为了让华盛顿变不成美洲的克伦威尔，大陆会议将他置于一个军事会议的约束之下。这样一来，陆军也就难以演变成为只听命于某个人的私家军。

而北美殖民地幸运的是，华盛顿本人也没有渴望大权独揽或成为独裁者的勃勃野心。1775 年 6 月 20 日，走马上任大陆军总司令第三天，他在写给弟弟约翰·奥古斯丁·华盛顿的信里说，"履行我的职责，让我的雇主们满意，这是我的首要愿望"。不过，让雇主们满意并不是件轻而易举的事情。

1775 年 7 月 3 日，华盛顿在马萨诸塞的坎布里奇接管了大陆军的指挥权。新官上任，他想清点一下有多少人马，盘盘家底。一般来说，这应该不是什么难事。可就这么点事，拖拖拉拉地，花了整整一个星期，华盛顿甚至连胁迫的手段都用上了，好不容易才弄出了军队人数的准确报表。原来别人告诉他至少有一万八到两万人，可实际上只有一万六千人，有能力执行任务的，则只有一万四千人。

7 月 10 日，华盛顿写信给理查德·亨利·李（1732—1794），请他说服议员们，之所以没有早些写信汇报，并非玩忽职守，而是因为他根本就没有料到，"在正规军队里肯定会在一小时内干完的事在这里需要花八天的时间"。这样一支队伍，能担当得了对付英军的重任么？

根据自己的境况和经验，华盛顿认为，建立一支常备军是必要的。

当时，大陆军由各州招募而来。军人们都是志愿入伍，从军时间的长短，事先就有合同约定，即使入了伍，谁也没权随便"役使"他们。从这个角度来说，大陆军是一支地地道道的志愿军。

这种募兵方式，让华盛顿很是挠头。

对新上任的总司令华盛顿来说，他统率的这支部队，按照军人们签订的合同，老兵们到 1775 年年底左右就该退伍了。可仗还在打。华盛顿和大陆会议的当务之急，就是说服 1775 年在军中战斗的士兵们留下来继续从军，要不然，华盛顿就成了光杆司令了。可是说服的效果并不理想。

1776 年 2 月 1 日，华盛顿在给约瑟夫·里德的信里抱怨，短期募兵的"弊病之大，害处之广，远非任何人（如果不是目击者的话）能够想象"。这一年，他请求士兵从军期限为 3 年。虽然这样做可以增强大陆军的战斗力，但是大陆会议的代表们却担心，一支内部组织过于严密的军队，往往有成为暴君手中工具的危险。他们不想从争自由始，而以获暴政终。如果革命的结果只不过是换一个奴役者，流血的意义又何在呢？革命不能只是城头变换大王旗。最后虽然采纳了华盛顿那个三年期的建议，可是为了制约他的权力，规定各州有权委派自己部队的军官。

碰了壁的华盛顿并没有死心，他继续一再游说大陆会议代表。1776 年 9 月 2 日，他致信大陆会议议长约翰·汉考克："如果我们的自由不是用一支永久性的常备军，即战争中一直存在的军队去保卫，那么，我们的自由即使不完全丧失，也会处于危险的境地。"没过多久，他又写信对汉考克讲："对常备军的提防及所担心的种种弊害，均非眼前所应考虑之事，按我们目前情况来看，我认为不足为惧。……如现在缺乏一支常备军，则毁灭的后果终将不可避免。如果要我宣誓作证，究竟民兵从总的来说是有益还是有损，我将同意后者。"

其实，对于华盛顿面临的这个问题，并非只有他一个人感受得到。可是在许多美国革命的领袖人物看来，建立常备军并不明智。塞缪尔·亚当斯就说："建立一支常备军，无论有时看来多么需要，但对人民的自由总是一种危险。士兵会倾向于认为，他们是不同于其他居民的一个团体。他们的手中总是持有武器。他们的制度和纪律是严格的。很快，他们就会附属于自己的官长，盲目服从官长的指挥。对这样一支力量必须小心看待。"

这是殖民地精英在追求和捍卫自由之路上的权衡、抉择。

就在华盛顿一个劲地建议组建常备军的1776年，他家乡的弗吉尼亚议会通过了《弗吉尼亚权利法案》。该法案明确规定："在和平时期，常备军会危及自由，应避免设置；在任何情况下，军队都应严格服从文职权力，并受其统率。"杰斐逊起草的那份"弗吉尼亚宪法草案"，尽管没有派上用场，但其中就"常备军"所写的"除非实际发生了战争，本殖民地不得有常备军"，同样足以反映当时北美殖民地人民对常备军的基本态度。

在这种传统与社会氛围之中，落空的，只能是华盛顿的愿望。不过，他此后依然年复一年，没有放弃说服大陆会议建立常备军的努力。1778年4月，华盛顿致信弗吉尼亚派往大陆会议的代表约翰·班尼斯特（1734—1788），说"国会不幸对军队抱有嫉妒感。……这种嫉妒感建立在一般公认的观点上，即：常备军对政府是个威胁。这种观点在适当的范围内当然是正确的。在其他国家这种对军队的偏见只在和平时期才有。我们的政策却在战争时期对军队抱有偏见"。直到1780年10月，华盛顿在给乔治·梅森的信里还在说："我们必须有一支常备军，而不是一支动摇不定的军队。"可就是到了1783年2月4日英国宣布停战那一天，华盛顿麾下也没有出现一支他梦寐以求的常备军。

如果当初美利坚合众国能够组建一支常备军，美国独立战争的进程，或许真的就像华盛顿1780年8月对大陆会议主席萨缪尔·亨丁顿所说的那样——"如果我们保持一支常备军，敌人就无所指望，而且很可能早就愿意让步求和了"。不过话说回来，对常备军深怀戒心，也正是美国人没有革命出一个强势政权更不用说独裁政权的重要原因。

独立战争结束的这一年，邦联国会设立了一个由汉密尔顿担任主席的，研究军事问题的委员会。无论是华盛顿和斯徒本将军给这个委员会的意见，还是汉密尔顿的报告，都只是建议组建一支小型的常备军。可是，华盛顿想建立一支和平时期的常备军的观点，大大超过了国会的意愿，尽管华盛顿只是建议常备军设四个步兵团，一个炮兵和工兵团，官兵总数只有2631人。

当华盛顿辞去了大陆军总司令一职后，就连从大陆军中短期保留500名步兵、100名炮兵的建议，都遭到了国会的拒绝。1784年6月2日，国会指令亨利·诺克斯遣散军队，只在西点保留55名士兵，在皮特堡保留25名士兵，以及为数不多的军官。这样一来，大陆军以后就没有任何可能再直接产生陆军团队。真正是刀枪入库马放南山。

即使是到了联邦政府成立的1789年，美国陆军也才718人。对华盛顿来说，在北美的土地上建立一支常备军，直到他撒手人寰那一刻，都没有变成现实。昨日还在独立战争中浴血奋战的人，如今都成了散居各州的平民。尽管美国人需要军事英雄，尽管美国人也崇敬作为军事英雄的华盛顿，但不是因为他像凯撒，而是因为他是一个伟大的平民战士，美国的辛辛那图斯——听从国家的召唤走向战场，一完成使命就退隐故乡。

"常备军是危险的"

战争结束了，军人们卸甲归田。

1784 年 6 月 2 日，国会指令亨利·诺克斯遣散军队，只保留了 80 名士兵。可是英国无视巴黎和约的规定，继续在西北部地区的要塞驻防，而且印第安人的威胁也近在眼前。虽说靠这 80 个人，就是有贼心加贼胆，也没有人能搞得起军事独裁来，可是面对外部危险怎么办？

在指令诺克斯遣散军队的第二天，国会又要求宾夕法尼亚、新泽西、纽约和康涅狄格从民兵中装备一支 700 人的部队。由此建立的美国第 1 团，在夺取英国人的要塞时出师不利。麻烦还不止于此。1786—1787 年的谢斯起义，又显露了邦联政府维护国内秩序方面的能力极其有限。

即便如此，美国的立国者们并没有因此就焦虑到无视自由的地步。

在 1787 年的制宪会议上，南卡罗来纳代表巴特勒担心："这个国家难道不会像其他国家那样，出现喀提林和克伦威尔式的人物？"弗吉尼亚代表麦迪逊则说："一支常备军，加上一位膨胀的行政官，绝非公民权利的长期安全伴侣。防御外来入侵的手段，总是成为在国内推行暴政的工具。在罗马人当中，只要感到有内乱的风吹草动，发动战争就成为常规口号。整个欧洲，总是以防御为借口，保持常备军，奴役人民。"

可是怎么才能保证军队不危及人民的安全与自由呢？

南卡罗来纳代表查尔斯·平克尼（1754—1824）出的点子是，"未经联邦议会同意，和平时期不得维持军队"，"军队永远从属于文官体制的权力之下"。而在马萨诸塞代表格里看来，在和平时期保留常备军是危险的，为了减轻这种危险，就应该限制军队的数量。他甚至提议和平时期保留的军队，不得超过二千到三千人。据说，听了格里的这个提议，华盛顿向旁边的人耳语了一句，故意让人听见，意思是不能在宪法里写上部队的限额，以免敌人以大于限额的力量来发动进攻。

尽管代表们在常备军问题上的看法有分歧，但有一点是共通的，那就是无人期望未来的军队演变成为国中之国。特拉华的代表迪金森就认为，"剑掌握在谁手里"，是最重要的问题。

制宪会议的代表们深知，虽然美国的独立和自由是靠枪杆子打下来的，但一不留神，枪杆子里也可能出独裁、专制的政权。就在制宪会议召开这一年，北美十三州里，宾夕法尼亚和北卡罗来纳的宪法就明确规定"由于常备军在平时危及自由，所以不应设置"。新罕布什尔、马萨诸塞、特拉华和马里兰则在各自的民权条例中有这种含义的条款："常备军危及自由，如未经立法机关同意不得征募或设置。"

在批准宪法的争论中，对常备军的不同意见，再一次淋漓尽致地展现了出来。

帕特里克·亨利在弗吉尼亚审批宪法的会议上警告说："鉴于国会既有税收之权，又有征兵和控制民兵之权，因此，便一手握住了宝剑，一手抓住了钱囊。而我们既无宝剑，又无钱囊，能说我们是安全的吗？国会在这两方面的权力是无限的，这些权力全都是由我们赋予的。请爽快地告诉我，如果从人民手中既夺走宝剑，又取走钱囊，那人民何时何地还有自由可言？除非在人间出现奇迹，否则，在失掉宝剑和钱囊的情况下，一个国家是不可能保持自由的。"而远在欧洲的杰斐逊，1787 年 12 月 20 日也写信对詹姆斯·麦迪逊说："我承认，我对一个军事力量非常强大的政府没有好感。它总是压迫性的。它使统治者逍遥自在，而人民却饱受苦难。"次年 7 月 31 日，杰斐逊在巴黎写给麦迪逊的信里，再一次表达了他对常备军的戒备之意："如果找不到制约办法把常备军数目控制在安全范围之内，而是尽量予以容忍，那就应该完全放弃常备军，妥善训练民兵，让民兵来守卫军火库。"

当时北美的政治地图，就像汉密尔顿所说的那样："与我们毗连的大不列颠、西班牙和印第安人的领土，不只是同某几个州接壤，而是从缅因到佐治亚把整个联邦包围起来。"这个新生的共和国是处在敌意的包围之中，有国哪能无防？亨利、杰斐逊这些人对常备军忧心忡忡，并不是他们没有"大局"意识，事实上，他们的担心反映了"大局"的另一面：国家陷入军事专制的危险。

即使是热情洋溢地为批准宪法而努力的麦迪逊，在辩称常备军"可能是一种需要"的同时，也承认北美殖民地的主流观念——"常备军有危险性"。在这种背景下，他为常备军的辩护，小心翼翼："从小处看，常备军会带来麻烦。从大处看，常备军的后果可能致命。广而言之，常备军是值得嘉许的深思熟虑之果和预防措施。一个明智的国家，应该把这些因素综合起来，不要急于把对自己的安全可能必要的资源，斥之门外，要提高谨慎之心；也不要孤注一掷，把军队变成危害公民自由的危险。"日后，麦迪逊在 1809 年 3 月 4 日的总统就职演说里还在说，"在必要的限度内保有一支常设部队，永远记得武装起来并受过训练的民团是共和国最坚实的堡垒——没有常备军它们的自由绝不会有危险，拥有庞大的常备军并不就安全。"

直到南北战争爆发，美国建国之后的常备军一直是规模甚小。美国的立国之道，其中一条就是，平时不保持庞大的常备军。就其规模而言，无法对那个时代的美国人珍视的自由构成威胁。自 1789 年到 1960 年，现役陆军官兵人数最少的年份是 1789 年，只有 718 人，最多的年份是 1814 年，当时处于美英战争时期，有 38186 人。从 1789 年到 1812 年，未超过 7 千人，且有 6 年只有两千余人；从 1789 年到 1845 年的 57 年里，其中只有 10 年陆军现役军人超过 1 万人：1814 年和 1815 年为 3 万余人，1913 年为 19036 人，另外 7 年均未超过 12500 人。从 1849 年到 1860 年，美国现役陆军官兵也就一万多人，没有哪年超过 18000 人，其中 1860 年现役陆军人数为 16215 人，其中军官 1080 人。从 1871 年到 1897 年，都在 24000 人以上，30000 人以下。

在整个 19 世纪，美国现役陆军人数只是在面临战事事迅速膨胀，一旦战事结束，就迅速裁减，恢复到小型常备军的常态。其间，美国遇到四场重要战事：美英战争、美墨战争、南北战争、美西战争。1812 年国会宣战。次年陆军现役军人数增至 19036 人，1814 年为 38186 人，1815 年为 33424 人。1815 年 2 月 16 日批准与英国签订的《根特条约》，2 月 27 日国会就下令遣散炮舰舰队并拍卖船只，3 月 3 日，麦迪逊总统要求国会授权建立一支两万人的常备军，国会表示同意，但将军队人数限定在一万人左右。1816 年，陆军现役军人数缩减为只有 10231 人，此后一直到 1845 年，都维持在一万人左右，且多数年份在一万人以下。因为美墨战争的缘故，1848 年现役陆军军人有 47319 人，到 1849 年就迅疾降到 10744 人。1965 年，现役陆军军人为 1000692 人，次年就变成了 57072 人，到 1871 年就裁成 29115 人，随后直到 1897 年，就没再达到过 29000 人。1898 年，现役陆军人数猛增至 209714 人，但次年又降至 80670 人。进入 20 世纪初，美国现役陆军人数最低的年份 1907 年，也有 64170 人。

此时的美国，已经牢固地确立起了驾驭常备军的宪政传统。

虽说昔日小型常备军的背后，是美国人对常备军时刻警惕的传统，但这并不表示军人地位卑下，政府可以随意对待军人，相反，军人有其确定不移的法定地位和尊严。其实，对常备军的某种程度的不信任，在任何政体的国家都存在。在专制政体下，那些拥有庞大常备军的国度，统治者对于军人反倒总有一种有你死我活的警觉，以及深不可测的宫廷阴谋，军人的地位并没有因为军队的庞大而上升，而是宠辱无定，随时处于一种岌岌可危的状态。王翦、韩信或图哈切夫斯基、朱可夫帐下千军万马，他们何曾认为自己在为之效命的政权下高枕无忧？要带六十万大军出征的王翦为求自保，向送行到灞上的嬴政要求很多良田美宅，以减少君主的猜忌，用他自己的话来说："今空秦国甲士而专委于我，我不多请田宅为子孙业以自坚，顾令秦王坐而疑我邪？"

军事权力不放在同一只手里

1796 年 9 月，华盛顿在告别词里说，"庞大的军事建制在任何形式的政府里都是不利于自由的，对共和国式的自由更为有害"。

然而进入 20 世纪之后，美国陆军最为直观的变化，就是其规模。

在参加一战之前，陆军现役军人没有少于 6 万人的年份。而自1915 年到二战爆发的 1939 年，陆军现役军人数则从不下 10 万。这25 年里，从 1917 年到 1921 年超过 20 万人，其余年份都在 20 万人以下。虽然从常备军的数目而言，此时的美国陆军已不再是 18、19 世纪的那种小型常备军，但是相对于美国辽阔的疆域、众多的人口而言，一二十万人，依然算不上多庞大。因为在 1900 年，美国州的数目已达

45 个，人口超过 7600 万；20 年后的 1920 年，美国已有 47 州，人口增至 10602 万。

但是自从 1941 年起，美国的小型常备军时代，一去不复返。1945 年，战时美国陆军现役军人数，曾高达 820 余万，这是迄今为止的历史最高值。二战结束后，从 1951 年到 1980 年，30 年里，有 13 年的陆军现役军人在百万以上，另外 17 年没有低于 75 万人的年份。此后，美国不仅有着世界上最为强大的陆军，而且这支军队的现役人数，在世界各国中也名列前茅。

这支军队不仅关乎美国人自己的自由，而且也关乎世界的和平。

按照美国宪法，"总统为合众国陆海军的总司令，并在各州民团奉召为合众国执行任务时担任统帅"。这种让作为文职官员的总统同时是武装力量的总司令，就是为了确保文职政府对于军队的领导。不过，这并不表示总统一人独揽军权。军事权力的运行，也是在美国宪法确立的横向与纵向的分权制衡机制的大框架之内。

在横向上，虽说总统是军队的最高统帅，但是人事权却是与国会共享。按照宪法的规定，"总统经参议院同意，任命所有的军事官员"。获得参议院的同意是必经程序，总统无权想任命谁就能任命谁。在 1807 年国会快休会时，杰斐逊任命西部探险的英雄刘易斯为路易斯安那准州州长，立即得到了参议院的批准。可是他提议另一位探险英雄克拉克为陆军中校，却在共和党人占绝对多数的参议院里遭到了拒绝。

19 世纪这样做，20 世纪还是这样。杜鲁门总统任命四星上将、陆军参谋长布莱德雷为首位参谋长联席会议主席，必须过参议院同意这一关；晋升他为陆军五星上将，也得国会批准。

这种人事任命上的分权制衡，使得作为最高统帅的总统，也无法把军官培植成自己的私人党羽，他们只能获得合法的忠诚。

总统更不可能通过随便增加或减少将军的人数来掌控权力，因为军衔也不是总统囊中可以随意授受的私有财产。

对于军事领导人的职位设置，都有法律规定，不是总统个人可以随意增减的。比如，依照美国国会众议院法律修订咨议局编《美国法典》（1988 年版）中有关法律条款，陆军参谋部设陆军参谋长 1 人、第一副参谋长 1 人，陆军副参谋长和助理参谋长的人数由陆军部长规定，但是副参谋长不得超过 5 人，助理参谋长不得超过 3 人。一个萝卜一个坑。

1989 年，整个美国武装部队总共 210 万人，只有 1003 名将军。这是合乎法定的数额。依照美国国会众议院法律修订咨议局编《美国法典》（1988 年版）中有关法律规定，"陆军、海军、空军及海军陆战队中的现役将级军官总数不超过 1073 人"。至于现役将级授衔军官在陆军、海军、空军和海军陆战队中的分配，也有详细的规则。

不过，这是一般情形。遇上战时，以及当国会或总统宣布国家紧急状态时，总统有权暂停行使这些规定。

即使是军阶较低的军官，依照美国国会众议院法律修订咨议局编《美国法典》（1988 年版）中有关法律规定，"正规陆军、正规海军、正规空军及正规海军陆战队中的少尉以至上校的初次任命，应由总统经参议院的咨询和同意后作出"。

就连人们在在总统的白宫典礼上可以见到的海军陆战队军乐队，法律细致地规定到了，它设 1 名队长、2 名副队长，其人选由海军部长从"海军陆战队合格人员中选拔"，"一经海军部长推荐，被选人员可由总统经参议院的咨询和同意后授予海军陆战队现役衔级"。背选定为队长者的"初次任命衔级为上尉"，如其在选定之日的衔级高于上尉，可以按照原衔级任命，"但不得高于中校"，而"被选定为副队长的初次任命衔级应低于上尉"。对于队长、副队长，"总统经参议院的咨询和同意可不定期地晋升他们的衔级"。

这种分权制衡机制，也决定了一个军人决不可能凭其轻歌曼舞或插科打诨的功夫，就可以肩上出现耀眼的将星。并且一旦成为海军陆战队军乐队的一员，就不可能凭借自己的艺术才华发大财了，因为法律规定，除了经总统批准的特殊情况之外，"任何成员均不得以个人身份参与带由于民间音乐工作者竞争性质的音乐活动或接受音乐服务的酬金"。

对军权的分立制衡，不仅表现在国会和总统之间，也纵向地体现在联邦政府和各邦之间。各州虽不能设立常备军，但传统上的民兵力量，为各州保有，各州有权任命民兵军官，指导民兵训练。1787 年 8 月 23 日，制宪会议讨论民兵问题。当麦迪逊提议把将军以下军官的委任留给各州时，谢尔曼就说："这绝对通不过。就是人们都睡着了，也不会让联邦委任民兵中最有影响的军官，每个醒着的人都会发出警报，把睡着的人叫醒。"在表决时，麦迪逊的这个动议被 3 州赞成，8 州反对。而把委任军官的权力保留给各州，则被表决一致通过。即使是民兵被召到联邦服务，也仅仅是为有限目的，即宪法规定的"执行联邦法律，镇压叛乱，击退入侵"。这样一来，就使得联邦政府没有垄断所有的武装力量。这对可能来自联邦的专制，就会起一个防微杜渐的作用。

"漫长的战役"

别列什科夫曾担任过斯大林的翻译和莫洛托夫的助手，他在回忆录写到曾多次听到斯大林对莫洛托夫这样说："罗斯福拿国会来推诿。他以为我会相信他真的怕国会，因此不能向我们让步？实际上是他自己不愿意，反倒拿国会来做挡箭牌。真是一派胡言！他是军事领导人、

最高统帅。谁胆敢有异议？他躲在国会后面方便些。但他糊弄不了
我……"

也许斯大林真不明白，白宫不是克里姆林宫。正如杜鲁门在回忆
录里说的那样，制定美国宪法的那些人，"他们所制定的制度的目的是
防止野心家或'兵权在握的人'攫取政府的各种权力"。

马克斯韦尔·泰勒上将在1955年6月出任陆军参谋长，后又担任
过参谋长联席会议主席。他在回忆录里写道：

除政府部门外，国会在对军队的控制方面起着重要作用。它主要
是控制军费开支，但国会还有权批准军队的规模、编制、组织以及主
要装备。它主持听证会和调查，通过法令和法案，授权批准军队及个
别成员的活动。参议院同时负责陆海军将领的晋升。

预算是国会控制军事力量的法宝之一。在1787年的制宪会议上，
迪金森说，"剑掌握在谁手里"，是最重要的问题，而梅森也认为，"钱
袋和剑永远不能放到相同的手中，不论是立法部门，还是行政部门"。
预算即法律，无预算即无支出。这是议会有无权威的标志。

按照美国宪法，国会拥有权力"征集陆军并供应给养，但此项拨
款之期限不得超过两年"。对于这种制度设计，汉密尔顿就说，拨款的
限制是一种"预防办法"，"看来是反对没有明显需要而维持军队的一
种重大的和真正的保证"。

这个办法还是挺管用的。通过拨款的限制，如拒绝拨款或设置使
用拨款的条件，确保军队不能独立于国会的控制之外。富兰克林·罗
斯福总统派海军作全球航行，可是由于国会威胁要撤销军事拨款，他
不得不让军舰半途而归。国会的招数是，它决定只为舰队回国提供拨
款，否则，舰队就只能呆在原地了。就凭这一点，任何独裁者都不会
对代议制民主有好感。

也正因为预算如此重要，国会对于军事预算也不含糊。军队只能是纯粹的花钱机构，它不能以任何方式挣钱。它的一切开支只能来自于国会的拨款。马克斯韦尔·泰勒上将曾说：

和大多数议会制度国家的做法不同，美国三军的参谋长们作为军种的参谋长及参谋长联席会议的成员，必须经常出席国会的各个委员会作证。此外每年至少要在两院的武装部队委员会及拨款委员会上各出席作证一次。在正常的年月里，还要就原子能、导弹、军事人员、后备力量及军事援助计划等等特殊问题出席作证。

比如，依照美国国会众议院法律修订咨议局编《美国法典》（1988年版）中有关法律条款，国防部长每年应该就国防部的开支、工作和成就向总统和国会作出书面报告，提交的这份报告中，还应该包括各军种部有关该部的开支、工作和成就的报告等；国防部长应在每年4月8日前向国会参议院和众议院的武装部队委员会和拨款委员会提交有关合众国在海外驻军费用的报告；"国防部长应于每年4月1日之前向国会提交《五年防务规划》（及其附录），该规划是国防部长为支援国防部的计划、项目和活动而制定的预算中预计的开支和建议拨款数额的依据。"

里根时期的国防部长温伯格在回忆录里这样谈到自己的切身体会："每年的预算战斗都是一场漫长的战役。其过程有听证会、会议，在五角大楼以及其他地方同各位众议员、参议员共进早餐以及单独拜访参众两院议员。为了努力使总统重振军备计划的大原则及其诸多细节赢得公众的支持，我在电视和电台上的露面比我愿意做的多得多，和报纸编辑委员、单独的记者及专栏作家们举行了无数次的会议，同舆论界头面人物共进晚餐，而且发表数不清的演讲。"

有时候，堂堂国防部长，会遭到国会议员的痛斥。在1983年2月

3 日的一次预算听证会上，来自密执安州的民主党参议员小唐纳德·里格尔，把国防部长温伯格批了个狗血喷头，以至于温伯格后来在回忆录还称之为"我记忆中最为恶毒的蛊惑民心的例子之一"。这位议员劈头盖脸说温伯格为"挥霍者卡珀"，声称"我想我们第一次有了一个其基本判断是危害我们国家的国防部长。在估计我们国家的国防需要时，你是一个失去了理智平衡、十足僵硬的空头理论家。我认为由于你狂热地坚持超出我们需要和能力的国防增支，你正在损害我们的国家安全"。

例外只限于马歇尔一个人

在美国联邦政府的行政分支里，1789 年成立了陆军部，1798 年又成立了海军部。陆海军的指挥统帅机构相互独立，自成系统，陆军部长和海军部长都是内阁成员，直接接受总统的领导。到了二战的时候，这种体制的缺陷，暴露无遗。

1941 年，参议院成立国防计划审查特别委员会，杜鲁门担任主席。结果他"才认识到由于陆、海军部分立，互不协调，所造成的浪费和无能到了怎样的地步"。比如他发现，陆海军在美国和巴拿马都建有紧相毗邻的巨大飞机场，"可是海军的飞机不能在陆军的机场上着陆，而陆军的飞机也不能在海军的机场上降落"。

正是因为战争中暴露出的种种弊端，美国当局感到有必要统一国防机构。1943 年秋，时任陆军参谋长的马歇尔，首先提出了战后统一三军的建议。杜鲁门也在就任总统前不到一年的时候，发表文章公开主张海陆军合并，成立一个新的国防机构，把所有的国防单位都合并到这个机构里来，归掌握实权的首长指挥。

可是，设立国防部的过程并不一帆风顺。直到 1947 年 7 月，国会才通过了美国第一个关于国防体制的基本法——《国家安全法》。根据该法，设立了国家军事部，"作为政府的一个行政部门"。9月，福莱斯特出任首任部长。当时，陆军部长、海军部长和空军部长，和国防部长一样，也是国家安全委员会和内阁的正式成员。第一任部长福雷斯特尔在三军部长和参谋长的任命问题上，几乎没有发言权。可是他在海军部长任上的时候，曾坚持认为，国防部长的权力不能太大。等他自己成了国防部长，却发现，他缺少同他所负责任相应的权威。

1949年8月修改了《国家安全法》，国家军事部改成国防部，设参谋长联席会议为国防部的常设机构，并创设了参谋长联席会议主席一职。1958年，法律又赋予了国防部长新的权力，军事部门划归国防部领导。原来的陆、海、空军三个部，降格为单纯的军种部，国防部长直接指挥监督各军种部。

不管国防部如何改革，秉持文官统治是一以贯之的原则。表现在国防部长的任命问题上，就是该职只能由文职人员充任。

第一任国家军事部部长福雷斯特尔和其后任路易斯·约翰逊，不仅在就职之前十年内没有担任过常备军军官，就连正规军里的三等兵都没当过。可是在1950年，当杜鲁门总统想撤掉路易斯·约翰逊的时候，情形就有所不同了。当时正逢朝鲜战争，杜鲁门想让马歇尔出山。

1950年9月12日，约翰逊辞职，杜鲁门总统任命马歇尔为国防部长。可是这项任命必须获得参议院的批准之后才能生效。此时的马歇尔卸任国务卿已经一年多了，正在红十字会干着，虽未担任军职，因为有陆军五星上将的军衔，按照法律，马歇尔仍然是现役军人。因此，他要就任国防部长，存在法律上的障碍。

尽管在随后的参议院听证会上，军事委员会的民主党议员和大多数共和党议员都要求尽快批准这一任命，可是来自华盛顿州的参议员凯恩和来自加利福尼亚州的参议员诺兰，虽然赞扬了马歇尔在二战的贡献，却质疑让一个军人担任国防部长是否明智。诺兰说："骆驼把鼻子伸到帐篷里来了。"这怎么行呢？

寓言故事里的那头骆驼，得寸进尺，最后占据整个帐篷。

不过，参议院军事委员会的秘密会议上，最后以 10 票对 2 票通过提名，只有凯恩和诺兰投了反对票。尽管如此，依然存在五星上将出任国防部长违背《国家安全法》的问题。怎么办呢？9 月 15 日，国会开始辩论"国家安全法"的修改问题。在众议院，为了让议员们接受所拟议的修改，打消为军人统治开创先例的担心，又补充了一条修正案，规定这一例外只限于马歇尔一个人。这个修正案在众议院以 220 对 105 票、在参议院以 47 对 21 票获得通过。不过，大多数反对这项修正案的人，是反对军人当国防部长。此后，以 57 对 11 票，参议院通过了对马歇尔的提名。陆军五星上将马歇尔成为美国第三任国防部长。

可见，即使是在国家多事之秋，在防止军队成为职业军人独占领地的这种原则问题上，美国人一点也不含糊。美国人建立单一的防务机构，固然是创建国防部的一个目的，但设立国防部长的核心，是为了更好地解决文职官员与现役军官之间的关系问题。

自马歇尔之后，在国防部长一职上，再也没有人破例。并且，出任国防部长无须之前有什么"级别"。威尔逊是从公司总裁、克利福德是从法律公司高级合伙人、麦克尔罗伊和麦克纳马拉是从公司董事长一跃而为美国国防部部长的。

就拿查尔斯·欧文·威尔逊来说，他在 1953 年出任国防部长之前是通用汽车公司的总裁。威尔逊自从 1909 年毕业于卡内基技术学院，就一直在公司上班，先是受雇于威斯汀豪斯公司，后于 1919 年进入通用汽车公司，1941 年起担任通用汽车公司总裁。这位国防部长连列兵都没当过。

1981年出任国防部长的温伯格，倒是在二十多岁的时候当过列兵，可这位哈佛法学院毕业生短暂的军旅生涯中，曾获得过的最高军衔，也就是中尉。

对于防长人选，如此不拘一格，要是没有一整套的观念与制度的支撑，参谋长联席会上的参谋长们都是军旅经验丰富的将军，像温伯格这样的前中尉，何以号令三军？

按照美国国会众议院法律修订咨议局编《美国法典》（1988年版）中的相关法律条款，国防部长是总统处理国防部事宜的"首席助理"。这一职位只能由文职官员充任，而且"武装力量中正规部队的授衔军官退出现役不满10年者不得被任命为国防部长"。

不仅国防部长不能由退役不满10年的前正规军授衔军官担任，就是国防部第一副部长、负责政策的国防部副部长，也同样有此限制。此外，负责采办的国防部副部长、负责采办的国防部副部长帮办、国防研究与工程署署长、国防部长助理、国防部长审计长、作战试验与论政署署长、国防部首席法律顾问，一共17个职位，也只能是总统任命的文职官员。

此外，陆军部长、海军部长和空军部长，也必须是由总统经参议院的咨询和同意任命文职人员担任，而且正规军的授衔军官在退出现役后，5年之内不得被任命担任这三个职务。就连陆军部副部长和陆军部部长助理、空军部副部长和空军部部长助理、海军部副部长和海军部部长助理，也都是由总统经参议院的咨询和同意任命文职人员担任。

作为一个行政部门，国防部依照法律规定由国防部长办公厅、参谋长联席会议、联合参谋部、陆军部、海军部、空军部、联合与特种作战司令部等组成，身为文职人员的国防部长是国防部的最高领导者。

参谋长联席会议主席、陆军参谋长、海军作战部长、空军参谋长和海军陆战队司令，虽然都是现役军官，但是他们都被置于文职人员的领导之下。比如，陆军部长是陆军部的首长，陆军部作为其领导下的独立机构，是"在国防部长的授权、指导和控制下进行工作"，下设一名文职人员人员担任的副部长和五名文职人员担任的部长助理。作为协助陆军部长履行其职责的陆军参谋部，是陆军部的执行部门，虽然陆军参谋长只能从陆军将官中任命，任期为4年，但此项任命须经参议院的咨询和同意，并且"在战时或在国会宣布国家处于紧急状态期间"，也只可以"重新受命不超过4年的任期"。

常备军用于国内

有的人以为，在一个共和国里，常备军就是只能用于对外的国防军，而不能对内使用。无论是证诸美国的历史还是美国的法律，这种看法或印象都没有根据。汉密尔顿在为批准美国宪法辩护的一篇文章中写道："有时可能发生一些情况，使全国政府必须采用武力，这是不能否认的。……暴动和叛乱不幸是同国家分不开的弊病，就像肿瘤和斑疹是同人体分不开的疾病一样；总是单纯用法律的力量进行统治的思想（我们听说这是共和政体惟一允许的原则），除了存在于那些自命聪明、不屑汲取经验教训的政治学者的幻想之中以外，是根本不存在的。"按照美国宪法，国会有权"镇压叛乱"，而总统则誓言"尽自己的最佳判断力和能力，保持、保护、保卫联邦宪法"。

也正因为这样，苏联国防部军事出版社在1971年出版的一本书中，在说"社会主义国家的军队和人民是一个整体，是一家人"的同时，援引数据来证明美国军队"成了扼杀人民自由的刽子手"：

譬如，美国《军事评论》杂志有一期曾列举了这样一些数字（当然是很不全面的数字）：仅在 1900 年至 1960 年期间，美军用来镇压本国劳动人民为保卫自己人权而举行的罢工和游行示威就达五百多次。从《纽约时报》当时的报道中可以最清楚地看出对工人的残酷镇压，"我们士兵对暴动者采取行动之坚决，可以从所有被杀的暴动者被子弹击中了头颅或心脏这一事实中得到最好的证明"。

且不论苏联官方出版物的数据是否准确，自从美国立国之初起，美国确实一再在国内使用常备军。大规模动用武装部队来解决国内事务的例子，莫过于中国人所熟知的南北战争了。1792 年，华盛顿总统签署的一项法案，授权州民团去抑制"其力量已超出司法诉讼的正常途径所能压制的集团"；1807 年，国会授权总统为同样的目的使用联邦军队；1894 年，最高法院裁决，"如果发生紧急事件，国家的军队……要为国家效力强使法律得到遵守"。但是，也正如艾森豪威尔在回忆录里所说的，"只有一个理由可以使用部队，那就是支持法律"。

依照美国法律，在任何州发生反对州政府的叛乱时，应该州立法机构的要求，或者在不能召集立法机构的情况下，应该州州长的要求，总统可以"使用他认为镇压叛乱所需要的武装部队"；此外，"只要总统认为由于反对合众国职权的非法骚扰、结社或集会或反叛行为"，"已不可能"在任何州或领地内"以一般司法程序使用合众国的法律，他可以为行使法律或镇压反叛"，"使用他认为需要的武装部队"。法律明确规定了总统可以"镇压叛乱、国内暴乱、非法结社或阴谋活动"，如果它妨碍法律的执行，致使人民被剥夺其"宪法赋予和法律保证的权利、特权、豁免权或保护"，而州当局又"无力、未能或拒绝保护上述权利、特权或豁免权，或提供上述保护"；或者"反对并妨碍合众国法律的执行，或阻止上述法律的司法过程"。不过，总统在根据规定认为有必要使用民兵或武装部队时，"应发布文告，立即命令叛乱者在限定时间内解散并和平地返回其住所"。

派兵小石城，就是在国内事务中动用常备军的一个例子。1957年9月23日，上千白人涌到阿肯色州的首府小石城的中心中学，阻挡预定要进校的黑人学生。同日，艾森豪威尔发布第3024号文告，明确表示"我将使用美国的全部权力，包括所需的一切武装力量，以阻止任何妨碍法律的行为和实施联邦法院的命令"。9月24日，艾森豪威尔调遣了1000名101空降师的军人到达小石城。在美国历史上，艾森豪威尔之前33位总统里，有13位总统动用过军队以平息国内骚乱。

不过，对艾森豪威尔的做法，美国人可以公开表达不同的意见。阿肯色州州长福布斯批评艾森豪威尔总统"判断错误"；密西西比州参议员伊斯特兰说，"总统这一举动是企图摧毁南方的社会秩序"；南卡罗来纳邦参议员奥林·约翰逊参议员则声称，"如果我是州长，而他开了进来，我会和他进行他以前从来没有经历过的战斗"。佐治亚州参议员拉塞尔致电艾森豪威尔，不仅抗议"在您指挥下的美国武装部队正在使用高压和非法手段，他们正在执行您的命令，在小石城公立学校里，使黑人和白人一起上学"，而且指责总统对美国公民使用希特勒式的冲锋队员的战术，并谈到了"刺刀下的统治"。

对9月26日收到的这份电报，艾森豪威尔能做的，顶多也就是为自己辩护的话说得不客气点："我完全不能理解，你怎能把我们的部队比作希特勒的冲锋队。一种情况是用军事力量来实现残暴的独裁者的野心和目的，而另一种情况是用来维护自由政府的制度。"但也仅此而已。他接下来答应拉塞尔参议员，将下令调查其所提出的个别士兵的胡作非为。虽然调查结果显示，没有发生胡作非为的事，但这也表明，总统面对这样的质疑时，也不能虚应故事。

创造怎样的世界

任何一个国家和它的人民，都是活在当下，面向未来，但也常常不免夹缠在历史的恩怨纠葛之中。可是历史长河悠悠万载，"勿忘"也好，"牢记"也罢，都只可能是选择性的记忆。执着、沉湎于历史的纠葛，无异于置身无解的迷宫。

想仇恨继续下去并不难。无需编造或夸大其词，只要用心搜寻，世界上任何一个国家恐怕都能够找到，在历史上的某个时候跟某个国家结过梁子，有过流血或没流血的过节。20 世纪找不到，到 19 世纪找，19 世纪找不到，到 18 世纪找，一直找下去直到找着为止。

"掏尽德国人的腰包"

1940 年贡比涅森林的法德停战协定签字仪式，是戈培尔的宣传杰作。

6 月 22 日这天，在贡比涅森林的专列车厢里，希特勒坐在当年法军元帅福熙签字的地方。车厢是福熙元帅 1918 年 11 月 11 日用过的车厢，桌子是福熙元帅 1918 年 11 月 11 日使过的桌子，位置是福熙元帅 1918 年 11 月 11 日坐过的位置。"德国夏季时间下午六时五十分"，签订了令法国丧权辱国的停战协定，就连德国在法国领土上的占领军的给养费，都规定"应由法国政府负担"。希特勒以眼还眼以牙还牙，为德国人报了法国佬 1918 年的一箭之仇。

在这个法国蒙羞德国雪耻的历史性时刻，兴奋的元首跳起了快步舞。作为德方代表，最高统帅部参谋长凯泰尔将军也是喜不自胜，日后在回忆录里，他这样描述当时的心境："……战神在这里虽然并不曾留下任何踪迹，但是，对于我却具有强烈的沧海桑田气氛，其他出席典礼的人，也容或有此同感。当时在我内心里，真可以说是百感交集；我觉得，这是我们对凡尔赛和约复仇的时刻，一种战胜的自豪心情，以及缅怀在战斗中光荣殉国袍泽们的崇敬之感，不禁油然而生。"

之所以选择贡比涅森林作为谈判签字的地点，凯泰尔在宣言里说得一清二楚：那是为了用"一种纠正错误的正义行动来永远消除法国历史上并不光彩的一页和德国人痛恨的历史上的最大耻辱"。这位德国将军斩钉截铁地告诉法国人，对于停战协定中的各项条款，要么全部接受，要么全盘拒绝，不能更改。

停战协定签署完十五分钟，那节从法国的展览馆里推到贡比涅森林铁轨上来的车厢，又被工兵们动手运往柏林供人参观。法国人引以为豪的象征，转瞬之间，又成了德国人展示国威的宣传品。纳粹不会放过利用这个"伟大时刻"的机会。纪录这一时刻的宣传片《新闻周报》，在德国所有的电影院里放映，解说员格外强调它的历史象征意义。

当然，贡比涅森林里法国人立的那块大理石纪念碑，也得毁掉。因为石碑上铭刻着："1918 年 11 月 11 日，罪恶的、骄横的德意志帝国在此投降——被它企图奴役的自由人民所击败。"

这回，德国人过足了报仇雪恨的瘾。德军只花了五周的工夫，就开进了宿敌法国的首都，比俾斯麦当年打败拿破仑三世、进逼巴黎的时间还要短。德国人用鲜血洗刷了他们眼中的"凡尔赛耻辱"。阿尔萨斯、洛林失而复得。斯特拉斯堡的共和国广场，变成了"俾斯麦广场"，米卢兹也有了一条阿道夫·希特勒大街。要是法国小说家都德（1840—1897）活着，恐怕还得在百岁之年再写一篇《最后一课》。

纳粹德国确实是欺人太甚。但是德国人的欺辱，也不是无缘无故。法德两国怨怨相报，由来已久。

1918 年 11 月 11 日，还是在贡比涅森林。那回，是福煦元帅（1851—1929）发威。当德国代表团的埃尔兹贝格议员提到"建议"时，福煦冷冷地说，不存在什么建议的问题，难道德国代表团不是来请求停战的么？话像刺刀一样锋利、冰冷。一点商量的余地都没给。没辙的埃尔兹贝格，也只能在车厢里含恨撂下一句"一个七千万人的国家虽灾难深重，但并没有灭亡"。言外之意，烽烟虽灭，火种尚在。

这一年，拿破仑三世的老婆欧仁妮（1826—1920）92 岁。她说，她感谢上苍让她活着看到了"复仇之年"。对于德国人给她带来的家国之耻，老太太一直含恨在心。

1918 年 11 月 11 日上午 11 时，西线响起了停战喇叭。硝烟散，恨未消。法国朝野，像欧仁妮老太太一样，不想放过复仇的机会。法国大部分舆论都支持克里孟梭的主张，那就是签订一个苛刻的"交纳赔款的"和约，也就是 1871 年俾斯麦强加于法国人头上的那种和约。在谈判期间，《晨报》发起了一场"德国佬应该赔款"的运动。

饱受苦难的法国人，要求对德国进行彻底报复，这不奇怪。一战使法国人财两失。不仅丧失了十分之一的人口，140 万人死亡和失踪，大约 300 万人受伤，而且负债累累。法国 1918 年的预算赤字高达 180 亿法郎，并且还欠美国 160 亿法郎，欠英国 130 亿法郎。惨胜的法国，身受重创，精疲力竭。

胜利的喜悦，跟德国的旧怨新仇，交织在一起。对法国来说，往事简直不堪回首。百年之中，首都巴黎竟然五次目睹普鲁士军人的刀光剑影。一个大国蒙受这般屈辱，这在世界历史上也不多见。许多经历过 1870 年普法战争的人还活着，屈辱和痛苦的记忆还活着。法国五十年来一直生活在德国崛起的阴影之下。它憋着一肚子的恶气。鏖战四年，好不容易熬到了胜利之日，如果哪位领导人在谈判桌前轻言放弃报复，正如丘吉尔所言，"那就非倒霉不可"。

在这样一种氛围里，美国总统威尔逊对"没有胜利的和平"的企盼，注定了只能是一个无法实现的梦想。欧洲的战胜国，没有一个愿意自己两手空空。最初，法国狮子大张口，提出要德国赔款的总额，高达 6000 亿—8000 亿金马克。在英国，"掏尽德国人的腰包"，则成了首相劳合·乔治的竞选口号。

对那些沉浸在胜利的喜悦和复仇的快感之中的国度来说，科隆市市长阿登纳对德法和解的呼吁，无异于对牛弹琴。1919 年 2 月 1 日，这位未来联邦德国的总理，在科隆市政厅的汉萨礼堂摆事实讲道理："德国和法国世代相仇。德法两国之间的争执和斗争已翻来复去进行了好几百年……德国现今瘫痪在地。不言而喻，法国一方不可能认为目前这种状况能确保自身今后的安全。德国目前虽然完全瘫痪，但铁的事实是德国有 6500 万人——我只说大约数字——而法国的人口为 3500 万-4000 万。德国将会从它目前的瘫痪状态中重新站起来。谁也不知道德国多少年后才能站起来，但德国将会站起来则是肯定无疑的。"

阿登纳讲得入情入理，可是胜利者们连威尔逊总统的倡议都听不进去，岂会屈驾去倾听一个战败国的市长呼吁？没有人阻挡得了胜利者的诉求。1919 年 6 月 28 日，德意志共和国被迫在不光彩的凡尔赛和约上签字。又是在凡尔赛宫镜厅，那个 48 年前德国人以胜利者的姿态宣告德意志帝国成立的镜厅。法国一手又把阿尔萨斯、洛林拽进了自己的怀抱，并且占领萨尔 15 年，然后由公民投票决定它的最后归属。它所分得的赔偿也很丰厚……

根据和约，德国一共丧失了 73485 平方公里的国土，减少了 732.5 万人口。就地下资源而言，德国损失了 75% 的锌矿、74.8% 的铁矿、28.3% 的烟煤和 4% 的氧化钾。从 1920 年 3 月 21 日起，德国国防军减少到 10 万人，并且只能用于维护德国内部秩序和执行边防警察任务。凡尔赛和约禁止德国实行义务兵役制，不准它有任何空军武器。1921 年 1 月，协约国将德国的战争赔款总额规定为 1320 亿金马克。它们想让德国再也翻不过身，缓不过劲。德国不再是一个正常国家。

这种事摊到头上，德国人哪能气顺得了？在签署凡尔赛和约之前，德国总理谢德曼在一次演讲里诅咒："谁要是签署这样的条约，谁的手指就会烂掉！"问题是，德国还有多大的余地可以转圜呢？ 1919 年 6 月 22 日，新任总理鲍尔一语道破了德国当时的处境："如果我们不接受和约，下星期一（23 日）晚上就会重新开战。外国军队向德国进发，使用所有杀人武器对付手无寸铁的、没有抵抗能力的人民……"德国只能识相地打落了牙往肚里咽。第二天下午，德国公使照会法国总理克里孟梭，德国准备接受和签署和平条约，不过同时也明明白白地告诉他，德国"不放弃自己的观点，即这些和平条件之不公正是前所未有的"。

在德国人眼里，凡尔赛和约成了屈辱的象征。和法国人的梁子也因此结得更大。《凡尔赛和约》签订之后的德国，是一个充满敌意的德国。谁找到了火星，谁就能够点燃德国。对凡尔赛体系的不满，对强加的和平的愤慨，对前途的忧虑和无助，都是纳粹崛起的精神土壤。憋屈的德国人，更多地在意了自己被人欺负的屈辱和不幸，却忽视了隐藏在自己血脉中的贪婪和霸道。就像《圣经》中所说的那样，"只看见弟兄眼中的木屑，却不管自己眼中的大梁"。如果第一次世界大战中胜利女神垂青的是德国，它会对那些战败国宽宏大量么？就拿埃尔兹贝格来说，在 1914 年 9 月的时候，他不仅期望吞并法国的隆维和布里，还盼着由德国统治比利时和直到布洛涅的法国海岸。他还不算最狠。民族自由党领导人巴塞尔曼叫嚷得更煽情："哪里流了一滴德国人的血，我们就留在哪里。"如果说这些人的想法还只是停留在嘴皮子的层面上，最高司令部强加在俄国人头上的《布列斯特—里托夫斯克和约》，则是实实在在的行动了。这回，轮到莫斯科左派慷慨激昂地咆哮"宁愿光荣地沉没，而不向威廉屈服"。因为这个条约实在是太狠了，德国人一下子就捞到了俄国四分之一的领土、44% 的人口、27% 的收入、80% 的糖厂、73% 的铁和 75% 的煤。

欧洲的有识之士忧心忡忡。在听到凡尔赛和约签订的消息时，福熙元帅说："这不是和平。这是二十年的休战。"而英国经济学家凯恩斯，也在这一年发出警告："这样的和约如果付诸实施的话，将会造成越来越深的灾难。""如果我们处心积虑地以中欧贫困化为目标，则我敢断言，彼此之间的复仇之心将不会淡化。"

往后的历史进程，似乎就是为了给阿登纳、福熙和凯恩斯的先见之明作血淋淋的注释。积怨、仇恨，还有贪婪，使得法德等国的政治家们，不再理会 1648 年《威斯特伐利亚条约》中欧洲先人的睦邻智慧——不执着于战争赔款和战争罪责："缔约双方对骚乱开始以来由于敌对行动在任何地方、以任何方式造成的一切，都应永远予以忘却、宽容或谅解，从而使任何人都不能以任何借口采取敌对行动，或心怀敌意或在彼此之间制造纠纷……"

"巴黎咬牙切齿地垂下了头"

耶稣说：要爱你们的仇敌。可数百年间，德法两个基督教国家，彼此谁也没有表现出这种胸襟、气度。凡尔赛和会上的法兰西，犹如一只饿狼，只想从猎物身上撕咬下最肥最大的一块肉来。它恨不得把德国一脚踹进万劫不复的地狱。法国是狠了点，然而，当年俾斯麦、毛奇对法兰西，又何曾客气、手软？

普法战争，法国惨败。法国临时政府外长茹尔·法夫尔誓言："我们决不让出我国的一寸土地，也决不让出我国要塞的一块石头。"可是形势不饶人。两国对决，仅靠嘴硬霸蛮不行。1871 年 1 月 26 日，茹尔·法夫尔宣布停战，下令停火。在此前的停战交涉中，俾斯麦盛气凌人，他对法夫尔说："今天您不能再说不割让寸土的话了！情形已和九月不同了！如果再要那么说的话，就没有开始交涉的余地了！"

见俾斯麦如此强硬，法尔夫说："如果我们绝望了，难道您不怕，其结果会比今日更激烈的抵抗吗？"铁血宰相根本就不吃这一套："抵抗？有什么用！只为了获得诸位军事上的声名，而陷二百万市民于饥馑，这是对人和神的大罪啊！"

力不如人的法国，碰到了心狠手辣的角色。

"巴黎咬牙切齿地垂下了头。"《声誉报》如是说。

1871 年 2 月 28 日，总理梯也尔给国民议会带回了他签署的协定：割让阿尔萨斯和洛林，赔款 50 亿法郎。面对这个奇耻大辱，埃德加·基内在国民议会声称："割让阿尔萨斯—洛林意味着在表面的和平下进行永久性的战争。"而维克多·雨果则预言："如果人们今天称之为条约的东西变成事实，欧洲将永无宁日！"

话说回来，倘若俾斯麦像对奥地利一样克制，并且也能够节制军队的欲望，坚持不割地不赔款原则，是否就能够保证日后的欧洲和平，法德两国就不会再兵戎相见了呢？难说。谁能够担保战败的法国对崛起的德意志帝国不再恐惧和仇恨？一向在欧洲大陆执牛耳的法兰西人，难道会咽下这口气，而不再渴求复兴昔日的荣光和辉煌？毕竟，法国民族就像戴高乐所说的那样，许多世纪以来，它"已经习惯于做欧洲巨人"。

　　眼看着法军兵败如山倒之时，大科学家巴斯德就曾誓言："直至我生命的最后一息，我的每一项研究都是为了这个座右铭：与普鲁士不共戴天，复仇！复仇！"而都德，则写下了中国人熟悉的《最后一课》。他们都记住了，并且也让他们的同胞们记住了法兰西的耻辱和仇恨。战火已熄灭，怒火却中烧。

　　可他们忘记了，1870 年 7 月 19 日，是法国先向普鲁士宣战；他们忘记了，法国是在巴黎群众高喊"战争万岁，打倒柏林"的激愤中滑入战争漩涡的；他们忘记了，法兰西阻止德国统一的坚定决心——拿破仑三世在 1868 年曾说，"只有俾斯麦尊重现状，我们才能保证和平；如果他把南德意志诸邦拉进德意志联邦，我们的大炮就会自动发射"……他们还忘记了，尽管洛林归法国所有的时间较长，但阿尔萨斯原本属神圣罗马帝国，直到 1648 年威斯特伐利亚和约后才割给法国。面对这些事情，似乎法国人的忘性不小。

　　其实，我们很难说德国人比法国人更好战，或者更乐于蹂躏他国。从 1675 年到 1813 年，法国人侵日耳曼不下 14 次。平均每十年一次。英国军事思想家富勒就说，"很少有几个国家曾经有过这样恶劣的邻人"。

　　自 1675 年到 1945 年，两百余年里，德法两国就这么恩怨不断。新仇勾起旧恨，旧账翻出新怨。怨怨相报，没完没了。胜者总想从败者那里捞尽油水，并乐见其置于死地，而败者虽负辱隐忍，却念念不忘翻身雪恨。当法国人说"普鲁士参谋部强加的领土条款为灾难的洪流掘开了堤坝"，在一定程度上来说，只不过是等待下次复仇的一个方便说辞。胜者不是好样的胜者，败者不是好样的败者。或许，是血没流够，苦未尝足，欧洲的暴力还不到衰落之时。

"世仇完全不合时宜了"

巨额的赔款，让魏玛共和国喘不过气来了。1922 年秋，赔款谈判陷入僵局。德国政府说自己已经没有能力支付赔款，要求延期偿付。可法国政府不信，认为德国是在耍赖，因此找了个借口，在 1923 年 1 月 11 日把军队开进了鲁尔工业区。一个共和国对另一个共和国，没有怜悯，没有手软。

法国的这一步棋，等于是要将死德国。因为鲁尔是德国举足轻重的工业中心。上西里西亚割让之后，鲁尔的钢和生铁产量占德国的 80%，煤炭生产占德国的 80% 以上。没了鲁尔，德国经济就会瘫痪。

1923 年 9 月 26 日，德国政府宣布决定无条件结束在鲁尔的消极抵抗运动，两天之后，取消了不许向法国和比利时支付赔款的禁令。那时的德国无力跟如狼似虎的法国硬碰硬地较量，对抗下去只会让德国吃亏更大。可是，并不是所有的人都这么看。希特勒抨击共和国"向敌人谄媚，放弃德国人的尊严，表现和平主义的胆怯，容忍种种侮辱，准备事事同意，直到赤手空拳"。

其实，魏玛共和国并非像希特勒挖苦的那样不堪，而是恰恰相反。

在魏玛共和国的历史上，《洛迦诺条约》、德国加入国际联盟、提前从莱茵区撤军、取消赔款、原则上承认德国有同等的军备权等等，都是施特雷泽曼、布吕宁、巴本与施莱歇尔的外交成绩。在他们的手里，德国正一步步地从一个战败国走向"正常"国家。

可是他们和希特勒不同。对于每次获得的成功，施特雷泽曼这些人强调的是其和解特征。希特勒则相反。不用说，德国的再次武装与普遍兵役制、与英国签订舰艇条约、莱茵区的再军事化，等等，都堪称希特勒的外交杰作。但是，希特勒却刻意渲染他的业绩来自有力的主动出击，"极力让他的成功表现为是从一个敌对世界那里强行夺取的"。

1938 年 3 月，德国兼并奥地利。为 4 月 10 日全民公决制作的一份传单就这样写道：

一步一步地，阿道夫·希特勒撕毁了专制的凡尔赛条约！

1933 年 德国退出凡尔赛国际联盟。

1934 年 重建陆军、海军和空军的工作开始！

1935 年 萨尔回归祖国！第三帝国的武装力量重新站了起来！

1936 年 莱茵兰彻底解放！

1937 年 战争罪行的神话光荣地消失了！

1938 年 德国和奥地利统一于第三帝国！实现了大德国！

因此，在 4 月 10 日，整个德国将承认它们的解放者

阿道夫·希特勒！

全体人们都说：是！

1938 年 4 月 10 日，奥地利和德国举行公民投票，结果，99.7% 的选票对德奥合并表示赞同。古德里安将军在谈起为什么德国会接受希特勒的指挥时，就说其中的一个原因是，"当时的魏玛共和国政府在国外得不到任何意义的外交成就"。

在希特勒的身上，千千万万德国人似乎看到，他们的复兴梦、强国梦，正在一步一步地变成现实。邓尼茨元帅日后在回忆录里的一段

话，应该说能够代表当时很多德国人的心境："从萨尔表决的成功到发表有关国防主权的声明和占领莱茵兰直至合并奥地利和苏台德地区，这都是德国在外交政策上取得的接二连三的扣人心弦的伟大胜利。当德国经历了那些耻辱和贫困的年代后，哪一个爱国者、哪一个军人会不拥护德国那种蓬勃向上的发展呢？我们的祖先曾期望德国成为一个团结、伟大的德意志帝国，如今这个夙愿实现了。"

希特勒仅用短短的几年时间，到入侵波兰时，德国的空军力量就已超过英国，陆军力量也胜过法国。德国再次成为一个让法国等宿敌头痛的欧洲强国，不流血地走出了战败的阴影。有些国家朝思暮想的崛起，对德国人来说，似乎易如反掌。可是希特勒和德国没有止步。欧洲再一次陷入血海之中。

虽然希特勒创造了俾斯麦也未曾有过的军事辉煌，从高加索山到大西洋，从挪威到北非，一度到处都飘扬着卐字旗，但这种辉煌只是昙花一现。第三帝国转眼走向了毁灭。一战的时候，德国死了177万多军人。这回，650万德国人死于非命。德国输得精光，可法国的胜利也非常惨淡。用欧洲之父莫内的话说，法国在战争中"大伤元气"。法国死了81万人，其中居民占47万。巴黎凯旋门第六次目睹德军铁蹄的蹂躏。这次，德法之间又是血海深仇。

不过，胜者也好败者也罢，理智的人们不想再在冤冤相报中角逐、杀戮了。冤冤相报没法了。

胜利的法国和战败的德国，艰难地以新的眼光看待历史，以新的姿态走向未来。毕竟，欧洲历史的经验一再表明，仇恨带来的是两输，只有和解才可能共赢。1945年8月，在萨尔布吕肯的一次演讲中，戴高乐说："法国人和德国人应当一笔勾销过去的事情，进行合作，不忘记他们同是欧洲人。"四年后，联邦德国成立，随后加入了欧洲经济委员会。总理阿登纳向世人宣称："在今日的欧洲，世仇完全不合时宜了，我决心使德法关系成为我政策的核心。一位联邦总理必须同时是一个好的德国人和好的欧洲人。"一度期望肢解德国的戴高乐，在1958年和阿登纳会晤后发表共同宣言，声明"我们相信，过去的怨仇永远结束了，法国人和德国人有必要和睦地生活"。

诸如要把德国变成农业国之类的意见，并没有占上风。相逢一笑泯恩仇不只是政治家们的高调表态，更是一种实实在在的行动。这跟犹如狼入羊群的苏联不同。苏联从德国东部获得了价值500亿—1000亿马克（合125亿—250亿美元）的赔偿，拆走了上千家工厂的设备，并且采取"靠本地来养活"的占领政策。索科洛夫斯基元帅曾在1947年这样对法国的外交官们说："如果我到斯大林大元帅那里去，告诉他说，我不能做到让我管辖的部队和德国人民靠本地养活，而必须要求从外界进口食物来养活东部地区的所有那些人，那么，我的命运很快就决定了。斯大林会命令就地枪毙我，而我也只能认为他做得对。"而华沙条约形同沉重的枷锁，苏联用它死死地套着东德、波兰等国的脖子。

英法等西方战胜国没有像榨油机一样榨取西德，反而帮助西德重振经济社会的发展。仅马歇尔计划，西德就获得了15亿美元的援助。从1950年到1960年，联邦德国国民生产总值的年平均实际增长率高达8.6%。经过战后短短的一段岁月，德国经济再次复兴。在德法之间，一个国家的发展奇迹没有成为另一个国家的安全威胁，这还是头一次。

从1946年到1990年，法德之间实现了45年的和平。这是自1870年以来，莱茵河左右两岸持续最久的宁静。当德国再一次面临统一的抉择，不少人投之以狐疑的目光，德国统一会不会意味着一个新德意志帝国的崛起呢？德国要想和平，就得打消或减轻欧洲其他国家的疑虑。

对德国来说，和平意味着要有所放弃，其中包括德国不再对"历史上"曾属于它的那些土地耿耿于怀。联邦德国和魏玛共和国的国歌都是《德国之歌》，不同之处在于，联邦德国只采用了第三节歌词。但是历史的记忆和联想，不会与歌词的变化完全一致。因为诗人法勒斯勒本1841年在黑尔戈兰岛上写下的《德国之歌》，曾热情洋溢地表达德国人那种发自肺腑的"爱国情怀"：

……从马斯到梅梅尔，

从埃特西到贝尔特，

德国，德国高于一切……

如今，马斯属于荷兰，梅梅尔归立陶宛，埃特西在意大利，惟有贝尔特还在联邦德国的石勒苏益格-荷尔斯泰因州。连哲学家康德生活了一辈子的科尼斯堡，也已成了俄国的加里宁格勒。德国何去何从？德国"统一"的分寸在哪里？

显然，没有放弃，它的邻国就没法安心，只要邻邦满怀猜忌，提心吊胆，和平的基础将依然脆弱。为此，德国人做出了历史性的抉择。正如德国报纸《时代》的女编辑登霍夫所言："人人都感到我们已经受够了太多的报复和仇恨。不管怎样，如果不发动战争，不流血，怎样才能夺回失地呢？不可能。因此我们隐忍了。"1990年6月，东德和西德的议会承认将奥得-尼斯线作为德波边界。一年后，德波两国签订友好条约，承认两国以奥得-尼斯河为界，放弃使用武力。这意味着，除非在遥远的未来德国人再动干戈，否则统一后的德国就永远跟奥得-尼斯线东边的普鲁士和西里西亚再见了。

"不要领土，也不要赔款"

1945 年 8 月 29 日下午，在日本厚木机场，麦克阿瑟对在那里迎候他的艾克尔伯格将军说："鲍勃，现在算清账了。"9 月 2 日，麦克阿瑟代表盟军接受日本投降。这天，他在广播中宣告："今天枪炮沉默了。一出大悲剧结束了。一次伟大胜利赢得了。天空不再下降死亡之雨了。……"

6 天后，麦克阿瑟首次前往东京。他把司令部设在东京商业区第一大厦，大厦对面就是皇宫护城河。一位美国作家这样形容麦克阿瑟当时的权力："作为盟军的最高司令官，年已六十五岁的麦克阿瑟是一个拥有七千五百万人民的国家的绝对统治者。他是独裁者，是殖民地总督，是日本幕府时期的将军，是沙皇。"

大权在握，反而使麦克阿瑟认为自己"面临着一生中最困难的境地"。虽然日本就在自己的军靴之下，可麦克阿瑟清楚地知道，在他之前，"没有任何一次现代的对战败国的军事战领是成功的"，历史的教训是，"几乎所有的军事占领都孕育着未来的新的战争……"

麦克阿瑟坐镇东京的使命，是要改造、重建和复兴日本，而非毁灭日本或把日本整得半死不活。正如杜鲁门所说的那样："我们已赢得了战争。我希望德国和日本的人民能够在占领下复兴起来。正像我在柏林所声明的，美国不要领土，也不要赔款。"并非美国在二战中付出的代价微不足道，杜鲁门才口出此言。美国在二战中伤亡总数过百万，其中将近 30 万人死于战场。最后的胜利来之不易，诚如杜鲁门总统在即将受降之际对美国人民所言，"无论在陆地、在海洋和在空中，美国的男女将士献出了自己的生命，才夺得了最后的胜利"，而麦克阿瑟自己，也曾有过被日军赶出菲律宾的狼狈。

1945 年 8 月，在从冲绳飞往厚木机场的飞机上，麦克阿瑟手里拿着玉米棒芯烟斗，在机舱过道里踱来踱去，他向惠特尼口授指示：首先是摧毁军事力量、惩治战犯、建立代议制政府结构、使宪法现代化、举行自由选举、给予妇女选举权、释放政治犯、解放农民、建立自由劳工组织、鼓励自由经济、取消警察压迫、建立自由而负责的新闻制度、教育自由化、分散政治权力、政教分离。到 1951 年 4 月 11 日，麦克阿瑟在日本待了五年零七个月。回想往事，这位陆军五星上将满意地写道："这些工作使我忙碌了五年多。结果全都完成了。"

不光麦克阿瑟自己满意，日本人对这位占领者也满意。日本非但没有将占领者麦克阿瑟视为不共戴天的仇敌，反而对他感激不尽，当作恩人。当麦克阿瑟被杜鲁门总统解除职务时，日本人"感到震惊和迷惑不解"。从美国大使馆到厚木机场的路上，"两百万日本人民排在路的两旁，挥着手而有的则流着泪"，依依不舍地看着麦克阿瑟离开日本。日本国会甚至通过了一项决议案，对麦克阿瑟表示敬意和感谢，天皇裕仁也亲自前来送行。据说，天皇用双手握住麦克阿瑟的一只手，潸然泪下。首相吉田茂则向全国广播："麦克阿瑟将军为了我们国家的利益所取得的成就是历史上的奇迹之一。是他把我国在投降以后从混乱和衰败之中挽救过来并把它引上了恢复和重建的道路。是他在我们社会的各个部分扎实地培育了民主精神。是他为和平解决方案铺平了道路。受到我国全体人民最为深切的尊敬和仰慕并非偶然。"吉田茂如此颂扬麦克阿瑟，并非是虚情假意的外交辞令。几年之后，已经卸任的吉田茂，在他的回忆录里依然将"对于战败国日本的占领任务，主要是由美军来执行的，而且占领军最高统帅是麦克阿瑟"，视为日本的幸运。

打败了日本，占领了日本，改造了日本，却没有在日本留下仇恨。

在此之前的现代世界历史中，就一个战胜国对一个主要战败国的占领而言，恐怕没有第二个如此成功的事例。麦克阿瑟在离开日本后说过，"我们采取的管理形式是现代史上绝无仅有的"。他不是吹牛。仅就如何处置天皇一事，就足见麦克阿瑟非凡的政治智慧。刚到日本不久，有些参谋人员建议，应该把天皇传到盟军司令部来，以显示权威。可麦克阿瑟拒绝了这个建议。他说："这样做将会伤害日本人民的感情，因为在他们看来，这样做是折磨天皇。"他决定等天皇自己来。1945 年 9 月 27 日，天皇主动求见麦克阿瑟。当时，英国、苏联和美国，都有不少人要求处死天皇。可麦克阿瑟认为，那样做的结果会是"悲剧性的"。他曾告诉华盛顿方面，如果天皇被逮捕并作为战犯审判，他和盟军司令部将需要"一百万增援部队"。麦克阿瑟也没有摧毁靖国神社。尽管这个神社的名册里也有那些曾与美军厮杀时殒命的将士，其中包括山本五十六、南云忠一。

不过，一个巴掌拍不响。日本人把美国人视为一个"好样"的占领者，他们自己也准备做一个"好样"的战败者。如果日本没有决心做一个"好样的战败者"，麦克阿瑟对日本的占领就未必会那么顺当。有好样的战败者和好样的战胜者，这是战后日本之所以迅速复兴的一个重要原因。

1945 年 9 月 17 日，吉田茂出任外务大臣。不久，他去拜访铃木贯太郎。铃木是吉田茂在学习院大学时代的老师，担任过日本的第 42 届首相。吉田茂说："这次我就任了外务大臣，您想到应该注意些什么，请多指教。"铃木告诉他："关于战争这个问题，胜利后的善后工作固然重要，但战败时也必须作个好样的战败者。"

十多年后，吉田茂在回忆录里说，"西洋也有'A good winner is a good loser'（一个好的赢家同时也是一个好的输家）这样一句谚语，我也认为是至理名言。对盟军总部要端正战败的态度是我一贯的想法"。那么，何谓端正战败的态度呢？吉田茂说，既不是一切都惟命是从，也不是阳奉阴违，而是"协助占领政策"，不过，"每当对方有认识上的错误或不符合我国国情的主张时，我一向是尽可能说明我方的情况，力求说服对方。并且在尽管这样但问题仍按对方的主张作出决定时，我所采取的态度是遵守这个决定，以等待能够纠正对方错误或过分的时机到来"。

吉田茂并非麦克阿瑟的儿首相。吉田茂的思路有它的社会基础。

经过二战，许多日本人已经意识到，日本战败，并非坏事。著名教育家小原国芳在1946年出版的《教育立国论》里就说，"假使当时日本成了战胜国，日本会变成什么样呢？恐将是军阀、财阀、官僚专横跋扈，军部权力永久化，猖狂达于绝顶，军国主义被视为神圣，战争受到赞美，国家经费的大部分为此而被夺去，使国民陷于水深火热的痛苦中。……所以，我们决不去惋惜失败，难道不应该从心底欢呼'败得好'吗？"

作一个好样的战败者，日本并没有吃亏，也没有耻辱。吉田茂在有生之年，就看到了日本的复兴："在战争结束后，有些人认为日本已不能复兴。……但是，这样的日本竟在十年之中繁荣起来了，无论从汽车的数量，还是从楼房的幢数来看，都比战前增加了几倍以至几十倍。世界上有哪一个国家出现过这样的复兴景象？"从1952年到1973年，日本的国民生产总值以年均10%的速度迅速增长。复兴起来的日本，并非一个怀恨在心的美国仇敌。

代后记
看他楼起楼塌

历史上，大国怎样崛起，如何衰亡，跟其政体息息相关。

拿破仑战争之后的大国历史经验显示，奉行专制或极权政体，也可能富国强兵，兴盛一时，称雄一方，但此类政体有着致命缺陷，虽然也可能使一国如深沉暗夜中的流星一样光芒耀眼，却不足以言为万世开太平。

在现代世界，试图以竞逐国家富强来阻碍、替代向共和政体的转变，是一条不归路，一条危险的不归路。共和政体诚然并不完美，但它是迄今为止人类所能找到并能付诸实践的、对人民而言最为安全的一种政体，有着国家富强所无法替代的独特价值和魅力。

（一）政体与大国的衰亡

一、自1688年英国光荣革命以来，三百余年里，专制大国的寿命，有长有短。其中值得格外注意的现象是，19、20世纪一些新兴的专制或极权大国，由兴到亡，时间不超过80年，以至于许多人在有生之年，就能眼见它兴起目睹其灭亡。

在 19 世纪的曙光照临欧亚大陆之前，有的专制帝国，已经维系数百年，摇摇而不坠，有的则凭借惯性、残暴，当然还有智慧，甚至运气，熬过 19 世纪，步履蹒跚地进入 20 世纪。自皇太极改国号为大清，待到宣统皇帝逊位，爱新觉罗氏坐了二百余年的江山；及至尼古拉二世在 1917 年宣布退位，罗曼诺夫王朝统治俄罗斯已逾三百年；而古老的奥斯曼土耳其帝国，撑到苏丹制被废的 1922 年，则历经了六百余年的风风雨雨。

和这些老帝国的"长命百岁"不同，在 19、20 世纪新兴的专制或极权大国，其兴也勃，其亡也忽：从诞生或兴起到崩溃不超过 80 年。许多人有机会"眼看他起朱楼，眼看他宴宾客，眼看他楼塌了"。

法兰西第一帝国从 1804 年拿破仑称帝，到 1814 年拿破仑退位，也就十年的光景；法兰西第二帝国自 1852 年 12 月宣告成立，到 1870 年 9 月拿破仑三世在色当被俘，不到 18 个年头；德意志第二帝国 1871 年在普法战争的凯歌声中应运而生，到 1918 年德皇威廉二世流亡荷兰，还没有风光够 50 载；日本帝国自 1867 年明治天皇登基，1868 年开始维新，到 1945 年战败，不到 80 年；而从希特勒 1933 年 1 月上台，到 1945 年 5 月纳粹德国无条件投降，德意志第三帝国只存在了 12 年。作为一个超级大国，1922 年 12 月成立的苏联，即使从 1917 "十月革命"算起，在 1991 年 12 月崩溃降临之时，也没有活到 75 个年头。

换言之，如今世上已无"长命百岁"的专制或极权大国。

二、虽然实行共和政体的大国不一定"长命百岁"，但是迄今为止，"长命百岁"的大国，却无不属共和政体。

在历史上，也有共和政体的短寿大国。1871 年成立的法兰西第三共和国就是其中一例。它苦苦熬过了第一次世界大战，并成为战胜国的一员，而后却在与纳粹德国铁甲雄师的殊死较量中，兵败如山倒，1940 年崩溃时它还只有 69 年的历史。

虽说实行共和政体的大国不一定就"长命百岁"，但是如今"长命百岁"的大国，无不采行的是共和政体。国名为"大不列颠及北爱尔兰联合王国"的英国，并无"共和国"的名号，且白金汉宫里还有一位万民敬仰的"女王陛下"，但它却是一个地地道道的共和国。若依孟德斯鸠（1689—1755）的判断——"英国是个裹着君主制外衣的共和国"，则英国是现今大国之中最古老的共和国，自 1688 年光荣革命之后，迄今为止，王冠已经传承了三百余年。这个工业革命的先驱，虽已不再像维多利亚时代那样独领风骚，但它仍然是当今世界举足轻重的强国之一。而 1776 年宣告独立的美利共和国，已立国 230 余年，自 19 世纪 90 年代以来一直是世界头号强国。

三、前述的大国历史经验显示，无论是专制、极权政体，还是共和政体，都不能确保凡是采用它们的国度就一定不会衰落或败亡。

自英国光荣革命以来，专制、极权大国固然不免一一衰亡——纳粹德国、日本帝国、苏联等等这些烜赫一时的世界大国，都已成明日黄花，而奉行共和政体的大国，也未能尽免或衰或亡之忧。纳粹德国的铁蹄踏断了法兰西第三共和国的命脉，法兰西第三共和国崩溃了；二十世纪下半叶的超级大国里，也没有昔日世界头号强国英国的身影，英国衰落了。

共和国的衰落，一是表现在与专制、极权大国的竞争中，竭力赶超的专制或极权大国后来居上。法兰西第三共和国败给了极权主义的纳粹德国，而勉力应付了纳粹铁拳的英国，在二战后的国力，则远不如能令整个世界为之胆寒心颤的苏联那样雄厚。1958 年 4 月，赫鲁晓夫称："英国雄狮一声怒吼而震撼一切的日子已经一去不复返了。"这话没错。英国已不再像维多利亚时代那样威震全球，数代人苦心经营的日不落帝国，也在战后的短暂岁月里变成了日不落联邦。不过，国力足以毁灭世界的超级大国苏联，如今已成历史，而不再怒吼一声可令世界震颤的英国尚在。

共和国的衰落，二是表现在共和国之间的比较中。随着 19 世纪末美国在新大陆的崛起，包括英国在内的其他共和政体的大国，它们在国际上的地位相对下降。毕竟，在所有的时代不可能所有的国家同时得第一。况且，不仅是政体，疆域大小、地缘特征、人口多寡、资源丰瘠、科技发展，甚至机缘巧合等等因素，同样也会影响一国的成败兴衰。

不过，英国大国地位的下降只是相对而言，它不再像维多利亚时代那样声威煊赫、格外引人注目罢了，而非从天堂掉进冰窟的绝对衰落或衰败。这是一种别具特色的英国式衰落。诚如英国首相哈罗德·麦克米伦 1963 年 5 月所言，从绝对意义上说来，英国从未如此繁荣，它的军事力量从未如此强大。直到今天，英国还是世界上最为强盛富庶的国家之一，对世界文明的贡献依旧举足轻重。就诺贝尔自然科学奖得主的数量而言，从 1978 年到 2007 年，英国仅次于美国和德国，其中 5 位英国科学家得过诺贝尔化学奖，8 位英国科学家得过诺贝尔生理学或医学奖。

四、因为崛起或一个时期里举世瞩目的繁荣与威势，专制或极权国家易于表现出一种强烈的护短与自恋倾向，忽视或看轻政体的缺陷及其可能的致命后果。

十九世纪以来，德意志第二帝国、日本帝国、纳粹德国、苏联等国，跟与他们政体不同的英国、美国一样，都曾是盛极一时或称雄一方的世界强国。像德意志第二帝国，从普法战争结束直到一战爆发，长时段处于国力不断上升的繁荣状态。给欣赏普鲁士经验的伊藤博文留下的印象是："普国之所以能富国强兵，维持和增进国民的幸福与安宁，决不是自由民权的种子所结之果。"德国人也为自己的"特殊道路"沾沾自喜。正如美国历史学家平森所言，在威廉二世时期，"德国人的主要感情是对政治和工业成就的自豪感以及对未来的乐观展望"。

当威廉二世在 1892 年声称"我们肩负伟任，我要带领你们走向美好的时代"；当日本陆军大臣荒木贞夫在昭和八年（1933 年）说"看啊！看啊！昭和日本的前途上真是光焰万丈"；当 1961 年正式通过的苏共纲领扬言，"在当前的 10 年内，即 1961 年到 1970 年，苏联在建立共产主义的物质和技术基础时，人均生产总值将超过最强大、最富有的资本主义国家——美国……"是何等自信，哪会认为自己国家的政体含有致命缺陷？倘若谁在 1913 年预言五年后德意志第二帝国将寿终正寝，或者在 1985 年戈尔巴乔夫初登大位时，估摸说苏联不到十年就会土崩瓦解，有几人会信以为真？

世事难料，而人又总是难以摆脱预料的诱惑和需要。比如对苏联的命运，美国驻苏联大使马特洛克就说："我认为，也希望过，专制的苏联帝国最终会从世界舞台消失，但它来得如此迅速，则是我始料未及。"于是，一再喊狼来了却总是未见狼影的现象，反复出现。在联合国副秘书长任上与苏联决裂的舍甫琴柯曾提到："多年来苏联经济被描绘成一片阴暗的情景，每遭受一次新的挫折，就有人出来预言这个制度的寿命有多长以及将来是否可行。"在 1985 年出版的《与莫斯科决裂》一书中，舍甫琴柯认为，"预言苏联及其帝国即将衰落为时还早。"这位苏联制度的反对者尚且如此估计，对于苏联的拥护者来说，更不会觉得大限将至，预言危机的声音，不免易于被视为危言耸听、恶意唱衰了。

不仅是专制或极权国家的统治集团会不见棺材不掉泪，纵使是国外的旁观者，也容易被这些国家一时的繁荣所蒙蔽。美国《新闻周刊》在 1959 年发出警告，苏联可能"正走在通向世界经济霸主地位的高速公路上"。即使反了一辈子共的尼克松，到了 1980 年还在讲，"除非我们迅速行动，20 世纪 80 年代中期将是美国和西方危险最大的时期。……苏联将是头号强国；美国将是二号强国"。可是，尼克松有生之年就能看到苏联解体，《新闻周刊》也有机会再报道苏联的崩溃。

五、与过去的专制大国所处的国际环境不同，19、20 世纪新兴的专制或极权大国自兴起之时，就不得不面对自由民主思想及共和政体国家实践的强烈冲击和挑战，只能在封闭与开放中摇摆、挣扎，直到最后衰亡。

自哥伦布发现新大陆、麦哲伦环球远航以后，世界各国的联系越来越紧密，及至进入到 19、20 世纪，已经没有任何专制大国能建立起可全凭一己好恶将外来"敌对"或"有害"思想拒之门外的万里长城了。正如《共产党宣言》所说的那样，"过去那种地方的和民族的自给自足和闭关自守状态，被各民族的各方面的互相往来和各方面的互相依赖所代替了。物质的生产是如此，精神的生产也是如此。各民族的精神产品成了公共的财产。民族的片面性和局限性日益成为不可能"。这意味着，英国《权利法案》《联邦党人文集》、法国《人权宣言》……或者洛克、孟德斯鸠、杰斐逊……已不只是属于英国、美国或法国，而是属于整个人类。专制或极权大国不得不面对这种冲击和挑战。这种冲击和挑战是致命的，它天然地倾向于颠覆专制或极权国家的制度和观念根基。以致于处于文明劣势地位的专制或极权大国，不得不运用各种可能的方式方法，去应对这种冲击和挑战。

但是，专制或极权国家无论多么强大，经验显示，并不足以使其人民免于统治者所不喜欢的域外文明的"侵蚀"。在对拿破仑的战争中，作为战胜国的俄罗斯，无疑属于强权的一方，可是驻扎在法国的俄国占领军军官，却受到了战败国法国的思想感染，一些人开始从精神上厌恶俄国的农奴制和专制主义。米哈伊洛夫斯基-达尼列夫斯基看到了，"法国人不像俄国人，他们不把君主视为地上的上帝"。十二月党人马特维·穆拉维约夫-阿波斯托尔则说，"我们是1812年的产儿"。这样的历史，日后又在苏联重演，以致于1946年苏共开展运动"反世界主义"，以抵制"西方"的影响。

俗话说，不怕不识货，只怕货比货。不要说宣传灌输，即便酷烈的刑罚，也不足以消除人们对现实的反思和对自由民主的憧憬。在苏联，矿场机械师科斯佐夫锒铛入狱，是由于"谩骂政府不关心工人，举例说明资本主义国家的工会组织关心工人的生活"；仓库管理员焦尔诺夫说美国工人的生活要比苏联工人好，"在美国生活得非常自由，可以批评政府，那里存在着几个党派"，这也成了他的罪证；而在一家医院当科室副主任的阿韦季索夫受到指控，则是他说过，"在美国，人们甚至可以批评总统，而在我们这里，甚至对警察局的局长，也不允许说什么"。

由于极权国家没有公正而又自由的选举等政治技术来准确地测度和反映民心的向背与民意的变化，也没有自由选举、司法独立、弹劾等等手段构成的"政治结账"机制，它高度依赖高压、隐瞒、欺骗和信息封锁，无法知道到底有多么招人喜欢或惹人嫌恶。国内的强权政治背后，是一种极度的制度心虚或者说制度自卑，既不敢让国民自由表达，也不敢让国民自由获取资讯。舍甫琴柯自1949年9月进莫斯科国立国际关系学院，到1954年本科毕业，他说自己"从未看过诸如

《纽约时报》或《世界报》之类的'资产阶级报纸'。这些报纸只允许研究生看。看的时候也有许多限制。至于收听外国电台广播，那是会受处分的犯罪行为"。即便如此，专制或极权大国也做不到彻底封死自己的国门，绝不跟他国来往，同时它再怎么防民之口，也还是多少需要国民能向它表达自己的真实意愿，然而缝隙稍开，总是易成冲决溃堤之势，于是乎，专制、极权大国就呈现出一种不断地在封闭与开放之间或大或小、或强或弱敌摇摆的态势。

（二）政体与大国崛起

一、三百余年来，存在过不同政体类型的世界强国。强调只有搞专制、极权政体才能强国，和坚称共和政体才是强国的不二法门，同样缺乏历史根据。

在过去的三百年里，如果仅就国家强盛而言，一些国家是在不同的政体下走向强盛的。

一是在同一个时代有不同政体的强国。

在19世纪末20世纪初，德意志第二帝国、日本帝国和英国、美国，虽然政体不同，但同时跻身世界强国之列。政体差异更明显的纳粹德国、苏联和美国，则是20世纪30年代末最为强大的三个国家。二战之后，苏联和美国政体迥异，却同为争雄世界的超级大国。值得一提的是，以为共和政体的国家奉行分权制衡、司法独立、地方自治、法治、表达自由、自由市场经济等等，不利于"集中力量办大事"，实属无心误读或有意曲解。其实，共和国与专制、极权大国之间，只是确定要办什么"大事"和如何办"大事"的机制有别罢了，否则，要是共和国不如专制极权国家那样能"集中力量办大事"，美国何以能够成为世界头号强国？二战后的联邦德国和日本何以能创造举世瞩目的经济奇迹？

二是同一个国家在不同政体下都是引人瞩目的世界强国。

君主专制的沙皇俄国和一党专政的苏联，君主专制的德意志第二帝国和极权主义的纳粹德国，都曾是世界政治舞台上举足轻重的强国。

二战之后，德意志联邦共和国和日本国经过了民主化改造，迅速崛起成为经济大国。早在上个世纪五十年代，世界就在谈论"德国奇迹"这个话题了。日本从 1952 年到 1973 年，国民生产总值以 10% 的速度迅速增长。迄今为止，这两个国家的经济总量依然位居世界前列。

格外值得一提的是，在 20 世纪，相对于自己所处的时代而言，日本在两种不同的政体下，都是一个有着世界影响的大国。德国自从俾斯麦时代以来，无论是德意志第二帝国、纳粹德国，还是联邦德国，也都是有世界影响的大国。

三是不同政体的国家都可能找到未能崛起的案例。

在 1840 年以后的清帝国，许多中国人富强梦的破灭，是与君主专制政体联系在一起的。而对魏玛共和国时代的德国人来说，无论是否巧合，经济萧条，财政崩溃，则是跟一个民主的德国臭肉连皮。

二、对世界文明的某些方面，不同政体的大国，都有可能做出或多或少、或大或小的创造性贡献。说只有民主共和才能造就文化强国，才能滋养出创新型科技强国，跟称只有专制极权才能成就文化强国，才能建成创新型科技强国一样，缺乏历史经验的支撑。

一般来说，一个国家要能成为"大国"，总得有些出类拔萃之处。即使像明治之后的日本帝国，虽然在科技和文化方面不像德意志第二帝国那样出色，也有诸如池田菊苗从海带里提取出味精、汤川秀树提出介子理论之类骄人成就。而德意志第二帝国，则堪称创新型的文化强国、科技强国的典范。在 19 世纪乃至 20 世纪初，德国是世界上最重要的科学活动中心。日本史家汤浅光朝据 1965 年版《科学和技术编年表》作过统计：从 1851 到 1900 年，意大利、美国、法国、英国的科学成果数分别为 8 项、33 项、75 项、106 项，而德国高达 202 项。在 21 世纪，从 1901 年到 1914 年，总共 42 个诺贝尔自然科学奖得主，里头就有 14 个是德国人。在文化教育领域，德意志第二帝国同样表现非凡。"一战"前共有 14 位诺贝尔文学奖得主，其中德国占 4 位，位居列国之首。德国教育之发达，则如一位经济史家所说，到 1914 年时，"不仅建立了世界前所未见的一流综合大学体系，而且也建成了世界前所未见的最好的技术与商业教育体系"。仅美国去德国留学的人，在 1914 年之前的一百年里，就有大约一万人。

而实行共和政体的美国，自 18 世纪末，到第一次世界大战爆发之际，远不及实行专制政体的德意志第二帝国那样出彩。不仅在建国之初，美国像法国神父雷纳尔（1713—1796）所说的那样，"至今尚未产生过一个优秀的诗人、一个杰出的数学家，一个在单独一门艺术或单独一门科学中的天才"，即便是建国百年之后，世界上最重要的科学活动中心，也还是第二帝国而非美国。可是在二战之后，美国无疑是全球最为重要的科学技术和教育文化中心。以诺贝尔自然科学奖得主数为例，1943-1977 年，超过 90 位美国科学家获得过诺贝尔自然科学奖；1978-2007 年，诺贝尔自然科学奖得主超过 60% 是美国籍。而同为超级大国的苏联，所取得的科学技术成就虽不及美国那样令人刮目相看，但它从成立至崩溃，总共也有 8 位科学家获得过诺贝尔自然科学奖，相当于德国科学家在二战后至苏联解体期间的诺贝尔物理学奖得主人数。

三、在过去的三百余年里，一些不同政体国家的历史经验表明，只要具备一定的自然基础和人力基础，崛起不见得是一件多难的事情。崛起本身，并不足以证明政体优越。

日本帝国自明治天皇1868年在诏书里宣称，"欲开万里波涛，布国威于四方"，至甲午战争大败清帝国，不到30年；而从1868年到1905年在日俄战争中险胜俄罗斯，不到40年。在一位西方史家眼里，"在仅仅半个世纪内，日本从一个被西方国家斥之为偏僻且有点落后的国家到被认可为列强，这可能是世界史上任何国家的最不平常的成就"。就拿被许多中国人视为强国标志的航空母舰来说，在1941年12月袭击珍珠港之际，日本现役的航空母舰有10艘，比美国还多3艘。

德意志第二帝国的崛起，也是其兴也速。德国的工业革命直到十九世纪四十年代才真正开始，比英国晚了大约80年，而"统一大业"也是1871年才算完成。但是德国后来居上。1874年，工业生产超过法国，1895年超过英国。纳粹德国的崛起，则堪称神速。1933年希特勒上台时，恐怕不会有人认为德国是欧洲的经济或军事大国，可是在1941年，德国却是一个所向披靡的世界强国。

二战后，联邦德国和日本浴火重生，在共和政体下崛起，成为经济强国速度之快，也是令人目眩。1949年的联邦德国，面积只及中国四十分之一，在1948年时，人们还在这样预计它的前景："每个德国人每5年会得到一个碟子，每12年得到一双鞋，每50年才能得到一件西装……"日本国土面积不到中国的二十五分之一，1952年盟军结束占领时其国民生产总值只略高于英国或法国国民生产总值的三分之一。可是到了1970年，也就是它们战败25年周年之际，日本和德国的国民生产总值在共和政体的国家中分别排名第二和第三位。

苏联的崛起也不慢。苏俄从1918年与德国签订丧权辱国的布列斯特和约，到1945年攻克柏林，成为二战后与美国比肩而立的超级大国，不到三十年的时间。在1946年，莫洛托夫对莫斯科人夸口说："苏联现在是世界上最强大的国家之一，没有苏联参加，任何国家都不可能解决任何大的国际关系问题……"

四、政体影响着大国崛起的路径。极权国家有能力无视民意，可以不惜代价、不择手段，最大限度地实施强国战略，谋求强国地位。

在历史上，日本帝国、德意志第二帝国、纳粹德国、苏联的崛起，虽说程度有所不同，但都可以说是在民弱国强的格局下崛起的。其中苏联最为极端，它能在和平时期推行要大炮不要黄油的强国政策。追逐霸权可以无视百姓死活。法国《费加罗报》曾这样评价苏联把第一颗人造卫星送上天："俄国人民能够……在天空中看到一颗明亮的星星把苏维埃政权的光芒带到地球之外去，是靠千百万人缺吃少穿的结果。"

在1946年，斯大林得意地宣称，苏联"从落后国变成先进国，由农业国变成工业国"是在三个五年计划期间实现的，实际上只花了十三年多的时间。可苏联走的是一条什么样的崛起之路呢？斯大林甚至可以干出把大批科学家、工程技术专家关在特种监狱里里为国效命的事来。飞机设计大师图波列夫，枪械大师斯捷奇金，导弹设计师科罗廖夫，都曾有此遭遇。为什么要这么做？莫洛托夫在谈及往事时曾这样说，"巴甫洛夫对大学生讲：'我们生活得不好就是因为这些人！'一边说一边指着列宁和斯大林的肖像。这种公开的敌人容易识别清楚。对付图波列夫那样的敌人就复杂多了。图波列夫是苏维埃国家特别需要的那一类知识分子，但是他们在骨子里是反对苏维埃国家的，他们在一些人中间进行了危险的分化瓦解工作，即便没做这种工作，他们也有这种气味。"图波列夫们被关进铁窗内，肃反人员命令说：要保证他们有最好的条件，在伙食方面只要有的就全部供应，数量要比其他任何人都多，但是，不能释放他们。让他们工作，让他们设计国家需要的军事装备吧。这是一批十分有用的人。"苏联崛起于苏联人民的枯骨血泪之上。仅仅被索尔仁尼琴称为"伟大瘟疫"的苏联农业集体化，估计其吞噬的人数最低就达 600 万人，最高为 1450 万人。1946年，苏联决定发展火箭武器。这一年，斯大林格勒州的一个女村民在信中说，"我们吃猪饲料，吃橡实"；"已开始浮肿"的穆尔尼洛则在信里说"我不怕蹲监狱，那里好歹能领块面包"。这些诉说自己苦情的信件，落到了秘密警察的手里。对本国人民如此血腥的"社会主义原始积累"，或者说如此残酷的"集中力量办大事"，在任何一个共和政体的国家，都不可能进行得下去。

五、在过去三百余年里，没有不曾卷入战争漩涡的大国，也没有一个大国在崛起的过程中不与他国发生过战争。经验显示，不存在没有经历过战争的和平崛起。无论何种政体的大国，和平的诺言并非总能履行，和平的愿望不是都能实现。

在世界历史中，战争几如人之发烧脑热一样常见，从未因政体的变化而长期消弭。美国学者杜兰特夫妇在《历史的教训》中就说："战争是一个历史的常数，并且它未曾因文明或民主而归于消灭。在有历史记载的三千四百二十一年中，仅二百六十八年没有战争。"

三百年来，英国、德意志第二帝国、日本帝国、美国、沙俄、纳粹德国、苏联等等大国，无不多次参与战争。尤其两次世界大战，当时所有的大国都参入其中。而这些大国的崛起无一完全是和平崛起。

德意志第二帝国是在战争中诞生的：普鲁士在七年的时间里进行了三场战争——1964 年丹麦战争、1866 年普奥战争、1870 年普法战争，从而确立了欧洲大陆头号军事强国的地位。日本帝国也是在先胜清帝国，再胜沙俄之后进入世界强国行列的。苏联承续了沙俄的扩张传统。在苏德爆发战事之前，苏联打过中国，侵略过芬兰，吞并了波罗的海三国，与希特勒一起瓜分波兰。苏联跟纳粹德国一样，都不属和平崛起。而英国在成为日不落帝国的过程中，一再战争。就连美国，也是在 1898 年美西战争之后确立了世界强国地位。

尽管如此，大国信誓旦旦地表白和平的意愿，却从不罕见。希特勒就喜欢叫嚷"绝不"如何"永远"怎样。1936 年 3 月 7 日，希特勒对 600 名国会议员说："我们在欧洲没有任何领土要求！德国永远不会破坏和平！"甚至连柏林的奥运村，都叫"和平村"。而这一切，一点也不妨碍希特勒点燃引发世界大战的导火索！

即便对于共和政体的国家来说，长期和平也是难得的奢侈品，政府首脑的和平诺言或愿望未必就能够实现。在 1897 年的总统就职演说里，麦金莱还在讲"几乎在每一种意外情况下，和平都比战争可取"，第二年美国就向西班牙宣了战；1916 年，威尔逊亲口对选民说他"不希望美国参战"，第二年美国就对德宣了战；1940 年，富兰克林·罗斯福向美国的父母们许诺"你们的孩子决不会被派去参加任何外国战争"，第二年美国就对日宣了战。

换言之，无论政体是什么，当一个大国政府在和平问题上使用"绝不"或"永远"一类的词时，是不会怎么被其他国家太当真的。没有任何一种政体能够确保一个国家一定能够做到和平崛起，也没有一个大国能够长期远离或大或小的战争。某种政体的大国更乐于战争，和某种政体的大国更倾向于和平的公式，在历史的经验中并不存在。

有些情形下，由于更加倾向顺应民意，共和政体下的大国，会更加倾向于诉诸武力。比如，西奥多·罗斯福总统1904年派军舰去地中海营救被摩洛哥匪徒绑架的帕底凯里斯。与之相反，专制或极权政体下的大国，由于向来蔑视民意，轻贱国民的生命财产安全，有时反而可能更倾向于避免战争。因此，1904年这件事要是发生在一个专制国家，哪怕被匪徒绑架10个公民，政府可能也不会出兵救援。

不管怎么说，无论何种政体的国家，都难免会碰到诸如海外贸易、领土纠纷、侨民权益之类的问题，因此在客观上没有一个大国能够免于在对外关系中使用武力的诱惑或压力。

六、在共和政体下，因为分权制衡机制的存在，政府首脑任期的限制等因素，任何一个机构或个人，都只能在宪法和法律授权的前提下运用国力，而不能撇开宪法和法律滥用国力，按照自己的意志一条道走到黑，煊赫的国力，不是任何个人、党派或机构追逐荣耀的工具，孤注一掷的赌本。

马歇尔将军在二战期间曾说过，"一个民主国家不能打七年战争"。这话耐人寻味，在一个共和国，人民只会为任何战争付出可接受的风险和代价。毕竟，无论人们怎么定义所参与的战争，正义还是不正义，侵略还是反侵略，作为国家间最为极端的一种冲突形式，总是意味着要在生命、财产等方面，付出或大或小、或多或少、或惨或轻的代价。

在国会的辩论中，在媒体的争鸣里，在民众的请愿示威上，在选战时，战争正义与否、合法与否、是否必要、是否值得，等等，不同的声音都会反映出来。战争的利弊，各方都会在公共辩论中竭尽所能地展示给公众，然后由每个人自己去判断。这里无所谓爱国不爱国，只有合法与不合法，在议会或选举中投赞成票或反对票，"爱国"是个多余的词。无论是内阁制还是总统制，议员的选举、总统的选举，一个政党是在野或执政，都取决于选票和选票背后的民意。谁也无权让后继者坚持他开辟的路线一百年不动摇。这样的国家可能也经常动武，但不可能完全按照某个党派、某个领袖人物的意志，不惜代价地穷兵黩武。日本帝国的荒木贞夫有句名言："如果我们有三百万枝竹矛，就能征服俄国。"对这种胡言乱语，正如一位批评者所言，如果这种话是向英国或法国国会提出来，"说这种话的人第二天就会被送进疯人院"。

共和政体国家使用国力的限度，越南战争就是一个例子。自1965年3月6日美国海军陆战队的3500名士兵在南越的岘港登陆，到越南战争结束，美国阵亡47000人，1万人死于战区中的事故和疾病，154万人负伤，为这场战争至少花费了1500亿美元。代价如此高昂，美国还是结束了军事行动，没有哪个政要能一意孤行继续战争。越战期间，国会参议员富布赖特就说，"作为一个开端，我们干脆不必再讲'失败和耻辱'那种浮夸的废话了。对错误的清算既不是一种失败，也不是一种耻辱；它是一种适应现实的合理而老实的办法，有能力做到这一点是可以引以为自豪的。当约翰逊总统时常声言他不想当第一个打败仗的美国总统时，当尼克松总统警告人们'美国历史上第一次的败仗'会导致人们对'美国领导权的信心的垮台'时，他们这样讲不是为了民族的利益，而是为了民族的自私和他们自己在历史上的地位"。

（三）政体与安全国家

一、无论基于何种角度和考量，国家安全都是一个国家的基本需求。国家安全又与国力密切相关。而历史经验表明，一个国家的强大，并不囿于采用共和政体还是专制政体。正因为如此，这种经验也支撑着这样的观念：国家强大是压倒性的目标，只要国家能够强大，采用何种政体无关紧要。

日本明治维新所追求的一个目标，就是国家强大。曾留学过英国的文部大臣森有礼声言，"日本若是处于三等国的地位，就要进到二等，若是二等国，就要进到一等，终究要成为'世界之冠'"。思想家福泽谕吉则期待，"在遥远的东洋创建一个新的文明国家，形成东有日本，西有英国，彼此相对互不落后的局面……"甚至梦想，"我们是日本人，总有一天，我们日本会强大起来，不但要像今天的英国那样把中国和印度握在掌心，还要打退英国，自己来统治全亚洲"。

可是什么样的政体才有助于实现这个日本帝国梦呢？对于未来的日本制度如何安排，有各种不同的意见。即使像福泽谕吉这样著名的启蒙思想家，在他的心目中，"我辈毕生之目的唯在扩张国权一点。至于内政权落于谁手之事，与国之利害相比，其微不足论也。其政治体制和名义即令类似专制，然若其政府能有力扩张国权，便可满足"。

最后是伊藤博文、森有礼这些反对共和政体的人占据上风。1882年8月，在欧洲考察的伊藤博文写信给岩仓具视，批评"国人只读英美法过激论者的著作，误信它们为金科玉律"。9月，又致信大藏卿松方正义，说"所谓议会政府，并不适合我日本的国情，这是不言而喻的事。"英美的共和政体不入伊藤博文的法眼，唯独普鲁士德国的制度让取经的伊藤博文心驰神往："今天，普国之所以能富国强兵，维持和增进国民的幸福与安宁，决不是自由民权的种子所结之果。"随后，伊藤博文主持起草的明治宪法，自然是有立宪，无共和。

只要国家强大，德国人同样可以忽视宪政民主之原则问题。俾斯麦上台后，在没有议会批准预算的情况下，居然波澜不惊地统治了4年。议会对这种违宪行为，在1866年奥地利战争胜利后，竟然以230

票对 75 票的绝对多数通过了豁免责任的法案。德国人对待强国问题的态度，俄国人巴枯宁在 1873 年出版的《国家制度和无政府状态》一书中的描述，尖刻而又不失深刻。巴枯宁认为"德意志人想要的不是自由，而是强大的国家"。

二、斯大林有个著名的论断："落后者是要挨打的。"历史上可以找出许多弱肉强食的例证，斯大林自己就曾把波罗的海三国掳进苏联的囊中，但是，历史的经验还一再显示，发达强国因为政体的缺陷，统治者将国家推向战争的漩涡后，难以自拔，甚至最后难以自保，沦落为饱尝战争之苦的挨打国家。

国家安全与否，并不仅仅是一个国家实力，尤其是军事实力大小的问题。古往今来的历史，概括不出这样的教条：军事实力强大者就安全，实力弱小者就危险。迷信这样简单的教条，并用这样的教条指导国家战略，极其危险。日本帝国之所以在第二次世界大战中"挨打"，德意志第二帝国、纳粹德国之所以在两次世界大战中"挨打"，并非因为它们"落后"。这些国家当时都是称雄一方、最为发达的世界强国之一。相反，军事、经济实力远远不及纳粹德国的西班牙、葡萄牙、瑞士，反而比强大的德国实际上更安全。毕竟，某个时候国家安全与否，跟这个国家的地缘特征、民众情绪、外交战略、政体等等，都不无关系，而非简单的实力，尤其是军事实力的大小问题。

就拿纳粹德国来说，在入侵波兰之前，没有哪个大国秣马厉兵要先发制人跟它血战一场，换言之，在侵略波兰之前，德国的国家安全并不缺乏保障。可是希特勒却把德国拖进了一场世界大战。二战不仅让数百万德国人送了性命，而且第三帝国灰飞烟灭之际，也是德国满目疮痍之时。1945 年 3 月 3 日，戈培尔的日记里写道："战争，尤其是空袭迄今已经使帝国的大约六百万幢住房完全毁坏。这对 1939 年拥有二千三百万幢住房总数的帝国来讲是个不小的损失。"

其实，并非所有的德国人都愿意看到国家落得这般下场。早在 1940 年，德国人中间就流行着这样一则笑话：

希特勒、戈林和戈培尔乘坐的飞机坠毁了。3 个人全死了。谁得救了？

答案是：德国人民。

确实如此。平心而论，德国被炸得稀巴烂，还遭占领、肢解，并不是希特勒冀望的结果，甚至闪击波兰引发世界大战，也不是希特勒的初衷。可是希特勒开动了战争机器，就没有收手的准备，1943 年他对陆军元帅隆美尔说，"胜利的希望非常渺茫"，但他并不因此准备结束无望的战争。以至于隆美尔感到自己面对的，"已经不再是一个正常人了"。在 1943 年 7 月底的一个黄昏，两人讨论结束战争的问题时，希特勒对他说："假使普鲁士民族打不赢这场战争，那就让他们腐烂好了。因为优秀分子一定都死光了。一个伟大的民族，应该死得轰轰烈烈——这是历史的要求。"到了穷途末路之际，他完蛋了也要拉上整个德国垫背。1945 年 3 月 19 日，希特勒下达了焦土命令，指示"必须破坏帝国领土上一切军用的交通、通信、工业和后勤补给设施以及其他重要设施"，以免其落到敌人手里。如果全面实施这项焦土命令和其他一系列补充指示，意味着德国要进行一次自我摧毁。正因为这道命令的破坏性如此之大，以至于施佩尔在回忆录里称之为"德国人民的末日宣判书"。可是，即便德国落到了这步田地，德国人民再怎么不满，除了暗杀、造反和政变等非常手段，就没有正常的向希特勒和纳粹党问责或令其改弦易辙的合法渠道可资利用。

这跟共和政体的国家不同。在一个共和国，别说是把国家推进了火坑，就是刚领导国家打败了希特勒的丘吉尔，能否继续执政，也得看竞选结果。共和政体是不完美，但迄今为止的经验显示，所有的政体里，惟有共和政体才备不虞之需，纵使出现希特勒似的狂人，也无所施其技。

三、一个专制、极权的大国，可能兵强马壮，国力雄厚，就对外而言，不乏国家安全，但对内而言，国家不安全，或者说是危险国家，人民的生命、财产、自由和尊严缺乏保障。这种大国，国强民弱，它不仅是世界和平的潜在威胁，而且更使本国人民时刻感到渺小，受到威胁。

在过去的三百年里，大国之中，不乏国家强大之至，人民渺小之极的事例。国家可能安全，而人民不安全。纳粹德国、苏联就是其中两个突出的例子。

生活在纳粹德国的共产党人、社会民主党人、犹太人、吉普赛人缺乏安全感，自不待言。即使是第三帝国的权贵，同样笼罩在极权政治的阴霾之中。连希特勒的副手赫斯都是监控对象，1933 年 12 月 9 日，他的夫人给慕尼黑警察局长希姆莱写信抱怨："为什么您连那些规规矩矩的部长们也要监听呢？""当人们在谈论不伤害别人的圣诞节食谱时，难道您就不能下令让您的机构停止监控码？"可是希姆莱告诉她，监听别人的电话是他的职责所在。罗姆这样的人会遭到血腥清洗就不用说了，即便是希特勒始终宠信的高官，也可能活得提心吊胆。曾担任过副总参谋长等职的布卢门特里特将军，1944 年 9 月，被电召去元首大本营报到，这事把他吓得够呛。在家里，无论是听到电话铃响，还是听到门外汽车驶近的声音，他都会情不自禁地哆嗦，不时走到窗边张望。其实希特勒召见他，是想亲自给他授铁十字骑士勋章。这位希特勒的宠将是如此自危，可见当时气氛之恐怖。以至于后来当美军逼近他的家乡时，他甚至"感到在美军占领区家属更为安全"。

布卢门特里特的恐惧还是发生在希特勒遇刺之后的特殊时期。而在苏联，是一种有过之而无不及的常态。上至苏共中央书记，下至平民百姓，强大的苏联是一个令人心惊胆战的危险国家。被解除了国防部长职务后的朱可夫元帅，作为秘密警察监视的对象，克格勃甚至把窃听器装到了他的卧室，连他和老婆的谈话，也出现在了克格勃头子和赫鲁晓夫的案头。因为害怕被窃听，戈尔巴乔夫自1978年当上苏共中央书记那天起，和妻子从不在家里谈重要的事情。这还是后斯大林时代了。

而在斯大林时代，当官简直是玩命的职业——玩人之命，也被人玩命。曾任苏共中央政治局委员的布尔加宁就说："你以一个朋友的身分来到斯大林的席间，然而你从不知道你自己能否回到家里去还是要被车子接走——送到监狱里去！"莫洛托夫是苏联的二号人物，可他的老婆、苏共中央候补委员波林娜·谢苗诺夫娜被逮捕、流放，他甚至不敢向斯大林求情，也不敢施之援手。1935年第一批被授予元帅军衔的5个人，在三年里被弄死3个。斯大林称1936年苏联宪法是"世界上惟一彻底民主的宪法"，可是三十名苏联宪法起草委员会委员中，过半是被镇压掉的，其中包括曾在国外抽钢笔时还说过"宪法是用这枝笔写成的"布哈林。1934年苏共第十七次代表大会的1966名代表，1108名被捕，大部分被处决。1935年进入苏联人民委员会的26名人民委员，20人在镇压中丧命，1938年初进入苏联人民委员会的28名成员，有20人死于非命。

不仅要镇压，还要肆意羞辱。联共（布）中央审定的《联共（布）党史简明教程》，把托洛茨基、布哈林、李可夫、图哈切夫斯基、季诺维也夫、加米涅夫这些曾叱咤风云的大人物，描绘成"人类渣滓""匪帮""走狗""恶棍""小丑""虫子""废物"。斯大林亲自审定修改的《斯大林传略》，则称"布哈林、托洛茨基暴徒分子"是"人类孟贼"。

在强大的国家面前，这些曾令山河变色的军政大佬，轻于鸿毛，贱于粪土。在1939年3月俄共（布）第十八次代表大会的工作报告上，斯大林亲自加写："国外有些报刊报界人物胡说什么托洛茨基、季诺维也夫、加米涅夫、雅基尔、图哈切夫斯基、罗森霍尔茨、布哈林和其他恶棍之类的间谍、杀人凶手和暗害分子从苏维埃组织清除出去，似乎就'动摇了'苏维埃制度，引起了'瓦解'。这种胡说八道只配加以耻笑。""1937年判处枪决了图哈切夫斯基、雅基尔、乌博列维奇和其他一些恶棍。在这以后举行了苏联最高苏维埃的选举。所有参加投票的人98.6%是投票拥护苏维埃政权的。1938年初，判处枪决了罗森霍尔茨、李可夫、布哈林和其他一些恶棍。在这以后进行了各加盟共和国最高苏维埃的选举。所有参加投票的人99.4%是投票拥护苏维埃政权的。请问，这哪里有什么'瓦解'的迹象呢，为什么'瓦解'没有在选举结果中反映出来呢？"

大人物们尚且如此无足轻重，普通民众就更是命如蝼蚁了。斯大林在1932年签署的一项法令规定：凡从已收割的小麦地里偷走麦穗者，即可判处监禁、劳改和死刑。甚至农民从老鼠洞里刨出粮食，也要判刑。面对这样的恶法，倘若再"铁面无私""执法如山"，那就如同催命阎罗一样狰狞可怖了。司法人民委员克雷连科1933年1月在中央全会上大发雷霆："有个人民陪审员直截了当对我说：'为四穗麦判刑10年，我实在下不了手。'这是一种从娘胎里带来的根深蒂固的偏见，似乎判刑不该根据党的政治指示，而该根据'最高正义'。"对于平民来说，国家强大，也意味着镇压之权强大，政权为恶犯罪的能力强大。

然而，1934 年出笼的第一首以集体农庄为主题的现代歌曲，却在讴歌"我们没有见过这样好时光"！

斯大林时代沉痛的经验表明，专制、极权的强国政权犯罪给本国人民带来的危害，哪怕是世界上最危险的恐怖分子、最残忍的黑社会人物、最嗜血的匪徒、最贪婪的盗贼，也望尘莫及。甚至政权之恶，甚于敌国。在苏德战争期间，被斯大林政权的军事法庭判处死刑的苏联军人，相当于 15 个师。据苏联国防部军史研究所所长德·安·沃尔科戈诺夫日后估计，从 1929 年到 1953 年，不包括战争年代，斯大林镇压的牺牲品总共有 1950 万 -2200 万人。曾任苏共中央宣传部部长的雅科夫列夫也说，"苏维埃政权期间，全苏联因政治原因被杀害、死于监狱和劳改营中的人数，达 2000 万—2500 万之多"。斯大林政权横暴之酷烈，以至于给日后见证了苏联解体的美国大使马特洛克，留下了这样的印象："希特勒入侵苏联导致 2100 万人丧生，斯大林所杀的人比这还要多。"

并且令苏联人处境尴尬的是，无论是自愿还是被迫豁出性命保卫"祖国"，事实上，苏德战争的胜利成了维护斯大林体制的根据。1946 年 2 月 9 日，斯大林在跟莫斯科的选民们说："战争表明，苏联的社会制度是比其他任何非苏联的社会制度都要好的社会组织形式。"自此以后，苏联成为世界上最为强大的国家之一，没有哪个国家敢于对它起入侵之意，国家没有挨打之忧，可是苏联国民却继续生活在挨国家之打的恐惧之中。在人民的屈辱和渺小中成就了苏联的强大，而苏联的强大，反过来又维系人民的屈辱和渺小。

集体农庄庄员伊万诺夫，是个参加过"卫国战争"、抚养着 3 个孩子的二级残废军人，从来没有前科，因为家里揭不开锅，在 1947 年 6 月 5 日夜里到农庄的地里偷了大约 16 公斤土豆，第二天晚上又挖了大约 20 来个土豆，结果被判"在劳改营监禁 15 年，剥夺权利 3 年，鉴于本人一无所有，免于没收财产"。而另一个"卫国战争"的参加者、工厂钳工卡尔波夫，就因为在 1952 年对苏联的报刊"反应不好"，说"报纸报道的是好收成，而食堂里的供应却非常差"，跟工厂领导吵架时还说"在资本主义国家里生活要更好些"，被弄进了大牢。日子过得不好还不能说不好。

也正因为这样，苏联这样的国家才格外需要弘扬"爱国主义"。"爱国主义"是专制、极权国家的精神鸦片，企图令人民忘记切身苦楚、不计较个人权益的精神鸦片，做统治者实现自己竞逐强权梦想的、会说话的驯顺工具。极权国家需要的理想国民，就是中国古人所说的"勇于公战，怯于私斗"。就像孟德斯鸠笔下提到的罗马暴政，"需要公民们在国内怯懦，便于统治，但又需要公民们在国外勇敢，好来保护他们！"1957 年 10 月，苏联成功地发射第一颗人造地球卫星。在巴塞罗那的一次科学会议上，这成了苏联星际科学家利奥尼德·谢多夫（1907-1999）嘲笑美国同行的资本："你们美国人的生活水平比我们高。可是，美国人就只爱自己的汽车、冰箱、房子。他不像我们俄国人，热爱自己的祖国。"问题是，俄国人民不那样爱行吗？吊车司机科普科夫的一条罪证，就是他说过"卫星是放了，可是汤里没肉"。

此外，和弱小的暴政国家不一样，自进入核武器时代以后，一般而言，对国力雄厚的专制或极权国家的内部暴政，任何一个路见不平的共和国，也不会为此就跟它真刀实枪干起来。1990 年 5 月，美国总统布什对立陶宛总理卡兹米拉·普鲁斯基涅说："我不是如此乐观地认为一场镇压是不可能的，苏联军方仍然可能会干涉。我们必须小心。如果我们承认立陶宛独立，苏军把坦克开进来，我们又能怎样呢？正因为其强大，外部舆论谴责或贸易制裁等措施的压力相当有限，专制或极权大国容易滋生出一种我行我素的暴政自信。这也给此类国家和平转型为共和国增加了难度。换言之，专制、极权国家竭力强军，谋求国际地位只是一个方面，另一方面则是通过军备扩张实现恐怖平衡或恐怖威慑，最大限度地降低外部力量对其国内事务进行武力干预的可能性，从而维护和巩固其统治，如此一来，所谓国防，其实首在防民、防内。

四、在一个共和国，驯服权力，防止政府在国内"窝里横"，重于不问青红皂白地谋求强盛，从而确保政府不能不尊重公民的自由和权利，而不至于演变为压制、驯服和盘剥人民的暴力机器。就对内关系而言，只有共和政体的国家，才是持久的安全国家。

国家强大常常被视为维护国家安全的必要条件。而之所以要维护国家安全，一个理由就是保护人民免遭异国的伤害和奴役。可是，如果强大的国家实力不仅令异国有所忌惮，而且也让本国人民在权力面前卑微无助、噤若寒蝉，那就等于是说：在根本就没有受到外敌人侵的情形下，仅仅因为担心外国人侵这种想象的恐惧，政府先把自己的人民给奴役了。这样一来，对于人民来说，无论是否国家安全，可能横竖都是自由、财产、人身和尊严没有可靠保障的受奴役状态。对于人民来说，他们实际上生活在一个不安全的危险国家。

安全国家最为重要的标志，就是有一套运行良好的分权制衡机制，人权保障机制，权力不能一手遮天，人民不会受到权力霸道的威胁，而不简单是出门不会碰到强盗窃贼之类的"社会治安好"。古时的中国人喜欢用"路不拾遗，夜不闭户"形容心向往之的盛世景象。事实上，即使真的做到了这样，也不见得这样的国家就是安全国家。相反，一个"社会治安"非常好的国家，完全可能是一个不安全国家：小蟊贼不怎么敢作奸犯科,而整个政权却成为最大的犯罪组织肆意妄为。纳粹政权,不就是前车之鉴?

相对于专制、极权政体而言,共和政体有着无可比拟的优点:驯服政府,驯服权力,保障民权,保障自由,使政府不至于沦丧为祸国殃民的暴力机器。因为政府没有不受制约的权力,权力与金钱也就无法像专制国家那样,肆无忌惮地相互勾结,一起祸国殃民。无论国家是弱小还是强大,人民在政权面前都不会变得渺小、无助,而是生活得自由而有尊严。1960 年代中期的一个下午,加尔布雷思想小憩一会儿,要女佣埃米莉替他挡掉所有的电话。结果林登·约翰逊总统亲自打来电话,她也照挡不误。总统要他去叫醒加尔布雷思,得到的回答是:"那可不行,总统先生。我是为他干事而不是为你干事。"即使你生活艰辛遭遇坎坷,至少你还可以公开表达自己内心的喜好,抨击执政党或总统无能,而用不着饿的皮包骨了还要强颜欢笑唱人民地位高。

也正因为这样,共和政体对人民的那种亲和力,是专制极权政体所不可能有的。20 世纪 30 年代末,在就任格兰森市"扶轮社"主席的宴会上,撒切尔夫人的父亲、杂货店老板艾尔弗雷德·罗伯茨就曾这样告诉来宾:"我宁愿在英国擦皮鞋,也不愿意成为其他重要国家的大人物,因为我知道,在英国我才能得到宽容和公正的待遇。"

图书在版编目（CIP）数据

帝国崛起病/黄钟著. —北京：中国文史出版社，2016.2
ISBN 978-7-5034-7535-1

Ⅰ.①帝… Ⅱ.①黄… Ⅲ.①综合国力－研究－世界 Ⅳ.①D50

中国版本图书馆CIP数据核字(2016)第038054号

帝国崛起病

财新图书主编：徐　晓
财新图书策划：张　缘
责任编辑：徐玉霞
封面设计：合和工作室

出版发行：中国文史出版社
社　　址：北京市西城区太平桥大街23号　邮编：100811
电　　话：010－66173572　66168268　66192736（发行部）
传　　真：010－66192703
印　　制：北京中科印刷有限公司
经　　销：全国新华书店
开　　本：875毫米×1270毫米　1/32
印　　张：10
字　　数：220千字
版　　次：2016年8月北京第1版
印　　次：2016年8月第1次印刷
定　　价：45.00元